Allitera Verlag

edition monacensia
Herausgeber: Monacensia
Literaturarchiv und Bibliothek
Dr. Elisabeth Tworek

Von Carry Brachvogel sind in der *edition monacensia* bisher erschienen:

Im Weiß-Blauen Land. Bayerische Bilder
Alltagsmenschen. Roman

Carry Brachvogel

Schwertzauber

Roman

Text der Estausgabe von 1917

Herausgegeben und mit einem Nachwort versehen
von Ingvild Richardsen

Münchner Stadtbibliothek
Monacensia
Literaturarchiv und Bibliothek

Allitera Verlag

Weitere Informationen über den Verlag und sein Programm unter:
www.allitera.de

Mai 2014
Allitera Verlag
Ein Verlag der Buch&media GmbH, München

Umschlaggestaltung: Alexander Strathern / Dietlind Pedarnig, München
unter Verwendung eines Plakats von Wilhelm Schulz, 1900
Printed in Germany · ISBN 978-3-86906-624-0

Inhalt

Erstes Kapitel

Seit Tagen wartete Steffi Römer auf diesen Brief. Erwartete ihn mit einer Ungeduld, wie sie vor langer Zeit, als sie noch nicht das Kleinod der Münchner Oper gewesen, die armseligen Kontrakte erwartet hatte, mit denen irgend ein Winkelagent sie an eine Bühne dritten oder vierten Ranges bringen sollte. Ein Jahrzehnt oder mehr war seitdem verflossen und in diesem Zeitraum hatte Steffi mehr erreicht, als sie früher je zu träumen gewagt hätte. Sie, deren zartes Stimmchen ehedem kaum ein mäßig großes Provinztheater gefüllt hatte, sang jetzt an einer der ersten Bühnen Deutschlands den »Cherubin« und den »Waldvogel«, und das Publikum lauschte ihr nicht nur, bewunderte nicht nur die Mühelosigkeit ihrer Fiorituren und ihren unfehlbaren musikalischen Instinkt, nein, es stand zu ihr in einem ganz persönlichen Verhältnis, daß es immer war, als ob jeder einzelne im Theater, vom Parkett angefangen bis hinaus zur letzten Galerie, besonderen Anteil an ihr, ihrer Kunst und ihrem Dasein habe. Andre an dieser Hofbühne waren vielleicht berühmter, wurden eifriger mit überschwenglichen Huldigungen umstellt, Steffi Römer aber war, wie ihre Kolleginnen mit spöttischem Neid sagten, »populär«, und jedem, der sie sah, wurde warm ums Herz, und er lächelte ihr zu, gleichviel ob er sie kannte oder nicht. So war sie, wie ein rechtes Glückskind, mit sorgloser Fröhlichkeit immer tiefer hineingeschritten in die Seligkeiten, die das Leben ihr bot, hatte schon in jungen Jahren sich eine glänzende, viel beneidete Stellung errungen, hatte einen Mann, der ihr jeden Wunsch von den Augen ablas, drei schöne Kinder, die wie Amoretten anzusehen waren, wurde von der weitverzweigten Familie ihres Mannes nicht weniger verwöhnt, wie vom großen Publikum, obgleich die Römers, in denen noch die alte Münchner Tradition der Abgeschlossenheit fortlebte, zu Anfang beklommen gewesen waren, daß einer ihrer Söhne eine vom Theater heiraten wollte. Die Beklommenheit hatte sich sogar bis zum hellen Schrecken gesteigert, als ihnen klar wurde, daß Rudolf Römer, der damals an der Hochschule als junger außerordentlicher Professor Geschichte las, seine Laufbahn jählings abbrechen müßte, nur weil seine Frau den »Cherubin« und den »Waldvogel« nicht lassen konnte. Auch für Rudolf Römer war der Entschluß nicht leicht gewesen, aber Steffis naiver, heiterer Egoismus hatte so selbstverständlich gefordert, daß der innere Widerstand des Mannes bald nachgab. Schließlich hing ja seine Bedeutung und Zukunft nicht gerade von seiner Lehrtätigkeit an der Hochschule ab! Er konnte als Privatgelehrter dasselbe leisten, wie als außerordentlicher Professor, und wenn er durchaus Kolleg halten wollte, dann gab es ja die Volkshochschulkurse und noch etliche Dutzend anderer Möglichkeiten, bei denen ein gewähltes Publikum andächtig auf die Worte lauscht, die gelehrte Herren vom Katheder aus sprechen ... So hatte sich's Steffi ausgedacht, und weil sie allezeit ein Glückskind war, kam ihr auch hier der Zufall zu Hilfe. Ein eben freigewordener Lehrstuhl, auf den der junge Doktor Römer alles Anrecht gehabt hätte, wurde über ihn hinweg an einen Schwiegersohn der Fakultät vergeben, und im Unmut über die Zurücksetzung fand auch die Familie Rudolfs Abgang von der Universität zunächst nicht mehr gar so unbegreiflich. Als sie allmählich zur Besinnung kamen und einsehen wollten, daß Rudolf doch ein wenig zu jäh und zu sehr unter Steffis Einfluß gehandelt habe, da war es zu spät, um noch etwas zu ändern, und nun war man schon seit Jahren daran gewöhnt, daß Steffi die glänzende Frau, der Stolz des Hauses war, indes ihr gelehrter Mann etwas in den Hintergrund gerückt stand. Ja, das alles hatte sie ohne besondere Schwierigkeit erreicht, aber dieser Brief, auf den sie nun seit Tagen wartete, dieser Brief schien hartnäckiger als jeder Widerstand, dem sie bislang begegnet war, wollte und wollte nicht eintreffen, so sehnsüchtig und atemlos sie ihn auch erwartete ... –

Seit Tagen, nein, wenn sie es recht betrachtete, seit Wochen lebte sie eigentlich nur im Harren auf diesen Brief. Stand morgens mit dem frohlockenden Gefühl auf, daß nun ein ganzer Tag vor ihr lag, an dem fünfmal die Post kam, fünfmal die Möglichkeit, daß das Mädchen ihn überreichte und dazu sagte: »Gnädige Frau, der Brief ist zum Einschreiben da, der Briefträger wartet draußen.«

Aber der Briefträger ging an der Wohnung vorüber oder brachte nur gleichgültiges Zeug, und Steffis Hoffnungen, die am Morgen so hoch geflogen waren, falteten jetzt schon ein wenig enttäuscht die Schwingen, bedachten schon wieder müde die Wirklichkeit und lugten nach einem Plätzchen, wo sie mit zusammengeklappten Flügeln übernachten konnten, um am nächsten Morgen von neuem ihren jubelnden Erkundungsflug anzuheben. Bei der letzten Post gab es immer noch ein jähes Aufflammen, ein halb ungläubiges, halb vertrauensseliges »vielleicht!«, dann aber sank die Nacht, und ein Gefühl quälender Ohnmacht beschlich Steffi, wenn sie ausrechnete, daß nun für zwölf oder vierzehn Stunden jede Möglichkeit abgeschnitten war, daß ihr nun nichts blieb, als schlafend oder wachend zu warten, immerfort zu warten.

Sie ging mit verschränkten Armen im Zimmer hin und her, schlug ein paar Akkorde auf dem Flügel an, rückte ein Bild zurecht, das ein wenig schief hing, las vom Thermometer ab, wieviel Grade die Temperatur betrug, blätterte in der Zeitung, die sie gar nicht interessierte, nahm einen kleinen Spiegel und zupfte an ihrem Haar herum, warf sich schließlich, als wäre sie todmüde, in einen Lehnsessel, kreuzte die Beine, ließ den seidenen Pantoffel an ihrem rechten Fuß auf und nieder wippen und versank, ohne daß sie es merkte, für Minuten in einen Dämmerzustand, aus dem der Ton der Hausklingel sie aufschreckte. Und wahrhaftig! es klopfte an der Türe und das Mädchen überreichte auf dem kleinen Silbertablett etliche Briefe, darunter einen mit roter Marke …

Steffi griff nach diesem Brief, als wäre er der Becher des Glücks, aber schon im nächsten Augenblick ließ sie ihn enttäuscht in den Schoß fallen. Das war ja gar nicht die purpurfarbene Reichsmarke, sondern die ziegelrote bayrische mit dem Bild des Königs, und der Poststempel »Seeon« verriet, daß er von Rudolfs Schwester, Klara Horsten, kam. Steffi war zuerst ärgerlich und dann gelangweilt. Mein Gott, sie brauchte den Brief nicht erst aufzumachen, um zu wissen, was darin stand! Sie kannte das Sommeridyll, das Fedor und Klara Horsten jedes Jahr nach dem Petersburger Winter in Seeon verlebten, zur Genüge, und schon jetzt hätte sie den Brief fast Wort für Wort auswendig hersagen können. Sicherlich erzählte Klara, daß das Wetter herrlich und der See schon so warm sei, wie im Hochsommer, so daß man jeden Tag mit den Buben zum Schwimmen gehen könne. Steffi und Rudolf sollten nur ja nicht vergessen, daß nächste Woche das übliche Seeoner Familienmahl sei, und daß die Hoheiten im Schloß sich schon sehr darauf freuten, Steffi zu einem musikalischen Tee bei sich zu sehen. Weiter würde Klara berichten, daß Irene von Erhart, wie alle Jahre, so auch heuer bei ihnen zu Gast war, und daß sie immer noch ihre absonderlichen, auf das Cinquecento hin stilisierten Kleider trüge, die außer ihr keinem Menschen gefielen, und daß sie ihren Sohn immer noch »Lorenzaccio« nannte und wie einen Pagen der Mediceerzeit kleidete, obwohl keine fünfzehn Jahre demnächst aus solcher Maskerade hinausgewachsen seien. Und dann würde Klara noch allerlei Aufträge für Steffi haben, die praktischen Sinn besaß und gerne der Schwägerin all die nützlichen oder angenehmen Dinge besorgte und schickte, die man draußen in dem abgelegenen Nest nicht bekommen konnte.

Nun hatte sie den Umschlag aufgeschnitten und überlas flüchtig, was die andre schrieb. Wahrhaftig, alles stand genau so da, wie sie's geahnt hatte, nur ein paar Kleinigkeiten ohne besondere Bedeutung waren noch eingefügt. Steffi sollte nämlich nicht vergessen, auch ein paar russische Volkslieder mitzubringen, weil die Hoheiten nun einmal dafür schwärmten und immer noch davon sprachen, mit wieviel Innigkeit Steffi sie im Vorjahr gesungen habe, und Rudolf sollte nicht vergessen, daß er bei der Familientafel Irene mit einem wenn möglich gereimten Trinkspruch feiern müsse, denn sie sei sehr stolz auf den Ehrendoktor, den ihr die Universität Padua soeben verliehen habe, obgleich die Ehrung ja sicherlich weniger ihren Metastasiaforschungen galt, als dem Gedächtnis ihres verstorbenen Gatten, dem berühmten Archäologen von Erhart, der sich um etruskische und toskanische Ausgrabungen hochverdient gemacht hatte. Als Nachschrift stand noch die lakonische Mitteilung: »Auch Olga Leonoff ist plötzlich hier eingetroffen und unausstehlicher als je.«

Steffi faltete den Brief wieder zusammen, schob ihn in die Tasche ihres Morgenrocks und hatte ihn wenige Minuten später völlig vergessen. Nur an Olga Leonoff dachte sie noch ein wenig, die, das wußten sie alle, einst ihren Vetter, Fedor Horsten, hatte heiraten wollen und die mit seltsamer Hartnäckigkeit immer wieder in das Haus des Mannes zurückkehrte, der ihr eine andre vorgezogen hatte. Dann hörte Steffi, daß die Glocken zwölf Uhr schlugen, und sie fuhr ein wenig zusammen, denn nun war es ja bald Zeit zum Mittagessen und sie saß immer noch unfrisiert und in dem blauseidenen Morgenkleid da, das Rudolf nach pedantischer Männerart, unbeirrt um ihre Einwendungen, als »Schlafrock« bezeichnete. Es gab gewisse Dinge, in denen sie wohl ihren Willen durchsetzte, nicht aber ihres Mannes Meinung ändern konnte, und zu diesen Dingen gehörte, daß er es schlecht vertrug, wenn sie zu Mittag nicht tadellos gekämmt und angekleidet war. Sie kümmerte sich zwar im allgemeinen nicht viel um solche Ansichten, die ihr spießbürgerlich vorkamen, tat, was sie wollte, wenn sie übel, und was der Mann wünschte, wenn sie gut gelaunt war, heute aber sprang sie beim Klang der Mittagsglocken wie ein gehorsames Schulmädchen auf und lief nach ihrem Schlafzimmer, um ihr dunkles Haar hübsch aufzustecken und ein Kleid anzuziehen, das zwar ebenfalls ein Hauskleid war, aber auch von dem schärfsten Kritiker nicht »Schlafrock« genannt werden konnte. Nicht aus Zärtlichkeit oder guter Stimmung heraus tat sie so, aber es kam ihr vor, als müsse sie sich durch Unterordnung und Selbstbeherrschung die Ankunft des Briefes verdienen, als dürfe ihr das Schicksal nichts abschlagen, wenn sie recht brav und freundlich alles tat, was man von ihr forderte, selbst wenn es ihr unbequem war.

Dann trat Rudolf Römer ein, tadellos gepflegt und verbindlich wie immer, aber sein glattrasiertes, schmales Gesicht sah blaß und abgespannt aus, und seine Augen waren matt, wie bei einem Menschen, der das ganze Jahr über hinter Büchern gesessen hat. Er sagte: »Warst du gar nicht aus? Das Wetter ist heute so schön, daß man wirklich Sehnsucht nach den Bergen bekommt!« Steffi entgegnete unmutig: »Bah, ich habe gar keine Sehnsucht nach den Bergen!«, aber schon im nächsten Augenblick bereute sie, daß sie nun doch ihrer schlechten Laune nachgegeben hatte. Sie nahm sich zusammen, sah ihren Mann lächelnd an, und da sie nun doch merkte, daß er nicht wohl aussah, sagte sie besorgt und mitleidig: »Ja, du alter Bücherwurm, du hast doch recht! Es wird wirklich Zeit, daß man aufs Land kommt, denn du bist wieder einmal total überarbeitet! Nun, es dauert ja nicht mehr lange. Nächste Woche gehen wir in Ferien!«

Sie saßen beim Essen und Steffi bemühte sich, das Gespräch lebhaft zu gestalten, obwohl ihr Mann müde und einsilbig blieb. Sie glaubte wirklich, daß er nur überanstrengt sei, denn sie wußte nicht, was in ihm just um diese Zeit vorging, da an der Universität die Vorbereitungen für die großen Examina begannen, an dieser Universität, in deren Sälen er selber einst gelehrt hatte. Nun fiel ihr auch der Brief aus Seeon wieder ein, und sie sprang auf, um ihn zu holen und ihrem Manne vorzulesen. Da wurde auch Rudolf heiterer und gesprächig, denn alles, was die Familie betraf, zu der er gehörte, interessierte ihn, und so saßen die beiden länger und angeregter als sonst bei Tisch, weil sie eingehend über die Horstens, über Irene von Erhart und schließlich auch über Olga Leonoff sprachen. Steffi sagte in ihrer einfachen, resoluten Art: »Das ist mir unverständlich, daß die Klara immer wieder die Besuche von der verrückten Olga aushält! Die hätte ich längst zum Haus hinausgefeuert, das darfst du mir glauben!«

»Ja, das glaube ich dir!«

Es war so ergeben und doch mit einem so feinen Unterton gutmütigen Spottes gesagt, daß Steffi einen Augenblick verblüfft dreinschaute, ehe sie lachte.

»Wenn man dich hört, Rudi, könnte man wirklich meinen, ich sei ein Drache! Aber sage selbst, begreifst du Klaras Geduld?«

Er lächelte ein wenig melancholisch.

»Klara ist meine Schwester. Geduld ist unsre starke Seite, das mußt du doch wissen!«

»Höre nur auf, den Märtyrer zu spielen!« rief sie scherzend, aber doch ein wenig betreten, denn sie konnte es nicht leiden, wenn ihr Mann so redete oder tat, als ob er der Unterdrückte im Haus gewesen wäre. Sie wiederholte, energischer als vorher: »Nein, du bist wirklich kein Märtyrer! Und mit dem, was du deine Geduld nennst, das heißt, mit deinem eigensinnigen Schweigen, kannst du einen zur Verzweiflung bringen!«

»Ich habe noch nie bemerkt, daß du meinetwegen verzweifelt warst!«

Er sagte es wieder wie vorhin, ganz sanft, aber doch mit dem kleinen Unterton von Spott, der dieser Frau gegenüber seine einzige Waffe war. Sie winkte mit beiden Händen heftig ab.

»Heute hast du deinen ganz abscheulichen Tag! Kann das für einen großen Gelehrten eine Aufgabe sein, ein armes Hascherl, wie mich, zu hänseln und ihm alle möglichen garstigen Dinge nachzureden?«

Sie sah ihn mit ihren großen, schmachtenden Augen so unschuldig und demutsvoll an, als wäre sie nie die selbstherrliche Steffi Römer gewesen, sondern ein sanftes Käthchen von Heilbronn. Nebenbei hielt sie es aber für geraten, das Gespräch, das allzusehr in das ganz Persönliche geraten war, wieder auf das unverfängliche Thema der Familie zurückzuführen, und darum fragte sie: »Nein, sage im Ernst, wäre es nicht viel vernünftiger, wenn Klara mit dieser Olga kurzen Prozeß machte. Eigentlich versteht sich's doch ganz von selbst, daß man nicht immer wieder eine Frau im Hause hat, die einmal in den Hausherrn verliebt war!«

Du hast sicher recht, aber was kann Klara tun? Soll sie ihr das Haus verbieten?«

»Ich täte es!«

»Ja, du …«

Eine kleine Pause entstand. Nach einer Weile fuhr Rudolf fort: »Eigentlich müßte Fedor einmal energisch auftreten und sich diese plötzlichen Besuche Olgas verbitten, denn allmählich wird sie auch ihm lästig, das habe ich schon vorigen Sommer deutlich bemerkt!«

»Natürlich, wem wird sie nicht, lästig?«

Hier aber widersprach Rudolf seiner Frau lebhaft. Nein, sie täusche sich, wenn sie glaubte, daß Olga überall Antipathieen hervorriefe. Die Frauen freilich stünden ihr fast ausnahmslos feindselig gegenüber, aber für Männer habe sie einen besondern Reiz, das lasse sich nicht leugnen. Steffi begriff ihn nicht, meinte spöttisch, sie könne sich nicht vorstellen, was das für ein Reiz sei.

»Denn hübsch ist sie wahrhaftig nicht, mit ihren Schlitzaugen und ihren breiten Backenknochen! Und amüsant erst recht nicht, denn sie redet doch meist nur wirres Zeug, das kein Mensch versteht, und das niemanden interessiert. Aber weißt du, warum sie der Fedor erträgt und warum du dich zu ihrem Ritter auswirfst? Weil sie immerfort noch in den Fedor vergafft ist und weil ihm das schmeichelt!«

Er lächelte.

»Aber mir kann es doch nicht schmeicheln, wenn sie in meinen Schwager verliebt ist!«

»Doch, doch, dir schmeichelt es aus Korpsgeist. Es schmeichelt euch als Gesamtheit, daß da ein Mädchen sitzt, das von einer alten Leidenschaft nicht loskommen kann und sich wie ein gefangener Fisch immer fester und blutiger in den Angelhaken verbeißt!«

Sie lachten beide, hoben das Mittagmahl auf und gingen wieder in das große Zimmer hinüber, wo der Flügel stand und der Kaffee von Steffi auf einer kleinen Maschine bereitet wurde. Sie rauchten ein paar Zigaretten und sprachen über die bevorstehenden Theaterferien, von denen sie auch in diesem Jahr einige Tage bei den Verwandten in Seeon verbringen wollten. Ein- oder zweimal kam auch der Name Olga Leonoff wieder, aber keines von ihnen wollte länger bei ihm verweilen. Steffi war verdrießlich, daß ihr Mann dem fremden Mädchen einen besondern Reiz zugebilligt hatte, und Rudolf besann sich vergebens, wie er das Wesen Olgas deutlicher als vorhin erklären könne. Nein, es war wirklich nicht geschmeichelte Männereitelkeit oder irgendein andres Herzensgefühl, das ihn für sie sprechen ließ, und das auch Fedor Horsten immer noch an sie band, obwohl er sie verschmäht hatte! Es war etwas Ungelöstes, Ungekanntes in ihr, das wohl nicht banale Männerneugier reizte, aber dessen Stärke man durch alle Verworrenheit ihrer Gedankengänge spürte. Es lag etwas in ihr, wie eine dunkle, elementare Macht, deren Namen Rudolf zu ergründen versuchte, ohne daß es ihm gelungen wäre … –

Noch drei- oder viermal ging die Sonne auf und wieder schlafen, bis sie sich endlich entschloß, die Stunde zu beleuchten, an die Steffi beinahe nicht mehr geglaubt hatte. Etliche Tage vor Beginn der Theaterferien erschien der Briefträger und brachte den dicken, eingeschriebenen Brief mit der Purpurmarke und dem Poststempel »Berlin«. Steffi schenkte dem Briefträger in ihrer überströmenden Seligkeit ein Fünfmarkstück, rief dem Stubenmädchen zu: »Ich bin jetzt für niemand zu Hause!« und entfaltete langsam, die Vorfreude voll ausgenießend, das Schriftstück, das ihre Träume solange umgaukelt hatten. Ja, nun hielt sie ihn unwiderruflich fest in Händen, und keiner sollte sie daran hindern, seinem Ruf über das Weltmeer zu folgen. Was die Hochdramatische und die erste Koloratursängerin als ihr ausschließliches Vorrecht betrachtet hatten, das war nun durch Talent, Ausdauer und Glück auch der kleinen Steffi Römer-Blank zuteil geworden – der Kontrakt zu einer Tournee durch Amerika.

Einen Augenblick war es ihr, als müßte sie den Bogen küssen, wie man sonst wohl den Brief eines Geliebten küßt, aber dann fiel ihr der gefärbte Schnurrbart und der allzu stattliche Leibesumfang des Kommissionsrates ein, dessen Namen unter dem Vertrag stand, und da ließ sie den Kuß ungeküßt, drückte den Vertrag nur mit beiden Händen fest ans Herz und lachte glückselig vor sich hin. Von erregter Freude durchleuchtet sah ihr Gesicht jetzt heiß und schön aus, obwohl es in seiner Unregelmäßigkeit kaum eine andre Schönheit aufzuweisen hatte, als die dunkeln, schmachtenden Augen, über denen die Brauen so schön geschwungen und sanft verlaufend standen, als hätte ein Maler sie mit Tusche gezeichnet. Und wenn sie auch nur ein kleines, schmächtiges Persönchen war, so rann es jetzt doch um sie her wie eine brausende, funkelnde Woge von Lebensfülle und Lebenskraft, geradeso wie damals, als Rudolf Römer, der ruhige, gelehrte Herr mit den verfeinerten Neigungen, sich zuerst ein wenig in die Künstlerschaft und dann sehr heftig in die naive unbewußte Stärke und Frische der jungen Sängerin verliebt hatte. Wie eine Woge rann es um sie her, aber weil der Wellenschlag des Glücks ebenso müde macht, wie der des Meeres, spürte Steffi plötzlich eine tiefe Lust, sich auszustrecken, in köstlicher Ruhe zu bedenken, was sie erreicht hatte und noch erreichen konnte, und daneben vergnügt, ohne empfindsame Anwandlung, auf die Unruhe und fragenden Sorgen der letzten Wochen zurückzublicken. O, sie verstand es ausgezeichnet, aus jedem Augenblick ihres Lebens die letzte Glücksmöglichkeit herauszupressen, ließ sich's niemals daran genügen, nur den Schaum abzuschlürfen, sondern destillierte ihn wie ein geschickter Chemiker, bis auch sein letzter Bestandteil noch ein Atom von Freude versprühte. Sie schob sich die bunten Kissen, die auf dem Sofa umherlagen, unter das Haupt, breitete eine kleine Decke über die Füße, und blickte, die Arme über der Brust gekreuzt, ein wenig verträumt und ein wenig gerührt um sich her. Wie schön war doch das Leben! Wie schön war das Heim, das sie sich geschaffen hatten! Wohl war es noch nicht die eigene Villa, nach der ihr Sehnen ging, aber auch eine verwöhntere Frau als Steffi konnte sich in diesen hohen, großen Räumen gefallen, die mit der Südseite nach einer der neuen, breiten Straßen des nördlichen Villenviertels blickten, während um die Ostfenster die Wipfel alter Bäume rauschten und der sommerliche Duft der Fliederbüsche wehte. Die Einrichtung dieser Räume war ganz unauffällig, gleich entfernt von Prunk wie von aufdringlich zur Schau getragener Kunstliebhaberei, aber sie war aus jenem unfehlbaren, künstlerischen Instinkt heraus gewählt, der das beste, unveräußerliche Erbe der Münchner ist, gleichviel ob sie in Palästen oder in bescheidenen Mietswohnungen leben. Erst wenn man näher zusah, merkte man, daß Rudolf Römer es verstanden hatte, wertvollen, alten Familienbesitz mit neuem Kunstgewerbe zu einer vollkommenen Harmonie zu verschmelzen. Nur die verwelkten Lorbeerkränze mit den bunten Schleifen, die fast eine ganze Längswand des Zimmers einnahmen, paßten nicht zu dem Charakter, den das Zimmer trug, aber Steffi wäre unglücklich gewesen, wenn sie diese äußern Zeichen ihrer Triumphe hätte missen sollen, und darum hatte Rudolf, wie in so vielem, auch hier nachgegeben, obwohl er diese »Lorbeerkaskaden«, wie er die Kränze benannte, geschmacklos und theatermäßig fand. Drüben in seinen Zimmern, die an dieses hier anstießen, in seinem Arbeitsraum und seiner Bibliothek, störte kein Mißton, zeugte alles von erlesenem, vielleicht etwas allzusehr verfeinertem Geschmack, vom Schreibtisch angefangen bis zum Exlibris, das ein erster Meister entworfen hatte. Steffi spöttelte zwar mitunter über die ästhetischen Bedürfnisse und Neigungen ihres Mannes, aber tief innen empfand sie doch einen leisen Respekt vor Gewöhnungen, die ihr selber ganz fremd waren. Hier spürte sie immer wieder, daß trotz ihrer Kunst, trotz ihrer großen Gage, trotz ihrer Lebensfülle der Mann ihr überlegen war, denn er kam aus einer alt eingesessenen, wohlhabenden Familie her, während Steffi, die Tochter eines verkrachten, kleinen Bauspekulanten, seit ihrer frühen Jugend von einer Provinzbühne zur andern gezogen war, um für sich und die verwitwete Mutter einen dürftigen Lebensunterhalt zu ersingen. Weil sie sich eben schon hart und tapfer mit dem Leben hatte herumschlagen müssen, lag ihr nichts an subtilen Äußerlichkeiten, die ihr nur wie Spielerei vorkamen, ging vielmehr ihr ganzes Denken und Trachten auf große Wirklichkeiten: eine feste Stellung an einer ersten Bühne, ein großes Bankkonto, eine gesicherte Zukunft für sich und ihre Kinder. Sie holte tief Atem. Nun konnte alles wahr werden, was sie sich wünschte, nun, da sie den großen Triumph, den Vertrag mit Amerika, in Händen hielt! Sie dachte zunächst weniger an die Vorteile und Lebensgenüsse, die er ihr verschaffen sollte, als daran, daß er, wie sie meinte, ihrer Kunst erst den letzten Stempel aufdrükken, gleichsam für sie den letzten Wahrheitsbeweis erbringen sollte. Ein Siegeszug durch Amerika, von dem die Zeitungen lange Berichte bringen würden, auf dem sie täglich von Interviewern ausgefragt, von Photographen photographiert, von Künstlern gemalt und gemeißelt, von Milliardären umschwärmt und verhätschelt würde – ein solcher Siegeszug stellte sie als vollberechtigt neben die Hochdramatischen und die ersten Koloratursängerinnen, die bislang die amerikanische Tournee als ihr eigenstes Vorrecht angesehen hatten. In München hieß Steffi allgemein noch mit ihrem Mädchennamen »die kleine Blank«, und bei ihren auswärtigen Gastspielen nannten die Kritiker sie wohl »die entzückende Blank« oder »die reizende Römer-Blank«, bei der Rückkehr von Amerika aber würde sie einfach »die Blank« oder » die Römer-Blank« heißen, ungefähr ebenso wie andre Große »Goethe« oder »Napoleon« hießen ...

Sie lag und sann und spann ihre Träume aus: aber da sie allmählich ruhiger wurde, überschlich sie ein leises Unbehagen. Sie dachte jetzt an das Gesicht, das Rudolf machen würde, wenn er von dem Vertrag hörte, und an den Widerstand, den er entgegensetzen würde. Selbstverständlich würde sie sich um seine Einwände nicht kümmern, würde, wenn es notwendig werden sollte, tagelang mit ihm streiten oder schmollen oder weinen, aber erreichen würde sie seine Zustimmung, das stand für sie außer aller Frage, auch wenn er sich noch viel heftiger sträubte, als vor zwei Jahren, da sie die russische Tournee unternommen hatte. Sicherlich würde es dieses Mal noch heißer zwischen ihnen zugehen, denn in Rußland war sie nur sechs Wochen gewesen, während die Fahrt durch Amerika über vier Monate dauern sollte. Sie wußte jetzt schon, was Rudolf einwenden würde. Daß sie nicht nur Sängerin, sondern auch Frau und Mutter sei und daß ihr also die Pflicht gebot, nicht den Mann und die kleinen Kinder monatelang in einem verwaisten Haus zurückzulassen … Daß er überhaupt nicht geheiratet habe, um eine Gattin zu haben, die von einem Ende der Welt zum andern fuhr … daß solche Tourneen durchaus unkünstlerisch seien und daß eine wirkliche Künstlerin, wie Steffi war, ihrem Schöpfer danken sollte, wenn sie's nicht nötig hatte, vor Yankees und ähnlichen Kunstproleten ihr Können zu verschwenden … daß sie das viele Geld, das sie von solchen Gastreisen heimbrachte, gar nicht nötig hätten, weil Rudolfs Zinsen und Steffis Gage vollkommen ausreichten … kurz, er würde alle möglichen Dinge vorbringen, die Steffi schon jetzt lächerlich fand.

Darum zuckte sie auch jetzt die Achseln und dachte, daß Rudolf sich eben mit den gegebenen Verhältnissen abfinden müsse, denn die Hauptperson war nun doch einmal sie und nicht er … –

Sie hatte zuerst gemeint, sie wollte ihn langsam vorbereiten, ihm den Vertrag gleichsam löffelweise eingeben, aber wie sie ihn jetzt heimkommen hörte, schien es ihr ratsamer, keck und ohne Umschweife auf das Ziel loszugehen. Da er ins Zimmer trat, schwenkte sie ihm den Vertrag wie eine Triumphflagge entgegen.

»Schau dir das an! Was sagst du nun zu deiner Frau?«

Er las, las noch einmal, ließ das Blatt sinken und sah sie mit ernstem Gesicht an: »Du denkst doch nicht daran abzuschließen?«

Sie lachte hellauf.

»Ach, du bist köstlich! Der richtige Herr Professor: ›Du denkst doch nicht daran abzuschließen!‹ Aber natürlich denke ich daran, denn seit Tagen und Wochen habe ich schon gar nichts andres mehr gedacht! Liebes, törichtes, gelehrtes Haus begreife doch, was das heißt – eine Tournee durch Amerika!«

»Das heißt zunächst, daß ich dich monatelang entbehren soll, und daß die Kinder ebensolang keine Mutter haben!«

»Aber ich bitte dich, sei doch nicht so pathetisch! Keine Mutter haben – wie das klingt! Was tätet ihr denn nun, wenn ich in eine Klinik oder in ein Sanatorium müßte?!«

»Dann m ü ß t e es sein und wir müßten uns fügen! Aber das da (er wies mit verächtlicher Miene nach dem Vertrag) muß nicht sein. Und darum wünsche ich nicht, daß du ihn unterzeichnest!«

»Rudi, überlege dir doch! Die Tournee durch Amerika, das ist für mich endlich der Ruhm, der wirkliche Ruhm –«

»Nein, das ist nicht der Ruhm, das ist nur die Sensation! Was verstehen denn diese Fetthändler und Schweineschlächter von deiner Kunst? Nicht die Bohne! Eine wirkliche Künstlerin singt an einem Kunstinstitut vor einem Publikum, aber nicht in wild improvisierten Aufführungen vor einer Menge, die nichts andres ist als zahlungsfähig!«

»Aber alle andern tun es, und alle andern werden dabei berühmt und reich!«

»Du brauchst weder solchen Ruhm noch solches Geld! Und darum will ich nicht, daß du hinübergehst!«

Sie hatte sich bis jetzt bemüht, ruhig und einschmeichelnd zu sein, nun aber kam ihre Geduld ins Wanken.

»Ich bin doch kein Kind, dem man kurzerhand etwas verbietet. Ich bin ein selbständiger Mensch und gehöre nicht nur dir oder mir oder den Kindern, sondern ich gehöre der Kunst!«

Nun lächelte er schmerzlich, wie jemand, der von einem falschen Ton peinlich berührt ist.

»Ich bitte dich, Steffi, sage nur nicht solch abgebrauchte hochtrabende Phrasen. Sage in Gottes Namen, daß du hinüber willst und auch gegen meinen Willen hinübergehst, aber nur nicht: ›ich gehöre der Kunst!‹ Das ist nämlich durchaus schlechtes Theater, und du weißt, dafür bin ich empfindlich!«

Sie stritten noch lange und nicht nur an diesem Tag, sondern auch noch an manchem folgenden. Und mehr als einmal saß Rudolf einsam hinter der verriegelten Türe seines Arbeitszimmers, hatte die blasse Stirn in die Hand gestützt und grübelte über seine Ehe nach, über das, was hinter ihm und was vor ihm lag. Schüchtern zuerst, dann immer eindringlicher stellte er sich die Frage, ob die Frau, die sein Herz gewählt hatte, auch für ihn wirklich die richtige sei, ob sie des großen Opfers wert war, das er für sie gebracht hatte und dessen sie sich, das wußte er, gar nicht bewußt war.

Ihr zuliebe hatte er aufgegeben, woran sein ganzes Herz hing – seine akademische Lehrtätigkeit. Der Schwiegersohn der Fakultät, den man ihm vorgezogen hatte, war, heute gestand er sich's ein, doch nur ein Vorwand für ihn gewesen, hinter den sich die eigene Nachgiebigkeit verkrochen hatte. Wäre nicht Steffi gewesen und ihre Verzweiflung bei dem bloßen Gedanken, daß sie der Bühne entsagen sollte – niemals hätte Rudolf Römer auf sein Amt und alle Zukunftsaussichten so schnell verzichtet. Damit sich für Steffi alles erfüllen durfte, was ihr verheißen war, hatte er entsagt, hatte ein Stück seines Lebens hingegeben, auf daß das ihrige nicht in Trümmer gehen sollte.

Ja, ein Stück seines Lebens war sein Lehramt gewesen! Ehrgeiz und Eitelkeit lagen ihm fern, Worte wie »Ruhm« und »Unsterblichkeit« hatten für ihn, vor dem die Geschichte der Menschheit ausgebreitet lag, keinen Sinn, weil er wußte, wie kurz und begrenzt alle menschlichen Begriffe sind, selbst wenn sie scheinbar mit Unendlichkeit rechnen. Ruhmvoll und unsterblich sein hieß für ihn, in kommenden Geschlechtern weiterleben durch Worte, die man zu ihnen gesprochen, durch Erkenntnisse, die man ihnen erschlossen, durch Ziele, die man ihnen gezeigt, und durch Wege, die man ihnen zu diesen Zielen gewiesen hatte. Seine Studentenschaft so zu bilden, daß jeder von ihnen, wo immer er vom Leben hingestellt wurde, bildend weiterwirken konnte, daß sie nicht nur Historiker wurden, sondern Männer, wie die Zukunft eines großen Volkes sie braucht – das war die Aufgabe gewesen, die sein Amt umschlossen und der er sich jeden Tag mit neuer Lust gewidmet hatte. Er war von jeher ein hinreißender Redner gewesen und auch heute drängten sich zu den Vorträgen und Kursen, die er gelegentlich hielt, Zuhörer aus allen Kreisen; aber konnte ihm diese bunte Menge, die nur der Zufall zusammenführte, die Hörerschaft der Aula ersetzen? Nie, niemals, und wenn sie noch so hohe Eintrittspreise zahlten, und wenn die eleganten Damen, die auf den ersten Bänken saßen, noch so wißbegierig und entzückt taten! Ihm galten nur die jungen Studenten, zu denen er nun nicht mehr sprechen konnte, keine Musik hatte ihm je schöner geklungen, als das Getrampel, mit dem sie ihn empfingen, und all die eleganten Damen hätte er willig daran gegeben für ein Paar Schüler, die sich nach dem Kolleg mit heißen Köpfen die Erlaubnis erbaten, noch ein paar Fragen an ihn stellen zu dürfen. Das alles war nun vorbei, unwiderruflich vorbei, geradeso wie das wundervolle Gefühl, einer großen, geistigen Gemeinschaft anzugehören! Eben weil er kein starker, sondern ein lenksamer Mensch war, hatte es für ihn viel bedeutet, in einen Ring eingeschlossen zu sein, der jedem einzelnen Halt gab, ihn, wie immer er sein mochte, vor Vereinsamung schützte, ihm die Empfindung geistiger Gesellschaft und Zusammengehörigkeit mit seinesgleichen lieh. Seiner Frau zuliebe hatte er dies alles aufgegeben, stand er vereinsamt nebendraußen, gleichviel, ob sie an der Hochschule in ernster Arbeit beisammen saßen oder akademische Feste feierten. Jahre waren vergangen, seit er kein Kolleg mehr las, und doch gab es ihm noch heute einen Stich durchs Herz, wenn er an der Universität vorbeiging und die Studenten hinein- oder herausströmen sah. Und zur Sommerzeit kam er sich jedesmal lächerlich vor, wenn er bedachte, daß nun seine Kollegen bis in den August hinein als Examinatoren tätig saßen, während er aufs Land ging, weil seine Frau Theaterferien hatte.

Er gehörte nicht zu den Menschen, die über das sprechen oder klagen, was sie bedrückt. Er verschloß in sich, was ihn quälte, aber er meinte immer, Steffi müßte doch wenigstens ahnen, was in ihm vorging, müßte trachten, ihm das Leben in allen Dingen zu verschönen, da sie ihm doch den besten Inhalt genommen hatte. Steffi aber, die Verwöhnte, Eigenwillige, nahm alles, was er tat und schenkte, als selbstverständlich hin, sprang im Namen der Kunst leichtfüßig über seine Wünsche weg, und voll Bitterkeit sah er den Augenblick nahen, in dem er als Entgelt für sein Opfer nicht einmal mehr eine Künstlerin zur Frau hatte, ja überhaupt keine Frau mehr, sondern nur noch einen virtuosenhaften Reisestar …

Er zog ein kleines Schubfach seines Schreibtischs auf, entnahm ihm ein Heft, das aussah wie ein Kollegienheft, und begann zu schreiben. Nicht flüssig schrieb er, sondern zögernd, mit langen Pausen und minutenlangem Nachsinnen, als müsse er mühsam in Worte fassen, was ihn bewegte. Es war eine Art Tagebuch, das er da schrieb, zwar kein Tagebuch, in dem er ganz persönlich Rechenschaft über sich selber ablegte, aber doch Aufzeichnungen, die trotz ihrer aphoristischen Form eine Art Selbstgespräch und Selbstbekenntnis darstellten.

Wenn ein Fremder diese Tagebücher, die er seit seiner Jugend führte, zu Gesicht bekommen hätte, so wären sie ihm wohl nur wie geistreiche Augenblickseinfälle eines Mannes erschienen, der neben seinen Studien sich das Verständnis für die tiefere Bedeutung alltäglicher Geschehnisse bewahrt hat; nur ein paar zärtliche Augen hätten aus diesen Büchern lesen können, daß hier ein einsamer Mann von einer verborgenen Wunde sprach. Aber es gab keine zärtlichen Augen, die in Rudolf Römers Tagebücher blickten und darum durften sie alles erfahren, was keiner sonst wußte – –

Zu gleicher Zeit saß Steffi in ihrem Zimmer und überlegte, wie sie den nächsten Ansturm auf ihren Mann führen müßte, um ihn endlich gefügig zu machen. Streit und Schmollen hatten sich trotz tagelanger Beharrlichkeit als wirkungslos erwiesen, nun blieb nur das letzte, unfehlbare Mittel – Tränen. Tränen, die ihr heute ganz von selbst kamen, weil sie von all den erregungsreichen Wochen und Tagen und auch von der Jahresarbeit, die hinter ihr lag, nervös und zerrieben war, so daß sie imstande, war ohne äußere Veranlassung in Tränen auszubrechen. Nun stritt sie nicht mehr, schmollte nicht mehr, sondern weinte unaufhörlich, gleichviel ob es Nacht oder Tag war, so daß Rudolf sie kaum mehr unbetränt sah. Sie hatte eine ganz besondere Art zu weinen, nicht heftig, nicht laut und nicht eigensinnig, sondern ganz still, hoffnungslos und tief in sich hinein, als ob sie sich von innen heraus in Tränen auflösen wollte. Rudolf hatte früher scherzhaft behauptet, daß er erst, seitdem er das Weinen seiner Frau kennen gelernt hatte, begriff, wieso sich bei den alten Griechen die Sage von Nymphen gebildet habe, die sich in Quellen oder in Bäche verwandelten. Und Steffi schien es nun wirklich den mythologischen Fräulein nachtun und eines Tages als kleiner Salzquell erscheinen zu wollen.

Gott gab dem Manne die Stärke, Luzifer aber gab der Frau die Träne, damit sie die Stärke des Mannes überwinden könne. Wohl versuchte Rudolf sich mit Gleichgültigkeit zu wappnen, aber die salzige Flut, die unaufhaltsam aus den Augen seiner Frau sprang, zerfraß ihm Rüstung und Schild. Er wurde müde und sagte zu allem »ja«.

Der Vertrag war unterzeichnet. Steffi fiel ihrem Mann um den Hals, küßte ihn unzählige Male, beteuerte, daß er der liebste, beste Mensch von der Welt sei, daß sie ihn gar nicht verdiene, er sie allerdings auch nicht, denn sie müsse ihn immer erst mit Gewalt zu ihrer beiden Glück zwingen. Nun, da alle Hindernisse, aller Streit beiseite geräumt waren, ging wieder der wundervolle Hauch der Lebensfülle von ihr aus, mit der sie Rudolf jedesmal aufs neue bestrickte und alle Zweifel in ihm zum Schweigen brachte. Es gab eine vollkommene, süße Aussöhnung mit vielen Zärtlichkeiten, und die nächsten Tage waren ganz erfüllt von Gesprächen über die Amerikafahrt. Steffi, die nun, da sie ihren Willen durchgesetzt hatte, dem Manne alles zuliebe tun wollte, sagte einmal besorgt: »Weißt du, so ganz allein lasse ich dich und die Kinder nicht! Da käme ich mir ganz gewissenlos vor und müßte immer traurig werden, wenn ich denke, daß ihr so einsam, nur auf die Dienstleute angewiesen seid, und niemand habt, der nach dem Rechten sieht. Ich habe auch schon eine sehr gute Idee. Nämlich –«

Aber Rudolf wehrte ab, noch ehe Steffi ihm ihre gute Idee mitteilen konnte. Nein, er hatte keine Lust, wieder wie damals, als seine Frau in Rußland war, mit einer schnell herbeigeholten Hilfstante oder -cousine zu wirtschaften. Wenn er schon allein bleiben sollte, dann lieber ganz allein, aber nicht mit einem Wesen, mit dem er, trotz aller verwandtschaftlichen Beziehungen, keine Berührungspunkte hatte, und dem er noch obendrein jeden Tag dankbar sein sollte, daß es ihn mit seiner Gegenwart störte. Wen immer Steffi auch vorschlug – kein Name fand seinen Beifall, so daß Steffi endlich halb ärgerlich, halb verzweifelt rief: »Ja, wenn man an Irene heran könnte! Irene versteht dich und paßt zu dir und –«

Er unterbrach sie abermals: »über Irene brauchen wir gar nicht erst zu debattieren! Du weißt so gut wie ich, daß sie heilfroh ist, wenn sie ihre vier Wochen Deutschland hinter sich hat und nach Florenz zurückkehren kann!«

Es war so, wie er sagte. Irene von Erhart hatte mit ihrem Mann fast die ganze Zeit ihrer Ehe in Griechenland oder Italien verbracht, war unter seiner Führung so tief eingedrungen in das Wesen ferner Kulturen und fremder Völker, daß sie den Weg zur Gegenwart und zur Heimat nicht mehr recht zurückfinden konnte. So lebte sie schon seit Jahren in dem florentinischen Villino, das ihr Mann gekauft hatte, war dort der Mittelpunkt eines geistig und künstlerisch interessanten Kreises, dessen Maler sie immer wieder malten, dessen Dichter ihre blonde Herbstschönheit als »La Bella di Firenze« in tönenden Stanzen feierten, in dem man mit traumhaftem Blick über die Härten der Wirklichkeit und die Urkraft menschlicher Instinkte wegsah, inbrünstig an ein goldenes Zeitalter menschlicher Vervollkommnung und an ein allgemeines Weltidyll glaubte. Kein Wunder also, daß sie sich daheim nicht mehr eingewöhnen konnte, daß sie in dem kühleren, nüchterner gearteten Bayern die heiße und pathetische Art des Südens vermißte und nur pflichtgemäß alle Jahre für etliche Wochen heimkam, um alle wiederzusehen, in denen, wie in ihr, Römersches Blut floß. So besann sich Steffi abermals, und weil ihr im Augenblick nichts einfiel, sagte sie ein bißchen vorwurfsvoll: »Ich finde wirklich, daß Irene ausnahmsweise uns das Opfer bringen könnte!«

»Ja, findest du?«

Sie spürte den spöttischen Vorwurf, der durch seine Worte klang und weil sie die gute Stimmung des Augenblicks nicht wieder verderben wollte, lenkte sie das Gespräch schnell ab und erzählte ein drolliges Begebnis von den Kindern.

Am nächsten Tag reisten sie vergnügt nach Seeon ab.

Zweites Kapitel

Vom Chiemsee und seinem flutenden Sommerleben durch etliche Kilometer getrennt liegt in tiefer, rätselhafter Einsamkeit der stille Seeoner See mit seinem stolzen Schloß und seinem bescheidenen Dörfchen. Verträumt und märchenblau ist er anzusehen, da und dort überblüht von Schwärmen weißer und gelber Wasserrosen, und Möwen flattern über ihn hin, die im Sonnenlicht goldig auffunkeln, als fielen Dukaten in das azurne Wasser hinab. Von Süden her blickt, in Duft und Glanz aufgelöst, die Alpenkette, grüßt und lockt und verheißt die Wunder aller unbekannten Fernen. Seeon aber ist aus seinem Dornröschenschlaf nicht zu erwecken, und wenn sich an heißen Tagen die Türme des Schlosses und die Haubendächer des Dorfes im See so deutlich abzeichnen, daß sie nicht mehr wie Spiegelbilder, sondern wie Wirklichkeit aussehen, dann begreift man, wie die Sage von versunkenen Städten entstand, die tief unter dem Wasser ein gespenstisches Leben weiterführen. Nicht ein einziges modernes Verkehrsmittel verbindet Seeon mit der übrigen Welt. Nur einmal am Tag rollt, wie in vergangenen Zeiten, die gelbe Postkutsche heran, trägt Briefe, Sendungen und fürwitzige Passagiere nach einer Station der bedächtigen Lokalbahn, die sich gemächlich, in ansehnlichen Pausen, dem Schnellzug anschließt, ohne sich vom Hasten neuzeitlicher Verkehrsbegriffe beeinflussen zu lassen. Niemand oder wenigstens kein machtvoller Mund bemüht sich ernsthaft, Seeon mit festeren Ketten an die Außenwelt zu binden, und die gelbe Postkutsche genügt auch wirklich allen Ansprüchen, die in die Weite streben.

Selten nur verirren sich Sommergäste hierher, und auch die Maler sind spärlich geworden, seitdem Seen mit Wasserrosen und der fernen Alpenkette nicht mehr als malerisches Motiv gelten. Es ist hier eigentlich so wie in den Hauptstädten alter und reicher Länder: es gibt keinen Mittelstand, es gibt nur die vornehme Schloßherrschaft und die bäuerlichen Dorfbewohner, der Fremdenstrom aber, der sonst im ganzen Bayerlande hochflutet, will sich hier nicht einmal zum Gerinnsel bilden. Der Wanderer findet kaum eine dürftige Unterkunft und muß mit der ungelösten Frage weiterziehen, warum dies Kleinod einer Seelandschaft zu unfruchtbarer Einsamkeit verdammt ist. Die braunen Zwiebeltürme des Schlosses, die den mächtigen Bau wie eigensinnige, vertrackte Kauzgesichter überragen, blicken dann wohl höhnisch auf den Fragenden herab, als kennten sie das Hexenwort, das rundum alles Leben bannte und verwünschte … –

Nicht immer lag Seeon so ausgestorben da. In frühen Jahrhunderten schritten in dem Schloß, wo heute ein fremder Fürst saß, fromme Benediktiner in braunen Kutten, grübelten über scholastischen Spitzfindigkeiten, malten farbenglühende Inkunabeln, sangen die Hora und grüßten zur Maienzeit die heilige Jungfrau mit süßen Gebeten. Später dann, als die Klosterzeit den Anschauungen neuer Generationen weichen mußte, wandelte sich das Kloster zu einem Bade um, und da herrschte in Seeon durch lange Jahre ein fröhliches, wenn auch bescheiden aussehendes Sommerleben, und mancher Name, der unverlöschlich in Deutschlands Kulturgeschichte steht, gehörte zu den ständig wiederkehrenden Gästen des Bades Seeon. Dann aber zogen die Leuchtenberger ins Schloß, die russischen Herzöge mit dem deutschen Namen, deren Stammvater Eugen Beauharnais, der Stiefsohn des ersten Napoleon, war. Er hatte eine bayrische Königstochter gefreit und lebte bis zu seinem Tode mit ihr in Bayern, aber die Kinder dieses deutsch-französischen Zweibundes zogen nach Rußland, gewannen hohe Ämter und die Freundschaft der Zaren, vergaßen der deutschen Stammutter, wurden Russen nach Bekenntnis, Sitte und Gefühl. Zwar kamen sie jeden Sommer aus dem Norden an den kleinen, bayrischen See gezogen, aber sie verstanden nichts mehr von dem Boden, der ihnen gehörte, von den Leuten, die ihn bewohnten und bebauten. Sie kamen mit einem Troß von russischen Dienerschaften und hätten wohl am liebsten zwischen sich und allen, die nicht zu ihnen gehörten, den unüberbrückbaren Abstand gebreitet, der bei ihnen daheim den großmächtigen Herrn vom Muschik trennt. Das ging nun freilich nicht an, aber weil unter der russischen Faust jedes Leben verdorrt, wurde es seit dem Einzug der Leuchtenberger in Seeon still und immer stiller. Die Badeanstalt ging ein, die Herzoglichen verfügten, daß ohne ihre besondere Erlaubnis kein Boot mehr den See befahren durfte, und so hatten sie ohne Gewalttat erreicht, was sie wollten. Bald wußte keiner von der jungen Generation im Dorf mehr, wie anders es hier einst gewesen; nur die Alten sprachen zuweilen noch davon, wieviel Geld einst hierher geflossen und wie harmlos lustig es bei den Sommergästen hergegangen war. Auf dem bäuerlichen Friedhof aber erhoben sich jetzt über den Gräbern herzoglicher Lakaien Andreaskreuze mit fremdartigen goldenen Lettern, und aus der Schloßkapelle hörte man Tag für Tag das einförmige Psalmodieren des Popen. – –

Sommer für Sommer kamen die Leuchtenbergs und mit ihnen kam jedesmal der kaiserlich russische Staatsrat Fedor Horsten, der Domänenverwalter und unentbehrliche Berater des Herzogs in allen wirtschaftlichen und rechtlichen Angelegenheiten. Wer sich aber etwa unter dem kaiserlich russischen Staatsrat einen würdigen, alten Herrn vorgestellt hätte, wäre sehr enttäuscht, gewesen, denn Fedor Horsten hatte die Dreißig nur um wenige Jahre überschritten, paßte auch sonst nicht recht zu seinem Titel, denn niemand, der ihn sah oder hörte, hätte ihn für einen echten Russen gehalten, der er dennoch war. Er war groß und kräftig gebaut und sein intelligentes Gesicht mit dem dunkelblonden, spitzgeschnittenen Bart konnte jeder Nationalität angehören; nur wenn man näher hinsah, fielen die dicht zusammengeschobenen, hart an der Nasenwurzel liegenden Augen und das straffe Haar als Rassezeichen auf. Wenn man schärfer hinhörte, merkte man auch, daß seine Sprache nicht ganz den harten Klang verloren hatte, mit dem Balken oder Russen Deutsch sprechen. Er beherrschte jedoch die fremde Sprache wie seine eigene, denn er hatte an deutschen Hochschulen studiert und promoviert und wäre wohl auch dauernd in Deutschland geblieben, hätte ihn nicht ein Zufall dem Herzog zugeführt, der, als Domänenbesitzer in zwei Reichen, einen Mann und Berater suchte, der sowohl mit russischem wie mit deutschem Wesen völlig vertraut war und mit den Behörden beider Länder zu verkehren verstand. So wurde Fedor Horsten herzoglicher Domänenverwalter, kaiserlich russischer Staatsrat, Inhaber der verschiedensten Orden und er hätte sicher noch eine ganze Anzahl anderer Titel und Auszeichnungen erhalten können, wenn ihm das mindeste daran gelegen hätte. – –

»Aber das ist es ja eben, es liegt dir an allem nichts mehr! Alles, was von daheim kommt, lohnt dir nicht der Mühe, wird von dir verachtet! Mitunter frage ich mich, ob du wirklich noch du selber bist, so sehr hast du dich verändert!«

Olga Leonoff sprach die Worte mit leidenschaftlichem Ton. Sie stand mit dem Rücken an die Wand gelehnt an einem geöffneten Fenster des Horstenschen Wohnzimmers, das einen weiten Ausblick über den See bot und über den langen, schmalen Holzsteg, der ihn überbrückt.

Fedor Horsten saß etwas mißmutig und gelangweilt da, stäubte die Asche seiner Zigarette umständlich ab, als interessiere ihn dieser Vorgang ungleich mehr als alles, was Olga Leonoff zu ihm sprach.

»Ja, teure Olga, daran mußt du dich nun einmal gewöhnen! Ich bin inzwischen um zehn Jahre älter geworden, und ich meine, daß der Mensch das Recht hat, sich innerhalb eines solchen Zeitraumes zu verändern. Du allerdings hast von diesem schönen Recht keinen oder nur sehr mäßigen Gebrauch gemacht. Du bist noch genau ebenso zügellos und ebenso konfus, wie du vor zehn Jahren warst!«

»Damals hast du es anders genannt!«

»Mag sein! Damals war ich eben selbst genau so konfus wie du!«

»Und heute bist du klar und verständig, nicht wahr?«

Es zuckte jetzt um ihren Mund wie Hohn und ihre Augen flammten ihn an, als wollten sie in ihm noch einmal Funken erwecken, die längst verglüht waren.

Er sah es, lächelte unmerklich und stäubte wieder langsam seine Zigarette ab.

»Ich sehe mit Bedauern, liebe Olga, daß ich auf deinen Beifall nicht mehr rechnen kann! Es ist mir zwar nicht ganz klar, weshalb nicht, aber Frauenwille ist ebenso unerforschlich wie Gottes Wille, und ich muß mich darein fügen!«

Nun trat sie mit einem raschen Schritt auf ihn zu, ergriff seine Hände und sprach mit einer Inbrunst, als spräche sie ein Gebet: »Fedor, du sollst mich nicht mit Absicht mißverstehen! Alle andern mögen von mir denken, was sie wollen, ich frage nicht danach! Du bist der einzige hier, nach dem ich frage, zu dem ich gehöre und der zu mir gehört! Ich darf dich nicht verlieren! Du darfst dich uns nicht völlig entfremden! Zu drei Viertel bist du uns ja schon entfremdet und verloren!«

Es lag jetzt ein tiefer Schmerz auf ihrem Gesicht und eine so fanatische Hingebung, daß ihre Worte einen andern Mann wohl ergriffen oder bezwungen hätten. Horsten aber entgegnete spöttisch: »Ich wiederhole dir, daß ich nichts von allem verstehe, was du seit einer halben Stunde redest! Entfremden ... verloren sein ... was sind das alles für große Worte! Wem bin ich entfremdet? Wer hat mich verloren?«

»Wir, wir alle!«

»Das ist für mich zu hoch, liebe Olga! Wenn du mir nur endlich einmal klar sagen wolltest, was du von mir erwartest und willst!«

»Zurückkehren sollst du! Kein Fremder mehr für uns sein! Die Heimat wartet auf dich!«

In seinen schmalen Augen funkelte jetzt der scharfe Spott.

»Und wenn ich daheim bin, was soll ich dann tun? Soll ich vielleicht ›Tyrannen morden‹? Oder eigenhändig das bekannte ›Fenster nach Westen‹ zumauern? Oder ebenso eigenhändig das nicht minder bekannte ›Testament Peters des Großen‹ erfüllen? Sprich, Olga, befiehl und ich werde mich unverzüglich auf den Weg machen und die Heldentaten vollenden, zu denen du mich rufen willst!«

Tränen traten jetzt in ihre Augen. Sie murmelte: »Ich will doch nur, daß du noch ein wenig an uns denkst, dich noch eins mit uns fühlst und nicht mit den Fremden! Die Heimat wartet voll Sehnsucht auf dich, wie lange willst du sie noch warten lassen?«

Aber nun war Fedor Horstens Geduld zu Ende. Er warf die Zigarette ärgerlich beiseite, und mit einer jähen Brutalität, die seltsam von seinem früheren Wesen abstach, rief er ihr zu: »Du langweilst mich, Olga, du langweilst mich mehr als ich es sagen kann! Und du müßtest dich doch von früher erinnern, daß ich Menschen, die mich langweilen, verabscheue! Wenn du dich nicht entschließen kannst, diese langweiligen Mahnungen und Rufe mit ihren dunkeln Andeutungen aufzugeben, dann wäre es mir lieber, du führst in die Heimat zurück, die auf dich sicher mit mehr Ungeduld wartet als auf mich. Hörst du, wenn du nicht anders sein kannst, wünsche ich, daß du noch heute fährst!«

Es machte ihm offenbar Freude, sie zu demütigen, gerade weil sie immer wieder versuchte, Macht über ihn zu bekommen. Sie blieb stumm und sah mit abwesenden Blicken in das Landschaftsbild hinein, das sich draußen breitete. Auch er sah es, aber mit andern Augen als sie, und ein kleines Lächeln, in dem aber nichts von seinem früheren Spott lag, kam um seine Lippen. Denn draußen, inmitten des schmalen Stegs, der über den See läuft, stand in einem fliederfarbenen, nach Boticelli stilisierten Gewand Irene von Erhart, einen weißen Schleier phantastisch um die goldblonden Haare gewickelt. Ganz regungslos stand sie, die Arme auf das Geländer gestützt, und sah mit großen, verträumten Augen auf die ferne Alpenkette hin, die sich wie ein flimmernder Riegel vor das blauende Land schob, an dem Irenens Herz hing. Neben ihr stand ihr Sohn, ein feiner, schlanker Knabe, der morgen vielleicht schon die Kinderschuhe ausziehen würde, heute aber mit den nach Pagenart verschnittenen Locken und dem koketten, weißen Anzug wirklich wie ein Porträt aus den Uffizien aussah. Schmeichelnd, mit der Geste eines verzogenen Kindes lehnte er seinen dunkeln Kopf an die Schulter der Mutter, war sich voll kindlicher Eitelkeit wohl bewußt, daß er mit ihr zusammen eine anmutige Gruppe bildete. Er war es gewöhnt, um ihretwillen mit ihr bewundert, gemalt und gemeißelt zu werden, und weil in ihm eben noch gar nichts von der Unbändigkeit und der Auflehnung der Flegeljahre war, ließ er sich's wohl sein in dem warmen Glanz, der von der Mutter auf ihn fiel. Die sanfte Landschaft, die blonde, von Schleiern und lichter Farbe umwobene Frau, die nach der blauen Ferne sah, während sich der knabenhafte Page schmeichelnd an ihre Schulter schmiegte, flossen zu einem Bilde unzeitgemäßer, aber hübscher Romantik zusammen, das der Meister Schwind wohl hätte malen und »Sehnsucht« betiteln können. Fedor Horsten verstand das tiefe Gleichnis, das in diesem Bilde lag und darum entbehrte sein Lächeln des Spottes, war nachsichtig, wenn auch belustigt, wie sie alle über Irene lächelten, wenn sie sie gleich bewunderten. Eben wollte er sich wieder zu Olga wenden, da öffnete sich die Tür des Zimmers und seine Frau trat ein. Sie rief ihm schon von der Schwelle aus entgegen: »Denk nur, wie ärgerlich, nun kann ich für Dienstag doch keine Forellen bekommen, und der Bartl, der Gauner, hatte sie mir doch ganz bestimmt versprochen! Ich weiß jetzt wirklich nicht, was ich anfangen soll! Meinst du, daß ich ebensogut Renken geben kann und daß ich die wenigstens noch rechtzeitig vom Chiemsee herüber kriege?«

Ihr ruhiges, feines Gesicht, das ihrem Bruder glich, sah ehrlich bekümmert aus und ihre Augen hingen an ihrem Mann, als erwarte sie von ihm das Wort, das all ihren Hausfrauenkummer verjagen sollte. Er lachte und glitt mit der Hand zärtlich über ihr helles, flockiges Haar, das, sorgsam gepflegt und anmutig aufgesteckt, vorteilhaft von dem dunkeln Gewirre über Olgas Stirne abstach. Er sagte fröhlich: »Wahrhaftig, Klara, du sprichst das erste vernünftige Wort, das ich heute morgen höre! Forellen und Renken – so etwas paßt zu diesem Tag, zu dieser Sonne!« Und sich zu Olga wendend: »Du entschuldigst, Olga, aber in diesem Augenblick ist der Speisezettel wirklich wichtiger als alles andre, auch auf die Gefahr hin, daß du mich für einen ganz verlorenen Menschen hältst!«

Olga entgegnete mit überlegenem Lächeln, daß sie bei dieser Staatsaktion nicht stören wollte und ging. Sie hatte sich seit Klara gekommen war nur mehr mühsam beherrscht und war froh, daß sie jetzt fort konnte, hinunterlaufen in den Garten oder an die im Weidengebüsch verborgene Bank am See, auf der sie so oft über all ihre Enttäuschungen und ihre neuen Zukunftshoffnungen nachgrübelte.

Auch Klara war froh, als sie mit ihrem Mann allein war, denn sie fühlte sich in Olgas Gegenwart immer unsicher und bedrückt. Wie ihrem Bruder, so fehlte es auch ihr an kraftvollem Selbstbewußtsein, und sie ließ sich leicht von einem starken Willen oder auch von robuster Anmaßung einschüchtern und in den Hintergrund drängen.

Wenn Olga mit ihrer großen Sicherheit über alle möglichen Dinge sprach, die sonst nur Männer interessieren, wenn sie politische Reden führte und über das Wesen der Staaten urteilte, als hätte sie seit Jahrzehnten alle Kabinettsgeheimnisse Europas erlauscht, dann kam sich Klara neben ihr klein und unwissend vor, wenngleich sie eine Stunde nachher erkannte, daß alles, was Olga wußte und sprach, nur Dilettantismus war. Doch nicht nur Mangel an Selbstbewußtsein war es, der Klara einschüchterte, wenn Olga erschien. Sie fühlte sich dem Mädchen gegenüber immer ein wenig schuldbewußt, obgleich sie wirklich nichts dafür konnte, daß Fedor sie gewählt hatte und nicht seine Cousine. Schuldbewußt fühlte sie sich und trotzdem eifersüchtig, wenn es gleich keine Eifersucht im gewöhnlichen Sinne war. Sie war eifersüchtig auf die Gemeinsamkeit der Abstammung und des Blutes, die Olga mit Fedor verband, auf eine vergangene Vertrautheit, die zwar nie Liebe gewesen, aber vielleicht gerade darum unzerreißbar geblieben war, wenn Fedor auch zuweilen so tat, als ob sie vergessen wäre, und es vielleicht auch selber glaubte. Wenn sie hörte, daß die beiden miteinander in ihrer Sprache von ihrer Heimat redeten und sich erinnerten, kam sie sich wie eine Ausgeschlossene vor, und wenn Olga im Gespräch zu Fedor sagte: »Wir« und zu Klara »Ihr«, dann war es ihr jedesmal, als griffe Olgas Hand nach etwas, was ihr, Klara Horsten, allein gehörte. Sie hing ja an ihrem Mann nicht nur mit grenzenloser Hingebung, sondern auch mit einer unbewußten, starken Dankbarkeit, weil er, da er um sie freite, ihr Selbstbewußtsein wenigstens für Augenblicke, mächtig gehoben hatte, so daß sie um seinetwillen jedem Widerstand getrotzt hätte, der ihr diesen Mann versagen wollte. Es gab aber gar keinen Widerstand zu brechen, denn Horstens Wesen nahm für ihn ein, und sein Ausländertum, sein Titel und seine nahen Beziehungen zu dem Herzog woben noch einen besonderen Nimbus um ihn. So führte er das Mädchen heim, das ihn angezogen hatte, weil es so ganz anders war als die Frauen, die er daheim kennen gelernt hatte oder die er heiraten sollte, und wenn auch in der Ehe Klaras aufgeflackertes Selbstbewußtsein wieder schwand, wenn sie auch willig zu allem »ja« sagte, was er wollte, so war er ihr doch nie ein Tyrann, ja nicht einmal ein herrischer Vormund, sondern immer nur ein kluger und liebevoller Kamerad, zu dem sie mit allen großen und kleinen Angelegenheiten kam, die das Glück oder auch die Sorge ihres einfachen Frauenlebens bildeten.

Während sie angelegentlich die Frage »Forellen oder Renken?« erörterten, saß Olga auf der Bank im Weidengebüsch und begriff sich selber nicht, daß sie noch immer blieb, daß sie nicht endgültig das Haus verließ, in dem jeder neue Tag ihr nur neue Qual brachte. In ihrem Kopf jagten sich die Gedanken, formten sich zu deutlichen, aber unzusammenhängenden Bildern, wie man sie in Träumen sieht, in denen durch die Tiefe der Nacht bunte Reflexe der Tageserlebnisse gaukeln. Sie sah sich wieder neben dem blutjungen Fedor in den Hörsälen russischer Universitäten, hörte die Pläne, mit denen ihre Mütter die Kinder einander zur Ehe bestimmten … Dann war der Feldzug gegen Japan gekommen, den Fedor als Freiwilliger mitgemacht hatte, indessen Olga unter den Martern der wartenden Angst erkannte, daß sie den Vetter, der ihr zum Gatten bestimmt war, mehr liebte, als sie selber je gewußt hatte. Aber nach dem Feldzug war Fedor ein andrer geworden. Sie hatte nie genau erfahren, was damals in ihm vorgegangen war, aber sie verstand wohl, daß der Ausgang des Krieges ihn schmerzhaft ernüchterte, ihn von all den politischen Hoffnungen und Plänen abbrachte, über die sie sonst nach junger Leute Art halbe Nächte lang mit heißen Köpfen und gläubigen Herzen geredet hatten. Er ging zur Vollendung seiner Studien an deutsche Hochschulen und da fing es an. Da lernte er das fremde Mädchen kennen, das ihm gefiel, da kam er in die fremde Familie hinein, die ihn einspann, da verlernte er, der Heimat treu zu bleiben und wurde mit den Fremden ein Fremder. –

Jahre waren hingegangen, und Olgas Jugend hätte sich wohl mit der Enttäuschung abgefunden, aber in ihrem phantastischen, von Vorstellungen bunt durchfluteten Kopf hatten sich scheinbar unvereinbare Begriffe eng miteinander verbunden.

Wie mittelalterliche Hysterikerinnen in mystischen Verzückungen zu gleicher Zeit himmlische und irdische Wonnen empfanden, so vermählte Olga Leonoff ihre Liebe zu dem Mann der Hingebung an ihr Volk, fühlte sich als Sendbotin der Heimat, die sich keines ihrer Kinder von der Brust reißen lassen will. In dem Kampf der Frau gegen die Frau war Klara Römer Siegerin geblieben, aber das Beste, das in eines Mannes Brust schläft, das ihm mehr gilt und gelten muß als Liebe und lächelndes Glück, das durfte nicht der Fremden und fremden Einflüssen bleiben, die immer stärker wurden, je öfter Fedor nach Seeon kam, je üppiger ihn das tiefe Glück umrankte, das er gemeinsam mit seiner Frau in sein Haus gepflanzt hatte ... Weil sie an ihre Sendung glaubte, kam Olga Leonoff immer wieder zu den Horstens, denn ihr war, so dachte sie, die Aufgabe geworden, den abtrünnigen Sohn des Ostens wieder heimzuführen aus der Welt des Westens, in die er immer tiefer versank. – –

Diese Maskerade ihres Gefühls, die ihr selbst nicht zum Bewußtsein kam, gab ihrem Wesen Unruhe und einen schillernden Reiz, so daß keiner sie deutlich erkennen konnte und nur spürte, daß in der Tiefe etwas lag und braute, was er nicht zu enträtseln vermochte. Ihr selbst aber gab die mystische Verkleidung ihres Gefühls immer neue Kraft, denn wenn Fedor seinem Lande treu blieb, dann war er immer noch zusammen mit ihr in eine Gemeinschaft eingeschlossen, dann gehörte immer noch das Stärkste und Beste in ihm nicht der fremden Frau, sondern ihr, der eingeborenen Sendbotin der Heimat.

*   *   *

In diesen letzten Tagen hatte Frau Klara alle Hände voll zu tun, damit das herkömmliche Seeoner Familienmahl sich würdig den Vorgängern früherer Jahre anschließen konnte. Freilich erwartete man nicht sämtliche Familienmitglieder, denn wenn die Ahnfrauen der Römers auch die goldene Riegelhaube der kleinen Münchner Bürgerstöchter getragen und ihre Großväter die Grenze Bayerns nie überschritten hatten, so waren die jüngeren Geschlechter doch von dem Unternehmungsgeist und der Wanderlust des neuen Reichs erfaßt worden, und Römer dienten jetzt nicht nur im preußischen Heer und in der Marine, sondern saßen auch als Leiter großzügiger Unternehmungen in den Kolonieen oder in überseeischen Ländern. Wer aber von ihnen in der engeren Heimat geblieben war oder sie ohne allzugroße Schwierigkeit erreichen konnte, der traf sich, gleichviel ob er die Verwandten täglich oder das ganze Jahr über nicht sah, zur Sommerzeit mit ihnen bei dem Festmahl in Seeon. Ehedem hatte diese Art von Familientag stets in Klaras Elternhaus stattgefunden, aber nachdem Rechtsanwalt Römer und seine Frau schnell nacheinander starben, übernahm die Tochter gern dies Erbe, um so lieber, als sie selbst einen Teil des Jahres in der Fremde sein mußte. Die Gastlichkeit der Horstens war herzlich und schön, und weder Fedor noch Klara hätten sie missen mögen, obwohl ihr Haus räumlich nicht recht darauf eingerichtet war. Sie wohnten ja nicht, wie der Herzog es eigentlich wünschte, im Schloß, sondern hatten sich dicht daneben ein hübsches, aber bescheidenes Landhaus in bäuerlichem Stil gebaut, vor dessen Fenstern der wilde Wein wehte, während von der braunen Holzaltane große Hängenelken in allen Farben und Sprenklungen niederhingen. Hier neben der eigenen Familie, den beiden Erharts und Olga noch andre Besuche unterzubringen und nebenbei noch ein paar Dutzend Gäste festlich zu bewirten, war keine Kleinigkeit, zudem bei der Abtrennung Seeons von allen Verkehrswegen jede kleine, peinliche Zufälligkeit, der sonst in einem Haushalt schnell abgeholfen wird, hier zu einer Katastrophe für die geplagte Hausfrau werden konnte. Als aber der Morgen des großen Tages aufgegangen war, und Fedor und Olga die Tafel besahen, die Klara stets eigenhändig deckte und zierte, war Fedor sehr befriedigt und meinte, daß sie seiner Frau noch in keinem Jahr so wohl gelungen sei, wie heute. Der lange, mit Silber und Kristall reich besetzte Tisch sah auch in der Tat schön aus, denn jedes Gedeck war von einer Weinranke wie zufällig umwunden, Weinranken zogen Girlanden von einer Obstschale zur andern, stiegen zum Kronleuchter empor und glitten, nachdem sie ihn sanft umschlungen hatten, wieder zu andern Obstschalen nieder. Zwischen dem wilden Wein lagen auf ihren runden Blättern weiße Wasserrosen, und große Schleifenbündel rotseidener Bänder leuchteten als lustige Farbenflecken aus dem Weiß und Grün hervor. Auch die Hirschgeweihe, die neben ein paar Stilleben den einzigen Schmuck der weißgetünchten Wand über der dunkeln Holzvertäfelung bildeten, waren mit einem langflatternden Behang von Weinreben und Wiesenblumen geschmückt, und ein feiner Rosenduft lag über dem ganzen Raum. Er kam von einem Riesenstrauß wundervoller Gloire de Dijon, der aus dem Schloß für Frau Steffi Römer zur Begrüßung geschickt worden war. Er stand schon jetzt bei Steffis Gedeck, und Klara freute sich über ihn, als ob er ihr selber geschenkt worden wäre, denn sie hing zärtlich an dem Bruder wie an dessen Frau und empfand jede Ehrung, die Steffi zuteil wurde, mit Stolz. Für Irene von Erhart aber, die heute ja besonders gefeiert werden sollte, lag eine Überraschung bereit, die Klara ausgedacht hatte und die nur des Augenblicks wartete, da sie in die Hände der schönen Frau gleiten durfte. Während sie noch um die Tafel herumgingen, hier eine Ranke zurechtzupften, dort einen Wasserrosenkelch sorgsam auseinanderbogen, öffnete sich die Türe und die Horstenschen Kinder, der sechsjährige Fedor und der fünfjährige Hans, traten ein. Groß und kräftig für ihr Alter glichen sie ein wenig dem Vater und ein wenig der Mutter, waren an andern Tagen gesprächig und ausgelassen, heute aber, da das ganze Haus geschmückt und erregt war und jeder ihnen versicherte, daß sie überall im Wege stünden, fühlten sie sich ein wenig beklommen, und die Feierlichkeit der langen, geschmückten und noch leeren Tafel machte sie betreten und stumm. Ihr Vater aber, der auch heute die Sonne dieser Landschaft wieder wie köstlichen Wein einschlürfte, hob sie beide zu gleicher Zeit übermütig in die Höhe, setzte den kleinen Fedor auf den rechten, seinen Bruder auf den linken Arm und erklärte den verblüfften Kindern ernsthaft, daß sie heute während des Essens mit gekreuzten Beinen auf den Hirschgeweihen da oben sitzen und mäuschenstill bleiben müßten, denn es sei ein altes Herkommen, daß alle Kinder der Römers zwischen fünf und zehn Jahren bei festlichen Gelegenheiten auf die Hirschgeweihe placiert würden. Die Buben sahen den Vater eine Minute lang ängstlichverdutzt an, dann lachten sie und antworteten nach kecker Kinderart, Klara lachte strahlenden Gesichts mit ihnen, und Olga, die sich tief über Steffis Rosenstrauß beugte, kam sich überflüssig vor.

Das Mahl verlief wie all seine Vorgänger. Alte und Junge waren in der besten Stimmung, lobten die Spargelsuppe und die zarten, mit vielerlei Kräutern gebratenen Renken und die Schinkenpastete, der heimlicher Schlagrahm einen besonderen Wohlgeschmack lieh, lobten den Tafelschmuck und die Weine, und Klaras Hausfrauenstolz war groß. Sie hörte freilich nicht mit voller Aufmerksamkeit auf die Worte hin, die um sie herflogen, denn sie mußte ja, ohne daß einer es merkte, mit den Blicken alles überwachen, alles lenken; wenn sie aber einmal den Blick über die Tafelrunde gleiten ließ, dann freute sie sich über den Anblick der heiteren Gesichter und über die jungen Frauen, die in ihren hellen, luftigen Kleidern aussahen wie Blüten, die der Sommerwind hergetragen hatte. Gleichviel, ob die einzelne von ihnen für sich allein betrachtet hübsch oder häßlich war, hier wirkten sie als Gesamtheit reizvoll, und seltsam! am reizvollsten vielleicht Olga Leonoff, die an andern Tagen unschön und vernachlässigt erscheinen konnte. Heute hatte sie ihr straffes, tiefdunkles Haar mit der Hilfe von Klaras Stubenmädchen in schöne Wellen gebrannt und zu einem hohen Knoten, aus dem ein paar rosenfarbene Korallen leuchteten, aufgesteckt, daß ihre feine, schmale Stirn zur Geltung kam. Und wenn auch die Lippen ein wenig zu breit, die Nase ein wenig zu stumpf, die Backenknochen höher vorspringend waren, als es sonst Frauengesichter kleidet, so stellte sie doch heute ein Rassegesicht von so ausgesprochenem Gepräge dar, daß die jungen Herren an der Tafel sie immer wieder bewundernd ansahen und auch die älteren, die auf eine gegenüber oder in der Nähe sitzende Gattin Rücksicht nehmen mußten, unversehens unter gesenkten Lidern immer wieder zu ihr hinblickten. Sie hätte keine Frau sein müssen, wenn sie nicht gespürt hätte, wie sie wirkte und wenn diese Wirkung sie nicht wie ein leichter, holder Rausch umfangen hätte. Da vergaß sie, ohne daß sie es wollte und merkte, für etliche Stunden ihre große Sendung, war nur ein fremdartiges, verführerisches Weib, das lachte, dunkle Blikke warf, mit einer weichen, einschmeichelnden Stimme Worte sprach, die an sich nichts bedeuteten, aber eben durch den Tonfall, durch den Blick, der sie begleitete, besonderen Sinn zu empfangen schienen. Nur auf ihren Vetter Fedor machte sie keinen Eindruck, weil sie für ihn nicht den Zauber des Fremdartigen besaß, aber in diesen Augenblikken dachte auch sie nicht an ihn, sondern gab sich ganz der Fröhlichkeit hin, die aus dem eigenen Erfolg zu ihr aufstieg.

Steffi, die sonst aus ihrer Antipathie gegen Olga nur schwer ein Hehl machte, hatte heute kaum einen Blick für sie, und wenn sie einmal zufällig zu ihr hinsah, dann lächelte sie ihr gedankenlos zu, wie Menschen, die ganz mit sich beschäftigt, ganz von ihren eigenen Angelegenheiten erfüllt sind, wohl einem andern zulächeln, ohne daß es ihnen zum Bewußtsein kommt. Denn Steffi hatte bei diesem Familienmahl einen kaum kleineren Zuhörerkreis als Olga, wurde nicht weniger, wenn auch anders bestaunt und bewundert. Sie sprach ja von ihrer Amerikafahrt, von den glänzenden Bedingungen, die man ihr geboten und von den großen künstlerischen Anforderungen, die sie als Entgelt dafür zu bringen hatte. Sie sprach laut und lebhaft, und der Wein, den sie dazwischen trank, machte sie aufgeräumt und heiß, daß ihre sonst schmachtenden Augen wie in Feuer leuchteten und ihre Hände weitausholende Gesten fanden, mit denen sie die Größe ihrer amerikanischen Aufgabe erläuterte. Dieser Vertrag mit Amerika, der ihr mit einem Schlag ein Vermögen zusprach und sie in die Reihe der richtigen Stars eingliederte, brachte ihr schon jetzt, innerhalb der Familie, einen Triumph, der wie ein kleines Vorgericht von dem schmeckte, was jenseits des Meeres und bei der Heimkehr ihrer harrte.

Als dann in großen Kupferkühlern der Sekt aufgetragen wurde, mußten sich Olga und Steffi ein wenig bescheiden, denn nun kam die Überraschung, die Klara für Irene von Erhart ausgedacht hatte. Als über alle Kelchränder der weiße Schaum floß, erhob sich Rudolf Römer und sprach in leicht dahingleitenden Versen einen halb launigen, halb ernsten Trinkspruch auf »die jüngste und allerschönste Doktorin«. Er pries sie, wie sie zuerst als Gefährtin ihres Mannes und später als seines Wesens Erbin in seinem Geiste weitergelebt und versucht habe, ein Kulturideal zur Wirklichkeit zu machen, und er schloß mit scherzhaften Worten, daß selbst der alte Herr Metastasio es nicht vermocht habe, sich ihrem Reiz zu entziehen, so daß in seinem Namen die Universität Padua der schönen Forscherin den Doktorhut verleihen mußte. Den Doktorhut, der, so hieß es weiter, soeben aus Padua eingetroffen sei, damit Frau Irene bei diesem Festmahl das Abzeichen ihrer neuen akademischen Würde nicht zu entbehren brauchte. Bei diesen Worten öffnete sich die Türe des Nebenzimmers und herein trat Lorenzaccio, gefolgt von halbwüchsigen Vettern und Bäschen und den kleinen Horstens, die allesamt Blumengewinde in den Händen trugen. Sie schritten auf Irene zu, umkränzten ihren Sessel und ihr Gedeck mit den bunten Ranken, Lorenzaccio aber, ganz in Weiß mit breitem Spitzenkragen und duftiger Pagenschleife, um das dunkle, tief ins Gesicht fallende Haar einen schmalen Goldreif, überreichte auf einem Kissen seiner Mutter einen kleinen Zweispitz, der ganz aus dunkeln Tag- und Nachtschatten gebunden war. Steffi und Olga sahen einigermaßen verständnislos auf die kleine Szene, und auch dieser oder jene hätte gern den Kopf geschüttelt und den ganzen Auftritt ein wenig theatralisch und ein wenig altmodisch gefunden. Klara aber sah nur auf Irene, die sich errötend und beglückt bekränzen ließ, und da war Klara zufrieden, daß die Huldigung Irenen genau so gut gefiel, wie Klara vermutet hatte. Irene hatte dankend alle Kinder geküßt, hatte Lorenzaccio fest, fest an sich gezogen und setzte sich nun den blumigen Doktorhut aufs Haupt, der gegen ihr blondes Haar wie tiefvioletter Samt abstach. Dann erhob sie sich mit dem Glas in der Hand und dankte Rudolf Römer in rasch improvisierten Versen, die nicht weniger leicht dahineilten als die seinen und deren kunstvoller Rythmus bewies, daß Frau Irene nicht umsonst Jahr für Jahr vom Liederquell romanischer Sänger getrunken hatte.

Schon Rudolf Römers Trinkspruch hatte allen rundum sehr gefallen, nach Irenens Versen aber ertönten Händeklatschen und Beifallsrufe. Man wußte zwar, daß sie poetische Begabung und Formtalent besaß, aber daß sie innerhalb einer knappen Viertelstunde Stanze auf Stanze zu improvisieren vermochte, die, allesamt von tadellosem Bau, weit über das Niveau von Trinksprüchen hinausreichten, erstaunte doch alle rundum und brachte ihnen aufs neue zur Erkenntnis, daß Irene wirklich nicht mit alltäglichem Maßstab gemessen werden durfte. Nun, da der Sekt immer verführerischer zu allen rundum sprach, da er die Nüchternen lebhaft und die Lebhaften feurig machte, lag es über der mit Seerosen geschmückten Tafel wie ein köstlicher Dunst, der alle Dinge reizvoll verschleierte und karge Linien in Heiterkeit aufzulösen schien. Sie alle waren jetzt benommen, erregt von den üppigen Speisen, die sie genossen, von den Weinen, die sie getrunken, von den Versen, die sie gehört hatten, von der Freude, daß sie hier alle beisammen saßen, und vom lachenden, stolzen Wohlgefallen, daß Irene von Erhart und Steffi Römer zu ihnen gehörten. Gespräch und Gelächter waren jetzt so laut, daß man sein eigenes Wort kaum mehr verstehen konnte. Olga Leonoff sprach auch nicht mehr gar viel, hob nur immer wieder das Sektglas mit verheißendem Lächeln gegen einen ihrer Bewunderer und trank es auf einen Zug leer. Steffi dagegen erklärte mit heißem Kopf und glänzenden Augen ausführlich fünf Festkleider, die sie sich, sobald sie nach den Ferien heimkam, anfertigen lassen wollte, denn die Überfahrt sollte schon im September beginnen.

Ruhiger als sie, aber nicht weniger eindringlich und voll schwärmerischer Erinnerung erzählte Irene von Erhart ihrem Nachbarn von dem großen internationalen Frauenkongreß, den sie kurz vor ihrer Abreise in Rom mitgemacht hatte. Aber dieser Weltkongreß der Frauen sollte ja auch, so erläuterte sie, nicht ein Sammelplatz für Kämpferinnen sein, sondern eine große, alle Völker umschlingende Vereinigung darstellen. Entzückt erzählte sie, wie überwältigend es auf sie wirkte, daß in den Sälen dieses Kongresses in allen Kultursprachen Vorträge gehalten wurden, geradeso wie in St. Peter in allen Zungen der Welt Absolution erteilt wird, und sie wurde nicht müde, die Pracht der Feste zu schildern, mit denen dieser erste, weithin sichtbare Triumph der Friedensbestrebungen gefeiert wurde. Denn dies war, sagte Irene von Erhart, der tiefe Sinn dieses Kongresses und dies gab ihm seine Weihe, daß hier die Frauen aller Länder sich zu gemeinsam-friedlicher Arbeit zusammengefunden und den Beweis erbracht hatten, daß es zwischen Kulturvölkern keine wirklichen Gegensätze gibt, daß die Zukunft und das Heil der Welt im ewigen Frieden besiegelt liegen, dessen Ankunft näher bevorstand, als Zweifler, die noch an alte Irrlehren glaubten, sich denken konnten. Da sie merkte, daß auf den Gesichtern ihrer Zuhörer skeptisches Lächeln oder Ungläubigkeit erscheinen wollte, fuhr sie fort, von den Ehrungen zu berichten, die der Kongreß überall erfahren und die man ihm doch sicher nicht gespendet hätte, wenn seine Bedeutung nicht sonnenklar gewesen wäre. Glänzend war das Fest, das die Stadt Rom auf dem Kapitol gab, glänzend der Nachmittag in den Gärten der deutschen Botschaft, am glänzendsten aber und bis zum Tode unvergeßlich der Tag, an dem die Königin Marguerita die Künderinnen des Weltfriedens in ihrem Park bei sich empfing. Wie ein Märchen war es anzusehen gewesen, als die Königin erschien, hinter sich einen Troß reichgekleideter Lakaien, die ihr ungeheure Körbe dunkelroter Rosen nachtrugen. Zu jeder der Geladenen sprach sie ein paar freundliche Worte und reichte ihr, gleichsam als Symbol des weltbeglückenden Bundes, eine dunkelrote Rose – –

In diesem Augenblick trat eines der bedienenden Mädchen zu Fedor Horsten hin und flüsterte ihm zu, daß soeben ein Diener aus dem Schloß gekommen sei, der den Herrn Staatsrat im Namen seiner kaiserlichen Hoheit bitten sollte, sogleich ins Schloß hinüber zu kommen. Seine kaiserliche Hoheit hätten eine wichtige Nachricht erhalten, wünschten aber, daß zunächst jedes Aufsehen vermieden werden sollte. Fedor Horsten nickte, verstand durchaus nicht, was dem Herzog einfiel, ihn so plötzlich von der Festtafel abzuberufen und ließ durch das Mädchen dem Diener sagen, daß er sich binnen weniger Minuten im Schloß einfinden würde. Unauffällig entfernte er sich von der Tafel, nur seine Frau hatte gemerkt, daß ihm das Mädchen etwas zuflüsterte und daß er ging, aber sie gab nicht weiter darauf acht. Erst als sein Sessel immer länger leer blieb, wurde sie allmählich erstaunt und dann ein wenig unruhig ... Gerade aber, als sie fragen wollte: »Wo bleibt denn mein Mann?« erschien er wieder, nahm seinen Platz wieder ein und knüpfte schnell und gewandt ein Gespräch an, als wäre nichts geschehen. Klara aber, die ihn fest ansah, merkte, daß er blaß war, daß seine Augen einen seltsam verlorenen Blick hatten und daß er, wenn er lachen wollte, nur ein gezerrtes Lächeln auf die Lippen brachte, wie jemand, der unter dem Eindruck einer verhängnisvollen Botschaft steht. Voll Unruhe fragten ihn Klaras Augen, ob man jetzt, da auch der Nachtisch abgetragen war, die Tafel aufheben sollte, und er nickte bejahend. Man ging hinüber ins Wohnzimmer, um den Kaffee zu nehmen, und hier trat Klara zu ihrem Mann und fragte angstvoll und leise: »Fedor, was ist dir? Du siehst so verstört aus!«

Er lächelte wieder sein gezerrtes Lächeln, sagte wie abwesend: »Nichts, gar nichts, Liebste! Oder doch ... aber nicht jetzt, es würde allen die Stimmung verderben, und es paßt wahrhaftig auch nicht in die Stimmung hinein!«

Eine halbe Stunde später wußten sie es aber doch. Der österreichische Thronfolger war in Serajewo ermordet worden.

Drittes Kapitel

Sie glauben doch nicht im Ernst, daß es Krieg gibt?!« so fragte Steffi in dieser Zeit fast jeden Menschen, den sie traf. Sie fragte ihren Mann, all ihre Verwandten, jeden Bauern, der des Weges schritt, ja jedes Mütterchen, das Gras mähte oder Gemüse aus dem Garten holte. Immer lag heitere Zuversicht in ihrer Frage, so als ob es ganz unmöglich wäre, daß ein Mensch andres antworten könnte, als: »Aber gar keine Idee! Das sind nur die Angstmeier, die an einen Krieg glauben!«

Nun, Steffi Römer war keine Angstmeierin und sie glaubte niemals, was sie nicht glauben wollte. Sie hatte zwar insofern der bewegten Zeit und den Wünschen ihres Mannes Rechnung getragen, als sie ihren Sommeraufenthalt nicht wie sonst in Tirol oder in der Schweiz verbrachten, sondern im Lande blieben, in einer Sommerfrische am Chiemsee, so daß sie die Möglichkeit hatten, entweder zu Wagen oder zu Fuß etliche Male in der Woche die Seeoner zu besuchen. Doch nicht nur der Seeoner wegen, auch sonst war es in diesen Tagen angenehm, an einem Knotenpunkt des Verkehrs zu wohnen, denn selbst wenn man eine so fröhlich-subjektive Auffassung von den politischen Ereignissen hatte, wie Steffi, so wollte doch jeder, auch sie, möglichst schnell die letzten Nachrichten und Depeschen sehen und gemeinsam mit irgend einem Bekannten oder Fremden der Zukunft das Horoskop stellen …

»Sie glauben doch nicht im Ernst, daß es Krieg gibt?!« Unermüdlich tat Steffi diese Frage oder ähnliche und war ärgerlich, wenn sie ernste Gesichter sah oder ausweichende, wenn nicht gar trüb getönte Antworten erhielt. Am ärgerlichsten war sie über ihren Mann, der auf ihre Frage fast jedesmal lächelnd erwiderte: »Ich glaube nichts oder alles, und kann dir nur raten, abzuwarten, was geschehen wird!«

Die undurchsichtige Ruhe, mit der er sprach, machte sie unsicher und verwirrt. Sie wollte sich's aber nicht merken lassen, warf den Kopf mit einer eigensinnigen Bewegung zurück und meinte: »Ach, das ist ja alles lächerlich! Der Kommissionsrat sagt auch, daß es lächerlich ist, und daß es doch wieder nur, wie früher auch, auf ein Säbelgerassel hinauskommt. Wenn es wirklich ernst aussähe, könnte der Kommissionsrat doch nicht so selbstverständlich an meiner Tournee festhalten und obendrein noch alle möglichen andern Verträge abschließen. Er ist doch ein guter Geschäftsmann und hat einen Riecher für alles, was in der Welt vorgeht!«

»Du willst wohl sagen: in der Theaterwelt!«

»Das ist ganz gleich! Die Theaterwelt gehört doch auch zur Welt –«

»Nur in bedingtem Sinn!«

Nun brach Steffi das Gespräch ab. Es wurde ihr zu unpersönlich, zu abstrakt und obendrein verstand sie gar nicht, daß ihr Mann der Theaterwelt, Steffis einziger Welt, nur einen bedingten Zusammenhang mit der übrigen zugestehen wollte. Er brauchte doch nur eine Zeitung oder eine Zeitschrift aufzuschlagen, um zu sehen, wie das allgemeine Interesse Kunst, Künstler und hauptsächlich Künstlerinnen umflutete, brauchte sich nur die Summen ins Gedächtnis zu rufen, die ihnen von Intendanten und Agenten geboten wurden, Summen, die sich ein Historiker niemals erschreiben konnte, selbst wenn er hundert Jahre alt würde! Nein, von keinem Mund und von keinem Wort ließ sich Steffi Römer einreden, daß Kunst nicht zu den unerläßlichen Lebensbedingungen gehöre. Wenn Rudolf so etwas behauptete, geschah es sicher aus Effekthascherei oder weil er gerade schlecht gelaunt war ... Sie wußte zwar, daß er niemals nach Effekt haschte und Launenhaftigkeit nicht kannte, aber es freute sie, seinen Worten diesen Ursprung zu geben. Immer zuversichtlicher klang ihre Frage: »Sie glauben doch nicht im Ernst, daß es Krieg gibt?!« und sie lachte, wenn sie sah, daß die Offiziere der Familie steinerne Gesichter machten und ihre Frauen sich bestürzt zuwisperten, daß der Gatte oder der Sohn »für alle Fälle« die Felduniform bestellt habe. Sie lachte und sagte nekkend: »Natürlich, die Offiziere wollen, daß es Krieg gibt! Das ist ja ganz verständlich, weil es ihr Beruf ist, aber deswegen m u ß es noch lang nicht sein ... Laßt euch doch nicht ins Bockshorn jagen, sondern erinnert euch, wie oft wir schon ebenso nah daran waren, wie heute, und doch ist es nie dazu gekommen! Glaubt mir, es wird auch diesmal nicht dazu kommen ...«

Sie zog wieder als Eideshelfer den Kommissionsrat heran, der gesagt hatte: »Liebes Kind, die Hand laß ich mir abhacken, daß es ruhig bleibt!« und begriff nicht, daß die bestürzten Frauengesichter bei solchem Trost nicht heller wurden. Sie ließ sich's aber nicht anfechten. Sie fuhr alle Augenblicke nach München zu Kleiderproben, übte fleißig auf dem Flügel, den sie sich für die Sommerwochen hatte herausbringen lassen und zählte schon ungeduldig die Tage, die noch verstreichen mußten, bis sie endlich den Zug besteigen konnte, der sie zum Hafen bringen sollte. Zuweilen nur schreckte sie unversehens zusammen, so wie man wohl vor dem Einschlafen jäh und ohne Ursache emporschreckt, und dann war eine große Bängnis in ihr, daß die Amerikafahrt doch noch im letzten Augenblick zunichte gemacht werden könnte. Gleich aber faßte sie sich wieder und redete sich selber Mut ein. Auch zu ihrem Manne sagte sie: »Weißt du, die Sache mit Amerika muß unter allen Umständen perfekt werden, nicht wahr? Der Vertrag behält ja doch seine Gültigkeit, und selbst wenn Krieg kommen sollte, müssen doch die Theater weitergehen, hauptsächlich die in Amerika!«

Er sagte nur: »Lieber Schatz, ich will hoffen, daß du recht behältst!«

Da merkte sie abermals, daß es in diesem Punkt zwischen ihr und allen Römers kein Einvernehmen gab, und so packte sie ein Bündel Noten zusammen und machte sich auf den Weg nach Seeon, angeblich um mit Klara ein wenig zu musizieren. In Wahrheit war es ihr viel weniger um Gesang und Klavierspiel zu tun, als um eine Begegnung und ein Gespräch mit Irene von Erhart, der sie in diesen letzten Wochen sehr nahe gekommen war, weil sie beide sich in dem, was jetzt für alle die Hauptsache war, glänzend verstanden.

Auch Irene lehnte jede Möglichkeit des Krieges mit einer königlichen Handbewegung ab, lehnte sie nicht aus persönlichen Interessen, sondern aus ihrer Weltanschauung heraus ab. Auch sie lächelte, wenn sie von Felduniformen und Frauenängsten hörte, und verstand nicht, wie ein Krieg überhaupt von ernsthaften Leuten ernsthaft erwogen werden konnte. Sie sagte mit einer Bestimmtheit, die jeden Widerspruch ausschloß: »Wer kann heutzutage noch an Krieg denken?! Das ist ein überwundener Standpunkt, ein Überbleibsel aus barbarischer Zeit! Heute schlichtet man alles auf andre Weise! Kulturvölker führen keinen Krieg!«

Da sie es einmal in Rudolfs Gegenwart sagte, fragte er mit einem kleinen, ironischen Lächeln: »Und die großen Kulturvölker der Vergangenheit, für die du doch schwärmst, haben auch sie keine Kriege geführt?«

Irene blieb ihm einen Augenblick die Antwort schuldig. Der Krieg, von dem in diesen Tagen so viel gesprochen wurde, der moderne Krieg, erschien ihr als etwas so Ungeheuerliches, daß sie ihn mit den Kriegen des klassischen Altertums, die Rudolf meinte, gar nicht vergleichen konnte. Die Kriege der Griechen und Römer lagen ja so unendlich weit zurück, daß sie kaum mehr einem blutigen Kampf zwischen Menschen, sondern eher einer heroischen Darstellung in der Vitrine der Geschichte glichen. Wer sie betrachtete, wußte nichts mehr vom Grauen der Schlachten, sah nicht mehr Blut und Grausamkeit, hörte nicht mehr das Todesröcheln der Sterbenden, das Stöhnen der Verwundeten, den Verzweiflungsschrei der Überwundenen. Er sah nur, wie sich Triumph oder Niederlage in einem pathetischen Vorgang offenbarten, der Künstler zur Nachschaffung reizen konnte. Darum gewahrte Irene von Erhart, wenn ihr Gedanke zufällig zu diesen fernen Kriegen hinglitt, vielleicht einen Läufer, der tot zusammenbricht, da er den Sieg verkündigt hat, eine kleine Heldenschar, die trotz überwältigender Übermacht in einem Engpaß standhält, bis der letzte Mann gefallen ist, einen Sieger, der stolzen Angesichts die Quadriga über die Via triumphalis lenkt, einen Besiegten, der sich selbst den Tod gibt, um nicht im Triumphzug seines Überwinders schreiten zu müssen, aber von den tausend und zehntausend und hunderttausend zerstörten, zerrissenen, zerstampften Einzelschicksalen ferner Schlachten und ferner Zeiten wußte sie nichts. Wohl aber spukten in ihrem Kopf allerlei phantastische Vorstellungen über die Kulturziele der Völker, und wenn sie gleich sonst sich von praktischen und nüchternen Dingen abwandte, so kannte sie doch Statistiken, die mit Ziffern und Dokumenten bewiesen, daß der Krieg niemals etwas andres sein könne, als ein reißendes Untier der Urzeit, dessen Gebrüll in gesitteten Ländern nimmer ertönen dürfe. Darum lehnte sie jeden Hinweis auf ihn mit ihrer königlichen Handbewegung ab, und wenn sie hörte, daß Lorenzaccio nach halbwüchsiger Jungen Art mit seinen gleichaltrigen Vettern politisierte und mit fröhlicher Unkenntnis vom Drauflosschlagen sprach, dann schalt sie ihn härter, als er es von ihr gewöhnt war, und drohte, daß sie ihm den verrohenden Verkehr mit den jungen Verwandten verbieten würde … – Fedor und Klara Horsten sprachen kaum von dem, was kommen konnte oder sollte, brauchten es auch nicht, denn die Leuchtenbergs, die doch dem Zarenhaus verschwägert waren, rüsteten nicht zur Abreise, schienen die Möglichkeit, daß sie den Boden hier verlassen sollten, nicht zu erwägen. Solange der Herzog blieb, mußte selbstverständlich auch sein Verwalter bleiben, und Fedor Horsten war froh, daß ihm ein Konflikt erspart blieb, der, sobald er sich erst auftat, unabsehbar, unlösbar hätte werden müssen. Sollte er, für den sein Geburtsland seit Jahren nichts andres mehr vorstellte als einen Winteraufenthalt, sollte er etwa plötzlich feindselig empfinden, wo er bis zur Stunde geliebt hatte?! Sollte er davon träumen, den Boden zu verwüsten, auf dem er sein Haus aufgebaut hatte, das Blut hassen, das in den Adern seiner Frau und seiner Kinder floß, sich von allen scheiden, mit denen er bis zur Stunde freundschaftlich verkehrt, deren Hände er gedrückt und deren Gedanken er mitgedacht hatte?! Undenkbar, völlig undenkbar! Er schob solche Vorstellung weit von sich weg, und dennoch zwang es ihn, sie immer wieder zu erwägen, denn wenn schließlich, so unwahrscheinlich es ihm auch vorkam, doch Krieg ausbrach, dann würde er einberufen werden und mußte dem Ruf folgen, gleichviel, was er empfand oder dachte. Mußte er wirklich? Er lächelte bitter und überlegen vor sich hin. O nein, er mußte nicht, dazu kannte er die Gebräuche seiner Heimat doch zu gut! Von einem wirklichen Muß war für ihn, den kaiserlichen Staatsrat, den Berater des Herzogs, keine Rede. Es kostete ihn ein ein Wort und eine Handvoll Rubel und sämtliche Militärärzte würden ihn einstimmig für militäruntauglich erklären. Er würde auch sicher nicht der einzige sein, der von diesem Mittel Gebrauch machte, würde sich in guter, in allerbester Gesellschaft befinden, etwa mit den Gardeoffizieren, die damals, im Feldzug gegen Japan, vor Freude geweint hatten, daß sie in Petersburg bleiben durften. Damals war er voll jugendlicher Begeisterung als Freiwilliger mitgezogen, heute aber – – Nein, ein zweites Mal würde er die furchtbaren Enttäuschungen nicht erleben wollen, die ihn damals trafen, als er gemerkt hatte, wie jene Staatsmaschine und jene Heeresverwaltung arbeiteten! Heute würde er einem Krieg um jeden Preis fern bleiben, würde das Wort, das es ihn kostete, sprechen, die Rubel auf den Tisch legen und die *misera plebs* kämpfen lassen, genau so, wie es damals die Garde getan hatte. Er dachte es, fühlte sich einen Augenblick wie von einer furchtbaren Last befreit, aber im nächsten wurde er rot vor Scham. Und aus seinem Herzen vernahm er ein leises Klingen und Stöhnen, dem er verwundert und bestürzt lauschte, denn es war anzuhören wie die ächzende Stimme eines Totgeglaubten, über den man schwere Felsblöcke als Grabmal gewälzt hat. Erschrocken, mit weitaufgerissenen Augen lauschte er diesem leisen Ächzen, spürte voll Grauen, daß unter all seinen zertrümmerten Hoffnungen von einst nicht ein Leichnam lag, sondern ein Scheintoter, dessen Stimme nun aus der Tiefe heraufdrang zu einem Manne, der sie nicht hören wollte …

Da lief dann Fedor, wie von verfolgender Angst geschüttelt, zu Klara, holte sie von allem weg, was sie eben tat. Nun gingen sie denn Arm in Arm über blühende Wiesen und reifende Felder zu einsamen Waldwegen hin, freuten sich an der sommerlichen Schönheit des Landes, sprachen ernsthaft oder lachten auch über nichtige Dinge, denen sie eine besondere Bedeutung gaben, wie sonst nur Neuvermählte tun. Aus aller Schöne und aller Heiterkeit heraus fielen sie aber zuweilen plötzlich in ein jähes, schweres Schweigen, in dem jeder den Blick des andern mied, damit er die Angst nicht lesen sollte, die darin stand. Ihre Hände aber suchten sich, als müsse jeder den andern deutlicher fühlen, als könnten sie nur Hand in Hand dem Schrecklichen entrinnen, das unsichtbar, unnennbar über ihnen kreiste. Es kam wieder über die beiden wie die leidenschaftliche, unersättliche Zärtlichkeit der ersten Ehetage, aber Schwermut und Ahnung zitterten darüber hin, wie über jedem Glück, das schnittreif steht – –

Sie kamen von ihren Spaziergängen erst spät abends heim. Der lange Tag war dann schon leise, auf rosenfarbenen Sohlen zur Rüste gegangen, der See lag dunkel und undurchsichtig, von den Wiesen stiegen Nebel, die eine feuchte Kälte verbreiteten, traumverloren klangen die Glocken weidender Herden über das stille Land hin. Vor den Bauernhäusern saßen vereinzelte Männer oder Frauen, denn wer arbeiten konnte, ging früh schlafen, weil er schon vor Sonnenaufgang zu neuem Tagwerk mußte, und auch die Alten, die nichts mehr schaffen konnten, richten gern lange von der schweren Arbeit aus, die ihre jungen Jahre erfüllt hatte. Doch wann immer sie heimkamen, sahen sie unter einer der großen Linden am Seeufer eine Gestalt sitzen, die wohl den ganzen Nachmittag gelassen, mit verschlungenen Händen dagesessen hatte und sich nun, beim Anblick der Heimkehrenden, langsam erhob, um ihnen entgegenzugehen und sie zu begrüßen, – Olga Leonoff.

Mit ihr war eine merkwürdige Veränderung vorgegangen. Jeder, der sie kannte, hatte gemeint, daß gerade in diesen Wochen ihre Sprunghaftigkeit sich ins Ungemessene steigern würde, und insbesondere hatte Fedor Horsten gedacht, daß ihre wirren Phrasen sich nunmehr zu einem wilden Fanatismus kristallisieren sollten, der Olgas Ausweisung zur Folge haben mußte. Aber das Mädchen hatte alle enttäuscht, war immer ruhiger geworden, je unruhiger die Welt draußen zuckte. Sie sprach weniger als sonst und nur über gleichgültige Dinge, aber man spürte jetzt in ihr eine gesammelte, lauernde Kraft, die unheimlich war, weil keiner sagen konnte, für wen sie sich aufspeicherte und wie sie ausbrechen würde. Oft ruhte ihr dunkler, leidenschaftlicher Blick fragend auf Fedor Horsten, und wenn er ihn fühlte, wandte er den Kopf weg oder senkte den Blick, weil er keine Antwort geben wollte. Jedesmal aber hörte er dann deutlicher das Ächzen der scheintoten Stimme in seinem Herzen und darum mied er Olga, so gut er es konnte, ging jedem Gespräch unter vier Augen mit ihr aus dem Wege. Wenn er sie aber bei der Heimkehr im Abenddämmer unter der großen Linde sitzen sah, dann war es ihm immer, als sei sie die Norne, die langsam, unbeirrbar den Schickalsfaden spann, mit dem sie ihn unlöslich an die Heimat band – –

* * *

Fedor Horsten saß in seinem Arbeitszimmer, das neben dem Wohnzimmer nach der Seeseite lag, rauchte hastig eine Zigarette nach der andern und wollte sich auf sich selber besinnen. Draußen lag eine ganz stille, sternhelle Nacht, als wären diese letzten Tage wie alle andern gewesen, als hätten sie nicht den Spruch des Weltenschicksals verkündet. Es war eine Nacht, in der man wohl gut Selbsteinkehr halten und entwirren konnte, was noch unentwirrt und dunkel im eigenen Herzen lag. So still war es, daß man jede einzelne, kleine Welle am Ufer anschlagen und langsam wieder verrinnen hörte. So groß war die Stille, daß sie beinahe wie eine Last, wie ein Angstgespenst wirkte – –

Stille! War es wirklich ganz still? Fedor Horsten horchte auf, horchte gespannt hinaus und vernahm deutlich aus der Ferne Geräusche, wie von menschlichen Stimmen, aber es waren nicht die Lieder oder die Übermutsschreie der einberufenen Burschen, die er tagsüber vernommen hatte. Er wollte zuerst seinen Ohren nicht trauen, wollte sich einreden, daß die eigene Erregung ihn zum Narren hielt, aber er kannte aus seiner Heimat solch seltsames Geräusch zu gut, und er meinte zu wissen, was sich jetzt ereignen würde. Schon in den letzten Tagen hatte er gemerkt, daß die Leute rundum sich verändert hatten. Ein besonders freundschaftliches Verhältnis zwischen dem Schloß und der bäuerlichen Bevölkerung war ja nie gewesen, aber die Leute hatten den Staatsrat doch immer ehrfürchtig gegrüßt, hatten gegen gute Bezahlung ins Haus gebracht, was der Hühnerhof, der Kuhstall oder der Obstgarten hergab, und keiner von Horstens Unterbeamten hatte es je gewagt, sich gegen ihn, der zwar streng, aber gerecht war, aufzulehnen. Seit etwa einer Woche aber sahen die Bauern beiseite, wenn sie an ihm vorübergingen, oder murmelten ihren Gruß mit finstern, wenn nicht gar verächtlichen Gesichtern, verweigerten unter groben Vorwänden Eier, Butter oder was sie sonst geliefert hatten, und zwei Forstgehilfen waren so aufsässig geworden, daß Horsten sie kurzerhand entlassen mußte. Darum und weil er in seiner Heimat noch ganz andre Dinge erlebt hatte, überraschte ihn das ferne Stimmengeräusch, das er sofort als den Groll einer andrängenden Menge erkannte, nicht allzusehr. Er ließ die Fensterladen herunter, holte seinen Revolver und legte ihn mit gespanntem Hahn vor sich hin. Eben wollte er das Zimmer verlassen, um den Dienstleuten Weisung zu geben, daß sie die Tore zu Haus und Garten abschließen und überall die Fensterläden herablassen sollten, als die Türe aufging, und mit erschrockenem Gesicht Klara hereinstürzte.

»Um Gottes Willen, Fedor, was geht hier vor?«

Er lachte bitter auf.

»Ja, liebe Klara, wir müssen uns schon drein finden! Deine teuren Landsleute haben offenbar die Absicht, uns das Haus zu stürmen!«

In ruhigen Zeiten wäre Klara wohl der harte Ton seiner Stimme aufgefallen und der Ausdruck, mit dem er »d e i n e Landsleute« sagte, aber sie hörte kaum, was er sprach, denn nun brandete das Stimmengewirr schon näher. Jetzt trat auch Olga ein, ruhig, mit erhobenem Haupt und flammenden Augen, als ginge sie dem Augenblick entgegen, der ihr Schicksal entscheiden sollte. Sie sagte: »Ich habe alle Türen und Fenster verschließen und verrammeln lassen, so gut es ging! Sehr lange wird freilich nichts Widerstand leisten, denn es ist alles nur leichte Arbeit … Aber eine Weile kann es wohl halten!«

Klara sah ratlos, verständnislos von ihrem Mann zu Olga und von dieser wieder zu ihm zurück. War denn alles, was sie jetzt eben erlebte, nicht nur ein wilder Angsttraum, aus dem sie im nächsten Augenblick erwachen mußte? Was besprachen jetzt die beiden so ruhig, so selbstverständlich miteinander, wovon Klara gar nichts verstand? Ganz gelassen beredeten sie Widerstand, Angriff und Verteidigung, als lebte man in einer belagerten Festung und nicht in dem Landhaus, das so viele Jahre stillen Glücks umschlossen hatte! Und jetzt erst schnitt ihr der Ton ins Herz, mit dem Fedor vorhin verächtlich und brutal gesprochen hatte: »D e i n e Landsleute!«

Sie brach in krampfhaftes Weinen aus.

Er sah über sie hin und sagte: »Geh zu den Kindern! Bleibe mit ihnen in einem Rückwärtszimmer, wo du nichts hörst und nichts siehst! Du brauchst keine Angst zu haben, kein Mensch soll euch etwas zuleide tun!«

Da stand sie aber schon wieder hochaufgerichtet, fast stolz neben ihm.

»Nein, ich lasse dich nicht allein. Wo du bist, da gehöre auch ich hin, und wenn es zehnmal in den Tod ginge!«

Er ergriff ihre Hand.

»Es geht nicht in den Tod. Es geht – – aber jetzt ist nicht die Zeit, davon zu sprechen! Geh jetzt lieber zu den Kindern und bleibe bei ihnen! Was jetzt vielleicht kommt, ist nichts für Nerven, wie die deinigen. Ihr seid so etwas nicht gewöhnt – –«

Das klang wieder, als wollte er sie von diesem Erlebnis ausschließen, und sie umklammerte seinen Arm.

»Laß mich hier, Fedor, ich bitte dich darum! Wie könnte ich ruhig sein und mich in Sicherheit bringen, wenn ich dich in Gefahr weiß!«

Das Surren draußen war inzwischen zu einem dumpfen Brausen angewachsen. Die Menge mußte jetzt das Haus umstellt haben, und Fedor wartete auf die ersten Steine, die gegen die Fenster fliegen würden. Da nahm er seine Frau mit sanfter Gewalt in die Arme und trug sie, mehr als sie ging, in ein nach dem Garten gelegenes Zimmer, in das er auch die Kinder brachte. Wie sie auch bat und weinte, blieb er doch fest, redete ihr und den erschrockenen Kleinen mit ein paar Worten zu und schloß die Türe hinter ihnen ab.

Nun stand er Seite an Seite mit Olga hinter den verrammelten Fenstern und versuchte durch einen Spalt im Fensterladen zu erspähen, wer die waren, die das Haus belagerten.

Schweigend stand er, den geladenen Revolver in der Hand, und wie er stand Olga bereit, sich den Angreifern entgegen zu werfen, mit ihnen zu ringen, denn auch sie hatte den Revolver, der sie auf Reisen nie verließ, scharf geladen und wartete gleich dem Mann, daß der erste Steinwurf das Sturmzeichen geben sollte. Wie sie da hinter den verrammelten Fenstern standen, während draußen die Menge rauschte, war es Fedor Horsten, als läge alles, was er je hier erlebt und geliebt hatte, weit, unabsehbar weit hinter ihm. Da jetzt Olgas Augen fragend auf ihm ruhten, wandte er nicht wie sonst den Blick von ihr weg, und sie verstanden sich, ohne daß sie ein einziges Wort miteinander gewechselt hätten. Er ergriff ihre Hand, ergriff sie nicht, wie ein Mann eine Mädchenhand ergreift, sondern wie ein Mensch, der sich mit festem Schwur einer dunkeln Gottheit zu eigen gibt – –

Durch die Menge draußen ging flutende Bewegung. Man spürte deutlich, daß irgend etwas ihre Neugier erregte, sie, wenn vielleicht auch nur für Augenblicke, von dem Ziel ablenkte, das sich ihr Zorn gesetzt hatte. Aus der Ferne ratterte ein Auto heran. Mit ungewöhnlicher Schnelligkeit kam es näher, und herzklopfend hörten Fedor und Olga, wie die Menge ihm zubrandete, und daß Männerstimmen aus dem Auto heraus ihr befahlen, sich zurückzuziehen und in Ordnung nach Hause zu gehen. Das Auto hielt vor dem Schloß; zwei Polizisten stiegen aus.

In dieser Nacht wurde der Herzog von Leuchtenberg als Vetter des Zaren verhaftet und wenige Tage später über die Grenze gebracht. Vom Schlosse aber, dessen herrischer Geist hier so schwer gelastet hatte, wehte nun die Flagge mit dem roten Kreuz.

Viertes Kapitel

Steffi Römer sah mit gepreßtem Herzen und erschrockenen Augen auf eine Welt, die sie nicht mehr verstand. Bis zum letzten Augenblick hatte ihre fröhliche Zuversicht standgehalten und den Versicherungen des optimistischen Kommissionsrats fester geglaubt, als den Ereignissen. Nun war doch alles anders geworden, war genau so gekommen, wie Rudolf es geahnt und ihr vorsichtig angedeutet hatte – –

Der Vertrag mit Amerika war gelöst worden, so selbstverständlich und glatt gelöst, als hätte er nie bestanden. Der Krieg brach noch ganz andre Verträge als diesen, und darum hatte sich der Kommissionsrat auch gar nicht besonders entschuldigt, sondern nur mit etlichen liebenswürdigen Worten seinem Schreiben hinzugefügt, daß am Tage nach dem Friedensschluß dieser Vertrag, wenn nicht gar ein noch vorteilhafterer, in Kraft treten würde. Steffis Mundwinkel hatten gezuckt, als sie die Worte las. Am Tage nach Friedensschluß – jetzt war gerade der Augenblick, um daran zu denken! Den Absagebrief des Kommissionsrats hätte sie immerhin leichter verschmerzt, als sie es noch vor vierzehn Tagen geglaubt hätte, aber schon kam für sie eine neue Botschaft, der sie völlig fassungslos gegenüberstand: sämtliche Theater wurden geschlossen. Wann und unter welchen Verhältnissen sie wieder eröffnet werden würden, konnte niemand sagen. Was aber das Seltsamste, das für Steffi schreckhaft Unbegreifliche war: kein Mensch kümmerte sich darum, kein Mensch teilte mit ihr ihre lähmende Sorge, und selbst Rudolf sagte nur obenhin: »Aber, liebe Steffi, jetzt kommt es doch wahrhaftig nicht aufs Theaterspielen an. Jetzt geht es um ganz andre Dinge, und es ist ganz gleichgültig, ob die Theater spielen oder nicht!«

Er sah so abwesend aus, daß sie nichts entgegnete und nur verzweifelt nach einem Menschen Ausschau hielt, der sie verstehen und beklagen sollte. Sie fand aber keinen. Niemand in dieser ganzen, großen Familie, die sonst Steffi bewundert und verwöhnt, hatte jetzt für sie auch nur ein einziges Wort der Teilnahme oder des Verständnisses. Sie waren wirklich alle, wie Rudolf sagte, mit ganz andern Dingen beschäftigt, denn siebenundzwanzig Männer der Römers zogen ins Feld. Weißhaarige Generäle, die schon lange das Zivil getragen hatten, meldeten sich wieder zum Dienst, die Wehrpflichtigen wurden fast ausnahmslos schon in den ersten Kriegstagen einberufen, und knabenhafte Freiwillige, die eben noch die Schulbank gedrückt hatten, verkündeten mit glänzenden Augen, daß sie zum Kriegsdienst angenommen worden seien. Bei allen Waffengattungen, zu Lande, auf dem Meere und bei den Fliegern, überall war Römersches Blut vertreten, und wer nicht mit hinaus konnte, der gab nicht nach, bis er daheim irgend einen Platz gefunden hatte, an dem er der großen Sache dienen konnte. Das war nun ein ewiges Abschiednehmen, ein endloses Jubeln der Männer, die fortzogen, und ein unermüdliches sich Beherrschen der Frauen, von denen keine klein erscheinen, keine an sich selber denken wollte. Steffi, gewohnt, jedem Gefühl, ja jeder Laune schrankenlos nachzugeben, begriff gar nicht, wie sich all die Frauen voll Fassung, ja mit Stolz das Liebste vom Herzen reißen ließen und nicht einmal nach dem Ausmarsch des Mannes oder des Sohnes in haltlosem Jammer zusammenbrachen. Erstaunt, ungläubig, als erlebe sie eine fromme Legende, sah sie, wie all diese Frauen, mochten sie auch gestern noch so lebenslustig, noch so elegant, oder noch so sportlich gewesen sein, sich irgendwie zu einer gemeinnützigen Arbeit zusammenfanden, die ihnen über die Qual der bangenden Tage und Nächte, die vor ihnen lagen, hinweghalf. So einfach geschah das alles, so still übte jede die äußerste Selbstvergessenheit, daß Steffi sich zuweilen erstaunt fragte, ob denn plötzlich lauter neue Menschen zu ihr kamen und sprachen, die mit denen von gestern kaum mehr etwas gemein hatten … –

Einen Augenblick lang war sie bei dem allgemeinen Abschiednehmen von einer plötzlichen, großen Angst gepackt worden. Wenn auch Rudolf fort müßte! Wenn sie gleich den andern um sie her allein zurückbliebe, während er draußen in jeder Minute zwischen Gefahr und Tod stand. Es war aber nur ein kurzer Augenblick, denn auf ihre Frage entgegnete Rudolf, daß er zum ungedienten Landsturm gehörte und also wohl zunächst nicht eingezogen werden würde. Da lachte sie glückselig und meinte, daß die Welt, trotz des Schrecknisses, das hereingebrochen war, noch nie so schön gewesen sei, wie in der Stunde, da sie erfuhr, daß ihr Mann nicht mit fort müsse. In einer Regung großer Dankbarkeit hätte sie nun gern etwas getan, was andern gefiel oder half. Auch lastete die Untätigkeit, in die sie durch die Schließung des Theaters versetzt war, auf ihr, und sie überlegte ernsthaft, ob sie nicht gleich den andern Frauen ihrer Familie sich zu einem Pflegerinnenkurs oder sonst zu einer Kriegshilfe melden sollte, aber Rudolf wehrte ab: »Laß das sein, Steffi, das ist nichts für dich!«

Es kam ihr vor, als ob in seinen Worten etwas wie Geringschätzung läge und darum entgegnete sie, zwar kampfbereit, aber dennoch unsicher: »Warum soll das nichts für mich sein? Ich bin doch nicht alberner und ungeschickter als hunderttausend andre!«

»Im Gegenteil! Darum eben ist all diese Arbeit nichts für dich, weil du ja doch einen Beruf hast, in dem du fest stehst und der dich über kurz oder lang doch wieder gänzlich in Anspruch nimmt!«

Sie machte ein klägliches Gesicht.

»Ach Gott, mein Beruf ...! Du siehst ja, was es jetzt damit ist!«

»Das wird wieder anders!«

»Ja, ja, das sagt man wohl, und das hoffe ich natürlich auch, denn es wäre ja zum Verzweifeln, wenn es immer so bliebe wie jetzt! Da könnten wir alle vom Theater uns gleich einen Strick kaufen und uns am nächsten Laternenpfahl aufhängen! ...«

»In vier Wochen oder in sechs sprichst du sicher schon wieder anders!«

Sie aber fuhr fort, über die Untätigkeit, über die Nutzlosigkeit, zu der sie, die sonst so Tätige, verurteilt war, zu klagen.

»Du kannst das nicht begreifen, Rudi, wie unsereinem zumute ist! Du kannst arbeiten wie sonst –«

»Liebes Kind, wer von uns hätte jetzt die Sammlung, zu arbeiten wie sonst?!«

»Nun ja, und wenn du nicht arbeiten willst, dann kannst du dich eben bei der Sanität melden oder beim Roten Kreuz oder irgendwo, wo du willst. Aber kein Mensch gräbt dir das Wasser ab, kein Mensch läßt einfach einen Schlagbaum vor dir nieder, der dich von jeder Tätigkeit absperrt und dich zum still Dasitzen verdammt!«

Und mit einer Eindringlichkeit, die sympathisch wirkte und dennoch vielleicht ein wenig drollig, weil sie zu groß schien für die persönliche Sache, die sie vertrat: »Ich kann nicht sein ohne Arbeit, ohne das Gefühl, daß ich jeden Tag wirklich etwas geleistet habe. Ich kann dir nicht sagen, wie ich mir vorkomme, seitdem sie das Theater geschlossen haben! Überzählig, wie ein Nichts! Es ist gerade, als ob sie mich in einem alten, ausgedienten Eisenbahnwagen auf ein totes Geleise geschoben hätten, und da muß ich nun sitzen und mich grämen, während auf allen andern Schienen die Menschen hinausfahren in die Welt!«

»Aber all deinen Kollegen und Kolleginnen geht es doch nicht anders! Die sitzen doch auch auf dem toten Strang und müssen warten …«

Sie wehrte heftig ab. Was kümmerte sie sich um Kollegen und Kolleginnen?!

»Aber ich, ich kann so nicht weiterleben! Wenn ich keine Arbeit habe, bin ich nur ein halber Mensch! Seit ich die Kinderschuhe ausgezogen habe, weiß ich's nicht anders, als daß ich arbeiten und verdienen muß, und jetzt mit einem Male soll alles aus sein …«

»Aber es ist ja nicht alles aus! Du kannst dir doch denken, daß das Theater in absehbarer Zeit wieder eröffnet wird …«

Sie schüttelte den Kopf, als ob sie nicht daran glaubte. Die Welt, wie sie jetzt war, schien ihr ganz ungeeignet, um sich je wieder an Spiel und Gesang zu erfreuen.

Er begriff das wohl, aber dennoch beharrte er: »Glaube mir, es wird schon bald mehr für dich zu tun und zu denken geben, als du heute meinst.«

Sie wurde wieder unruhig.

»Was meinst du denn, Rudi, du bist so feierlich! Ich bitte dich, sage jetzt nur immer gleich offen heraus, was du meinst oder willst, denn meine Nerven sind in einem Zustand, daß ich meine, sie müßten jeden Tag reißen.«

»Sie werden sich beruhigen, sobald du im ersten Wohltätigkeitskonzert singen sollst!«

Ihre Augen wurden ein wenig zuversichtlicher. Ja, das war eine kleine Hoffnung! O, wie gerne wollte sie für das »Rote Kreuz« oder die zurückgebliebenen Kriegerfamilien singen, wenn man sie nur endlich von dem toten Geleise wieder fortließ, hinein in das Leben, das jetzt so ernst und mächtig rauschte. Nur nicht abgesperrt bleiben, nur nicht weit weg mit feiernden Händen und ruhigem Herzen zusehen müssen, wie alle andern schafften und benötigt wurden!

Es war sicher zum ersten Male in ihrem Leben, daß Steffi solche Betrachtungen anstellte und sich neben andern Menschen, oder gar neben andern Frauen, klein vorkam. Bisher hatte sie sich ganz selbstverständlich den meisten überlegen gefühlt, da sie sich doch aus eigener Kraft einen bekannten Namen und eine behagliche Existenz geschaffen hatte. Immer hatte sie ein wenig mitleidig auf die Frauen geblickt, die alles vom Mann empfingen, die in jeder Hinsicht so von ihm abhingen, daß sie nichts besaßen und nichts waren, als was er ihnen gab. Naiv und fröhlich hatte sie stets auf ihre Persönlichkeit und ihren eigenen Wert gepocht und hätte nie geglaubt, daß sie einmal so niedergeschlagen, so wenig von sich überzeugt sein würde, wie sie es heute war. Auch ihr Mann war ein wenig überrascht, daß das Tun der andern ihr mit einem Male so erstrebenswert schien und das eigene so klein ... Er sagte: »Du sollst jetzt gar keine Entschlüsse fassen. Du kannst ja alles überlegen und dich hier und dort über die Arbeiten, die dich jetzt zu reizen scheinen, unterrichten, aber binden sollst du dich nicht. Wenigstens nicht, bis ich meine Arbeit vollendet habe! Vielleicht, ja voraussichtlich ist bis dahin auch das Theater wieder eröffnet und du siehst alles mit andern Augen an.«

»Vielleicht!«

Es klang nicht sehr freudig, denn ihr Glaube an die Zukunft war mit einem Male ganz gering, und sie begann zu weinen, ohne daß sie selbst hätte sagen können warum. In dieser Zeit aber weinten so viele Frauen aus gutem Grund, daß man denen, die nur aus Nervenüberreizung Tränen vergossen, nicht weiter nachfragte, und darum ging auch Rudolf Römer, dem sonst jedes Tränchen seiner Frau aufs Herz gefallen war, ungerührt in sein Studierzimmer, um die Arbeit zu sichten, die noch vor ihm lag und die er so bald wie möglich beenden wollte ... –

Steffi beneidete ihren Mann, daß er mit solcher Ruhe, als wäre alles wie früher, seiner Arbeit nachgehen durfte, aber seine Verwandten, hauptsächlich die jüngeren Männer, verstanden ihn nicht. Sie schüttelten die Köpfe, und wenn sie es auch nicht laut aussprachen, so dachten sie doch bei sich, daß er wirklich nur noch der Mann seiner Frau sei, und in dieser Ehe, in der die Rollen von jeher vertauscht schienen, jede Männlichkeit eingebüßt habe. Ihnen allen aber widersprach Irene von Erhart, die immer wieder laut erklärte, daß es rühmenswert sei, wenn ein Mann wie Rudolf sich nicht von äußeren Schrecknissen fortreißen und verwirren lasse, sondern über sie hinaus den Ernst und die Sammlung für Kulturarbeiten bewahre, für dies kostbare Erbe der Menschheit, das durch den Rückfall in die alte Barbarei so schwer bedroht sei. Gerne hätte sie erfahren, an welcher Arbeit Rudolf jetzt eben so eifrig schaffte, und sie wunderte sich, daß er ihr keinen Einblick gewährte, denn in früheren Zeiten hatte er ihr gerne dies und jenes aus seinen Forschungen, aus Archiven und Dokumenten mitgeteilt und sich gefreut, daß sie Interesse und Verständnis dafür zeigte. Jetzt aber erfuhr sie nichts. Es hieß immer nur, daß er mit der Sichtung und Ordnung wichtigen Materials beschäftigt sei, und Steffi fügte hinzu, daß sie sich die Art seiner jetzigen Arbeit nicht erklären könne, denn er ginge kaum noch zur Bibliothek oder ins Archiv, sondern säße den ganzen Tag in seiner Studierstube, die er hinter sich verriegelte. Irene sagte: »Er ist der einzige Weise unter allen! Er sperrt sich von den Greueln ab, die jetzt bejubelt werden, und flüchtet in eine Welt, von der die andern schon bald nichts mehr wissen werden. Ich wollte, ich könnte es ihm nachtun! Vor allem aber wünsche ich, daß ich endlich von hier fortkäme! Ich kann den Tag nicht erwarten, bis die Züge wieder ordentlich verkehren und ich heimfahren kann, nach Florenz!«

Sie war zugleich mit Steffi und Rudolf in die Stadt zurückgekehrt, hatte den verhängnisvollen Abend in Seeon nicht mehr miterlebt. Hals über Kopf war sie abgereist, denn sie hatte gehofft, noch einen Zug nach dem Süden zu erreichen, aber die Mobilmachung war dazwischen gekommen und nun saß sie da und wartete voll Sehnsucht auf die wiederhergestellten Eisenbahnverbindungen. Seitdem der Krieg erklärt worden, war sie wie verstört, wie ein Mensch, dessen Grundfesten ins Wanken geraten sind. Von allem, was um sie her war und vorging, begriff sie nichts, gar nichts, verstand nicht, daß der schöne Traum des Weltfriedens und die symbolischen roten Rosen vor dem ersten Kanonenschuß ins Nichts zerstoben. Zu allererst hatte sie gemeint, es müsse noch im letzten Augenblick ein Wunder geschehen, das alles rückgängig machen und der geängstigten Welt den Frieden zurückgeben sollte, und als nichts dergleichen geschah, hatte sie sich entschlossen, mit ihrer eigenen zarten Hand in das Schicksal der bedrohten Völker einzugreifen. Sie hatte eine lange Depesche an den Zaren aufgesetzt, in der sie ihn an die Versprechungen erinnerte, die er dem Weltfriedensbunde gegeben hatte, und sie beschwor ihn, seines Wortes zu gedenken und der große Friedenshort zu bleiben, der er für Europa stets gewesen sei. Sie war mit dieser Depesche noch vor der Mobilmachung zu Behörden, Gesandtschaften und Ministerien gefahren, hatte sich weder durch mitleidiges Lächeln, noch durch bestimmte Weisungen irre machen lassen und war schließlich beglückt von ihrer Fahrt heimgekommen, weil es ihr gelungen war, die Depesche zu befördern. Sie war nun ganz ruhig, ganz zuversichtlich gewesen und überzeugt, daß es ihr mit diesem einfachen, offenen Schritt von Mensch zu Mensch gelungen sei, alle Ränke der Diplomaten und Hetzer zu durchkreuzen –

Nun aber, da auch das Letzte nichts gefruchtet hatte, da die von ihr ersehnte Antwort mit den Waffen gegeben wurde, nun sah sie das Ideal ihres Lebens zertrümmert und alles zunichte gemacht, wofür sie mit tausend andern Schwärmern jahrelang gedacht und gewirkt hatte. Sie ging umher wie von einem bösen Traum umfangen, hatte keinen andern Gedanken mehr, als irgendwohin zu fliehen, wo man nicht vom Krieg sprach, ja, wo man überhaupt nichts von ihm wußte! Bei jeder neuen Depesche, die angeschlagen wurde, überlief sie ein Frösteln, jede neue Kriegserklärung entlockte ihr Klagen über den fürchterlichen Irrtum der Menschheit und einen Tag, oder zwei hatte sie ernsthaft erwogen, ob sie sich nicht in irgend eine abgelegene Almhütte zurückziehen könnte, zu der nichts von der Welt hinaufdrang.

So gut es ging, schloß sie sich von der Außenwelt ab, lebte mit Lorenzaccio in einer Pension, die bis zu Kriegsbeginn von Ausländern erfüllt gewesen, nun aber fast leer stand. Dort blieb sie mit dem Sohn für sich allein, vermied es, mit den wenigen Gästen Bekanntschaft anzuknüpfen, suchte kaum einen ihrer Familie auf, weil deren Gespräche und Ansichten ihr Empfinden beleidigten, und war unablässig bemüht, zwischen den Ereignissen hindurchzuschreiten. Wenn sie die singenden, mit Blumen geschmückten Soldaten vorbeiziehen sah, verglich sie sie im stillen mit Opferscharen, die zur Schlachtbank geführt werden, und am liebsten hätte sie Lorenzaccio Augen und Ohren verbunden, damit er nicht sehen und hören sollte, wie grausam sich die Welt verändert hatte.

Lorenzaccio – das war der andre, große Kummer, den sie in diesen Tagen erfuhr. Der Knabe, der sonst ganz ihr Geschöpf gewesen, der sich so kindlich seiner Pagenschönheit gefreut und gerne mit seiner Mutter anmutige Gruppen gestellt hatte, fing jetzt an, sich seltsam zu wandeln. Eigener Wille regte sich in ihm, der sich gelegentlich zur Widersetzlichkeit steigerte, und mehr, viel mehr als früher, hing er jetzt den Vettern seines Alters und deren Freunden an. Ehedem hatte er sich von ihnen bedrückt und sich ihnen doch zugleich überlegen gefühlt, weil sie so viel robuster waren als er, von so vielen Dingen, die ihm geläufig waren, nichts wußten und wiederum ihn auslachten, weil er, wenn sie Soldaten spielten, von den einfachsten militärischen Dingen nichts verstand. Jetzt aber war mit einem Male etwas in ihm erwacht, was ihn zu ihnen hinführte, eine gesunde, wilde Jungenlust, die daheim, in der Atmosphäre seines mütterlichen Hauses, sich niemals geregt hatte. Stundenlang lief er jetzt mit ihnen in der Stadt umher, straßauf, straßab, neben den singenden, blumengeschmückten Soldaten, sang deren Lieder mit, bewunderte, wie er es von den andern hörte, ihre Strammheit, ihre Ausrüstung, ihre Geschütze, und blickte mit glänzenden, wenn auch noch ungläubigen Augen auf die endlosen, feldgrauen Scharen, die sich Tag und Nacht singend durch die Stadt zum Bahnhof wälzten. Er war noch viel zu jung, allem, was hier geschah, viel zu fremd, um es so zu erfassen, wie die deutschen Vettern es erfaßten, aber sein Knabenherz, das bis jetzt nur zärtlich geschlagen hatte, lernte nun den Mut kennen, und verwegene Wünsche wurden darin wach, die er freilich noch nicht zu formen wußte, die seine Mutter aber spürte und die sie mit wachsender Angst erfüllten. Es geschah jetzt immer wieder, daß er, das gehorsame Kind, der Mutter, die mit ihm spazieren gehen oder arbeiten wollte, entwischte, um sich mit den Vettern zu ergehen und zu unterhalten, und wenn er heimkam, erzählte er aufgeregt, kunterbunt, was sie heute wieder alles gesehen hatten. Berichtete, was die Vettern von ihren Eltern oder deren Bekannten Neues gehört, welche Truppen hierhin und welche dorthin gebracht worden waren, redete von Sturmangriffen, von Festungen, die gefallen waren oder deren Fall man für morgen erwartete, lachte zufrieden, wenn er sagte: »Denen haben wir's ordentlich gezeigt!«

Irene biß die Zähne zusammen und schwieg. Sie hatte zuerst versucht, dem Jungen klarzumachen, daß alles, was ihn begeisterte und entrückte, nur Grausamkeit und ein schändlicher Rückschritt der gesamten Menschheit sei, aber da hatte er ein trotziges Gesicht aufgesetzt, wie nie zuvor, und hatte entgegnet: »Ach, Mama, das sagst du so, weil du eine Frau bist, und weil Frauen von solchen Dingen nichts verstehen!«

Es war die Prahlerei des Halbwüchsigen, der sich mit seiner beginnenden Männlichkeit brüstet, aber daneben klang auch noch ein andrer Ton, der Irene erschreckte. Sie widersprach ihm nicht mehr, sagte nur bestimmt: »Es wird sehr gut sein, wenn wir wieder daheim sind. Ich merke schon, daß du hier verrohst und daß sie dir Dinge in den Kopf setzen, die nichts für dich sind!«

Er blieb stumm, aber sie wußte, daß er ihr nicht nur in diesem Augenblick, sondern immer und immer stärker trotzen würde, je länger sie ihn hier bei den andern ließ, die ihn zu dem modeln wollten, was sie selber waren und wie Irenens Sohn niemals werden durfte. Denn ihr Sohn, das war ja die Zukunft, das war ihr unsterbliches Teil, das sie weitervererbte, auf daß ein künftiges Geschlecht erreichen konnte, was ihr selber versagt geblieben war. Dieser Sohn sollte, nein, m u ß t e mit seiner Generation zusammenschmieden, was jetzt eben in Trümmer geschlagen wurde, mußte dem Gedanken dienen, dem seine Mutter diente, mußte an den Weltfrieden glauben, wie sie an ihn geglaubt hatte, wie sie noch heute an ihn, gleich an einen fernen Messias glaubte. Damit der Sohn einst so werden konnte, wie sie ihn wollte, mußte er, bis seine Entwicklung vollendet war, in ihrem Bannkreis bleiben, durfte nicht Einflüssen ausgesetzt werden, wie sie jetzt auf ihn eindrangen. Irenens Lebenswerk aber war zum zweiten Male zerstört, wenn sie ihr, nachdem sie ihr durch den Krieg die Gegenwart geraubt hatten, in dem Knaben, den sie ihr abwendig machten, auch die Zukunft rauben konnten. Wenn Lorenzaccio sich dereinst nicht inbrünstig zu dem Gedanken seiner Mutter bekannte, hatte sie überall Schiffbruch gelitten, war ihre ganze Weltanschauung bankrott – –

So blieb als einziger Ruhepunkt in ihren Gedanken das blauende Land ihrer zweiten Heimat, in dem sie von dem schweren Schlag, der sie getroffen hatte, genesen wollte, in dem ihr Kreis von Malern, Dichtern und Schönheitssuchern auf sie wartete, um das von friedlichen, heiteren Idealen umstandene Leben wieder aufzunehmen, das hier, wo der Krieg tobte, nicht mehr möglich war … –

* * *

Ein oder zwei Tage nach der verhängnisvollen Nacht in Seeon fuhr vor dem Hause, in dem Rudolf und Steffi wohnten, ein Auto vor, und gleich darauf ertönte die Klingel an der Römerschen Wohnung. Es war schon gegen neun Uhr abends, und das Ehepaar war ein wenig verwundert, daß noch in dieser Stunde Besuch käme, da öffnete aber schon das Mädchen die Türe des Wohnzimmers und meldete mit gedämpfter Stimme, in der Neugier und Verwunderung klangen: »Die Frau Staatsrat.«

Im ersten Augenblick prallten Steffi und Rudolf erschrocken zurück. In einem dunkeln Kleide mit einem dichten Schleier, den sie jetzt erst vom Gesicht hob und über den Hut zurückschlug, sah Klara wie eine Trauernde aus, und ihr Gesicht war so blaß und verstellt, ihr Gang so müde, daß jeder merken mußte, sie habe Furchtbares erlebt. Rudolf fragte bestürzt: »Klara, du hier?! Und wie du aussiehst! Um Gottes willen, was ist bei euch geschehen?«

Sie gab nicht gleich Antwort, setzte sich automatisch auf einen Stuhl, preßte die Hände gegeneinander und suchte nach Worten. Allmählich nur, zäh, stockend, immer wieder durch Pausen unterbrochen, die sie machen mußte, weil die Erregung ihr die Stimme abschnitt, berichtete sie, was in Seeon geschehen war Die beiden horchten und schwiegen betroffen. Ihnen allen war ja das Bewußtsein abhanden gekommen, daß Fedor Horsten ein Fremder war, und langsam nur konnten sie sich nach Jahren der Zusammengehörigkeit darauf besinnen, mußten sie erst lernen zu verstehen, wie sich der Zorn einer Menge auch gegen ihn, den Beamten des Herzogs, richten konnte.

»Es war schrecklich, wie sie unter den Fenstern standen und grollten, und man jeden Augenblick meinte, jetzt müsse ein Steinhagel geflogen kommen oder ein Schuß. Ihr habt es nie erlebt, ihr könnt nicht ausdenken, wie diese letzten Minuten waren, ehe die Polizei kam. Und nachher – –«

Ihre Fassung verließ sie, sie brach völlig in sich zusammen und weinte laut.

Die beiden ließen sie gewähren, denn sie dachten, daß die Tränen ihr Erleichterung brächten. Steffi nahm ihr vorsichtig Hut und Schleier ab und wollte ihr eben auch die Handschuhe ausziehen, aber Klara ließ es nicht zu und sagte hastig: »Nicht … ich muß gleich wieder fort …«

»Fort? Wohin denn?«

Sie blieb stumm, entgegnete erst nach einer Weile: »Wir bleiben nicht hier, wir reisen –«

Rudolf und Steffi sahen sich betroffen an.

»Reisen? In jetziger Zeit?«

Da brach es wie ein Schrei unsäglicher Qual aus der armen Frau hervor.

»Wir gehen nach Petersburg. Er meldet sich beim Heer!«

Ein großes Schweigen entstand. Einer wollte sagen: »Das ist nicht möglich …« oder: »Das kann doch nicht sein …«, aber keiner brachte es über die Lippen, weil jeder fühlte, wie schwach alle Worte gegen die

Enthüllung klingen mußten, die Klara soeben gemacht hatte. So saßen sie und schwiegen, bis Klara nach einer Weile wieder in ihrer stockenden, von Erregung durchzitterten Angst zu sprechen begann. Seit der Nacht, da die Menge unter seinen Fenstern gemurrt hatte, war Fedor Horsten ein andrer geworden. Nicht gegen seine Frau, die er als sein unverlierbares Eigentum betrachtete, aber gegen alles, was zu ihrem Blut, zu ihrem Volk gehörte.

»Ihr würdet ihn nicht wiedererkennen. Es ist ein ganz andrer Mensch in diesen Tagen aus ihm herausgekommen! Olga ist ihm ja auch nicht von der Seite gewichen und hat immerfort gehetzt. Und jetzt hat er eben sein russisches Herz wieder entdeckt, an das er all die Jahre nicht mehr geglaubt hatte!«

Es lag eine furchtbare Bitterkeit in ihren letzten Worten, wie sie früher niemand an dieser sanften Frau gekannt hatte.

Sie saßen wie betäubt. Konnten noch immer nicht recht glauben, daß Klara die Wahrheit sprach, und darum fragte Rudolf: »Will er denn wirklich zum Heer gehen oder sagt er das nur in augenblicklicher Aufregung und Empörung?«

»Nein, er wird sicher zum Heer gehen. Er sagt, wenn der Zar ruft, muß er ihm folgen, ohne zu fragen, ohne sich zu besinnen; das sei seine Pflicht!«

Wieder schwiegen sie. Was hätten sie auch antworten oder einwenden sollen?! In ihnen war ja die deutsche Ehrfurcht vor dem Worte »Pflicht«, und die deutsche Gerechtigkeit, die auch den Feind noch achtet, der dem Worte gehorcht …

Nach einer Weile schüttelte Rudolf das lastende Schweigen ab, rief laut, als wolle er sich selber Mut zusprechen: »Das alles kann ja nicht sein! Das hat er ausgeheckt, weil er jetzt im Zorn ist und weil niemand ruhig und vernünftig mit ihm gesprochen hat! Nach dem, was ihr da draußen erlebt habt, ist's ja verständlich, daß er aufgebracht und überreizt ist, aber wenn ihm jemand die Dinge vorstellt, wie sie wirklich sind, dann wird er einsehen, wie übereilt, ja wie wahnsinnig sein Entschluß ist. Wo ist denn Fedor überhaupt? Ich will zu ihm und mit ihm sprechen!«

Klara legte die Hand fest auf seinen Arm.

»Du kannst nicht mit ihm sprechen! Niemand von euch darf zu ihm gehen, denn er würde euch den Rücken wenden und euch stehen lassen. Ihr wißt nicht, wie er geworden ist. Er sitzt mit den Kindern auf dem Bahnhof und erwartet mich. Mit Mühe und Not habe ich es erreicht, daß ich noch schnell zu euch kommen und Abschied nehmen darf – er selbst war nicht dazu zu bringen, zu euch den Fuß ins Haus zu setzen. Wir reisen noch heute nacht; wann wir ankommen, mag der Himmel wissen!«

»Wenn ihr doch wenigstens zunächst nach der Schweiz ginget, wo ihr in Ruhe abwarten könnt, bis die Bahnverbindungen wieder normal sind! Wenn er nur wenigstens dich und die Kinder daließe! Gleichviel ob hier oder in der Schweiz!«

Klara schüttelte verneinend den Kopf.

»Er tut es nicht. Für ihn versteht es sich ganz von selbst, daß wir mit ihm gehen. Und Ruhe fände er nirgends. Er sagt, ihm brennt jetzt der Boden unter den Sohlen, bis er im Feld steht!«

Wieder lastete das Schweigen über ihnen, und die Erkenntnis, daß alle Worte ohnmächtig waren. Es gab für die unglückliche Frau keine Rettung. Aus dem Konflikt, in den sie unversehens geraten war, führte kein Weg heraus. Jeder Tag dieses Krieges würde ihr aufs neue das Herz zerreißen, gleichviel auf welcher Seite Sieg oder Niederlage war. – –

Steffi legte ihr zärtlich die Arme um den Hals, meinte, sie durch Bitten bestimmen zu können: »Bleibe doch du bei uns, Klara, laß dich nicht in das fremde Land verschleppen, wo du unter lauter Feinden bist und wir dich gar nicht erreichen können. Denk nur, wie schrecklich das sein wird, wenn du dort ganz allein bist und nichts von uns hörst und wir nichts mehr von dir wissen, und wenn du unter lauter Menschen leben mußt, die nur auf unsern Untergang sinnen. Das hältst du ja gar nicht aus! Das geht ja über menschliche Kraft hinaus!«

Klara sah trübe vor sich hin.

»Ich muß es aushalten, es hilft nichts! Sage selbst, Steffi, würdest du an meiner Stelle bleiben? Würdest du Rudolf in dem Augenblick verlassen, wo er in den Krieg zieht und wo du nicht weißt, ob du ihn je wiedersiehst?«

Es waren Worte, die einfach klangen und dennoch unwiderleglich waren. Nun weinten die beiden Frauen leise, und Rudolf verbarg erschüttert das Gesicht in den Händen. Klara erhob sich, suchte nach Hut und Schleier.

»Ich muß gehen, sonst versäumen wir den Zug!«

Es war ein kurzer, unsäglich schwerer Abschied. Wie Klara schon die Hälfte der Treppe hinter sich hatte, kam Steffi ihr noch nachgelaufen, drückte sie aufs neue an sich und versuchte noch in diesem Augenblick die Schwägerin zum Bleiben zu bewegen. Küßte wieder und immer wieder mit zuckenden Lippen das verweinte Gesicht der jungen Frau; Klara schob sie aber mit einer sanften Bewegung zurück und ging, so rasch sie konnte, hinunter zu dem Auto, das auf sie wartete. Sie fuhr durch die erleuchtete Stadt, die auch jetzt noch in allen Straßen von Menschen durchwogt war, von Menschen, die alle nur das eine dachten, das eine sprachen. Singende Soldaten zogen an ihr vorüber, Pferde und Geschütze, die mit Blumen geschmückt, mit Girlanden umwunden waren. Der und jener von den Mannschaften führte sein Kind an der Hand oder seine Liebste lief neben ihm her. Mit brennenden Augen sah Klara Horsten auf all die Menschen, um die sich in diesen angstvollen Stunden Zusammengehörigkeit wie ein Golfstrom wand. Nur ihr gehörte nichts von all dem Köstlichen, das sich in dieser milden Sommernacht offenbarte, und doch war sie hier geboren, hatte hier gespielt und geliebt und ihre Kinder geboren. Sie dachte, daß alles Herzeleid, das die Frauen rundum daheim erfuhren, nicht so bitter sein konnte wie ihr eigenes Los, das ihr befahl, ihr Land am Tag der höchsten Gefahr zu verlassen und dem Fremdling zu folgen … –

Fünftes Kapitel

Nun hatten die Theater ihre Spielzeit wieder eröffnet, aber alles war doch anders als sonst. Alle Gagen, mit Ausnahme der ganz niedrigen, waren zum mindesten auf die Hälfte reduziert worden, und diese Verfügung, an die Steffi niemals gedacht, die sie nun und nimmer für möglich gehalten hätte, traf sie so schwer, daß sie ein paar Tage lang wie vernichtet war und sich nicht vorstellen konnte, wie es weitergehen sollte. Denn in dem jungen und nicht eben kleinen Haushalt hatte man ja noch keine nennenswerte Summe ersparen können und er war zum größten Teil auf Steffis Gehalt gestellt gewesen. Nach dem ersten Schreck über die Verkürzung der Gage hatte sich freilich ihr Lebensmut und ihre tapfere Zuversicht geregt, so daß sie ihrem Mann gesagt hatte: »Das macht nichts, das bekomme ich schon wieder herein! Ich gehe einfach auf Gastspiele in die Provinz, nehme Honorare, die mir sonst zu lumpig waren und gebe Stunden!«

Aber ach! all diese schönen Vorschläge scheiterten an der Wirklichkeit. Die meisten Provinztheater hielten vorläufig und vermutlich auf absehbare Zeit ihre Pforten geschlossen, von Gastspielanträgen, selbst mit lumpiger Bezahlung, war keine Rede, und auch zu Stunden meldeten sich kaum Schülerinnen, denn die jungen Damen der wohlhabenden Familien nahmen jetzt lieber Pflegekurse denn Gesangsunterricht.

Steffi war gedrückt wie kaum je zuvor und kam sich herabgemindert in ihrem Wert vor. Sie sagte es zwar nicht laut, denn sie wollte keinem Menschen, ja nicht einmal sich selbst eingestehen, wie ihr zumute war, aber wenn einer sie aufmerksam beobachtet hätte, so wäre ihm aufgefallen, daß die Sieghaftigkeit ihres Wesens gewichen war, daß sie unsicher um sich blickte, wie ein Mensch, der in völlig neue Verhältnisse gestellt ist und noch nicht weiß, wie er sich in ihnen zurechtfinden soll. Es schien ihr ganz unfaßlich, ganz unwürdig, daß sie, die Erwerberin und der Glanz des Hauses, die noch vor wenigen Wochen den Vertrag mit Amerika in der Tasche hatte, nun bei Agenten und Direktoren dritten Ranges, um die sie sich früher nie gekümmert hatte, erfolglos Gastspiele und ein bißchen Geld suchen und auf Schülerinnen warten sollte, die nicht kamen. Als sie zum ersten Male die verkürzte Gage in Empfang nahm, hätte sie am liebsten geweint oder sie entrüstet zurückgewiesen, und es war nur ein schwacher Trost, daß es den Kolleginnen nicht besser erging als ihr.

»Wir müssen die teure Wohnung aufgeben und eine viel billigere nehmen! Wir können auch statt mit drei Mädchen mit zwei auskommen und, wenn es sein muß, sogar mit einer und einem Tagesfräulein für die Kinder! Es ist freilich schwer, so weit zurückzugehen, aber was will man machen, wenn das Geld nicht weiter reicht?! Denn ich fürchte, daß auch deine Vorträge, und was du schreibst, genau so unter dem Krieg leiden wird wie das Theater! Oder meinst du, daß du, wenn du sehr fleißig bist, mehr verdienen kannst als sonst?«

Er schüttelte lächelnd den Kopf. Nein, darauf war sicher nicht zu rechnen. Wer dachte jetzt an Vorträge, historische Essays oder wissenschaftliche Werke? Tageszeitungen, Zeitschriften und Buchverlage waren jetzt nur auf den Krieg gestimmt, und ihre Fähigkeiten oder ihre Lust, ansehnliche Honorare zu zahlen, war, das wußte Rudolf schon jetzt, erstaunlich gering …

»Also dann bleibt nichts, als sich einzuschränken und froh zu sein, wenn man ohne Schulden durchkommt!«

Rudolf aber widersprach: »Du kannst einstweilen meine Papiere von der Bank belehnen lassen; nach dem Kriege bringen wir das leicht wieder in Ordnung! Oder du verkaufst einen Teil der Pfandbriefe, was allerdings im Augenblick einen merklichen Verlust bedeutet, aber besser ein Verlust, als eine Umkrempelung um jeden Preis, von der man doch nicht weiß, ob sie sich bewährt, und die man in einer außergewöhnlichen Stimmung vornimmt!«

Steffi wurde ungeduldig.

»Ich weiß nicht, warum du alles halten willst wie früher, da doch nichts mehr ist wie früher –«

Er blieb einen Augenblick stumm, überlegte, ob er ihr jetzt sagen sollte, was in den nächsten Wochen geschehen würde. Er hielt es aber für besser, erst nach vollzogener Tatsache zu sprechen, und darum schwieg er.

Es waren aber nicht nur die kleiner gewordenen Geldverhältnisse, die auf Steffi drückten. Ja, die hätte sie ganz leicht ertragen, wenn sich nicht auch alles andre in ihrem Beruf und was mit ihm zusammenhing, so merkwürdig und betrüblich verändert hätte. Freilich spielten nun Oper und Schauspiel wieder wie sonst, aber das Gesicht des Publikums war ganz anders als früher. Nur spärlich waren Ränge und Parkett gefüllt, der Beifall klang nicht enthusiastisch, ja nicht einmal herzlich, und wenn etliche einmal zu laut klatschten, dann sahen die andern erstaunt drein und die Beifallspender ließen die Hände sinken, als hätten sie etwas Ungehöriges getan. Auch hinter den Kulissen, auf den Proben war alles anders geworden. Die Fröhlichkeit war dahin, und auch die kleinen Hecheleien, mit denen sich sonst Kollegen und Kolleginnen die Tage gewürzt hatten, waren verstummt. Der Ehrgeiz der Männer ging jetzt nur dahin, am Regietisch, mit dem Taktierstock, oder auch beim letzten Hervorruf in Feldgrau zu erscheinen, und die Damen, gleichviel ob sie erstes Fach oder im Chor sangen, zeigten stolz, wenn auch unter Tränen, die Photographieen ihrer Männer oder Söhne, die ins Feld gezogen waren.

»Das lustige Völkchen«, wie Theaterunkundige und Schmocks die Theaterleute immer noch gerne nennen, war ernst, bitter ernst geworden, denn die Opfer, die es bringen mußte, lasteten schwer, doppelt schwer, weil der Beruf von denen, die sie darbrachten, Abend für Abend und auch für einen großen Teil des Tages so viel Selbstvergessen, so viel vorgetäuschte Heiterkeit und aufgeschminkte Liebestrunkenheit verlangte … Beinahe das schwerste aber war, wenigstens für Steffi, daß dieser ganze Betrieb fast allen, die daran teilnahmen und ihn leiteten, jetzt ganz unwichtig vorkam. Gewiß, es mußte Theater gespielt werden, es mußte auch hier »durchgehalten« werden, aber sie, die zwar sehr von sich eingenommen, jedoch nicht blind für die Wirklichkeit der Dinge war, sie wußte deutlich, daß all diese Theater jetzt nicht um der Kunst willen aufrecht gehalten wurden, sondern vielmehr, weil es nicht anging, Tausende von Existenzen brotlos zu machen. Nicht die Kunst, sondern die soziale Frage spielte hier die Hauptrolle, denn wenn es angegangen wäre, all diese Tenöre, Primadonnen, Helden, Salondamen, und was sie sonst sein mochten, mit einem leiblichen Einkommen in Munitionsfabriken zu überführen, so hätte jeder Intendant freudig Ja und Amen gesagt, und alles, was sonst sang oder von der Bühne herab sprach, hätte vermutlich zurzeit lieber Granaten fabriziert, als daß es Rollen lernte und darstellte, die allen gleichgültig waren. Es war die selbstverständliche Pflicht großer Bühnen, ihre Angestellten über die schwere Zeit hinüber zu halten, aber es war eben eine Pflicht, während es früher eine ehrenvolle Aufgabe gewesen war. Zum erstenmal, seit die Generation von heute Theater spielte, Theater dachte, und noch viel weiter zurück, durfte der Intendant oder der Direktor einer großen Bühne wieder ein Herrschergefühl haben, während er sonst seinen ersten Kräften gegenüber in Nachgiebigkeit ersterben und mit den buntesten Launen rechnen mußte. Ehedem war er ein Unternehmer gewesen, den Kritik und Publikum scharf tadelten und scheel ansahen, wenn er nicht den bizarrsten Ansprüchen eines allgemeinen Lieblings nachgab, heute dagegen war er für alle, was er bis jetzt nur für die armseligsten seiner Schar gewesen: der Brotherr, der beim leisesten Aufmucken sagen konnte: »Bitte, lassen Sie sich nicht aufhalten, wenn es Ihnen an meinem Theater nicht mehr paßt! Wir finden heute für jeden zwanzigfachen Ersatz!«

Natürlich sprach keiner der Herren so, ohne zwingenden Grund, aber wer ein bißchen Klugheit und Feinfühligkeit besaß, merkte auch ohne gesprochenes Wort, wie sich das Verhältnis zwischen den Theaterleitern und den Theaterangestellten verschoben hatte. Wo man ehedem tyrannisiert hatte, war man heute abhängig, und die Tausende von brotlosen, beklagenswerten Theaterexistenzen, die Tag für Tag bettelnd an die Türen der Direktoren und der glücklicheren Kollegen klopften, stärkten noch das Machtgefühl der Leiter und das Ohnmachtsgefühl ihrer Angestellten. Nun hatte Steffi ja nie zu den besonders schwierigen oder launischen Damen gehört, war niemals mit rasenden Gesten zum Intendanten gestürzt und hatte nie geschrieen, daß sie an den Intrigen einer Rivalin zugrunde gehen müsse, aber wenn sie es auch niemals getan hatte, so war es doch schlimm zu denken, daß sie es jetzt auch gar nicht hätte tun dürfen, ohne eine eiskalte Antwort zu bekommen, und sie kam sich schutzlos vor, allen Ungerechtigkeiten und Gehässigkeiten wehrlos preisgegeben. Ohne Freude ging sie ins Theater, war froh, wenn Proben und Vorstellungen ihr Ende erreicht hatten und sie wieder daheim war, wo man ihrer im Krieg ebenso bedurfte wie im Frieden, und wo immer die gleiche Wärme, die gleiche Liebe sie umgab.

Ganz das gleiche war es freilich auch hier nicht. Rudolf, der ihr sonst jeden Wunsch, noch ehe sie ihn gesprochen, vom Gesicht abgelesen hatte, war jetzt nicht nur viel ernster, sondern auch unaufmerk-

samer als sonst, schien so sehr mit seiner Arbeit beschäftigt, daß er oft zerstreute Antworten gab und kaum auf das hinhörte, was seine Frau sagte. Auch die Verwandten, die sonst an allem, was Steffi betraf, lebhaften Anteil genommen und sie um die Wette verhätschelt hatten, waren jetzt nur mit ihren eigenen Angelegenheiten, mit der Sorge um die im Felde oder mit der Erfüllung ihrer neu übernommenen Pflichten beschäftigt. Die Männer waren fast ausnahmslos fort, und wenn die Frauen zusammenkamen, so erzählten sie nur von den Briefen, die ihnen die Feldpost brachte oder sie erörterten ausführlich ihre Kriegshilfearbeiten. Keine von ihnen besuchte jetzt ein Theater oder ein Konzert, und in ihrer Gegenwart kam sich Steffi wie ein Luxusgegenstand von gestern vor, der in der Eile eines großen Aufbruchs vergessen worden war, für dessen Feinheit niemand mehr Sinn hat ...
Dann geschah eines Tages etwas völlig Unerwartetes. Rudolf kam zur ungewohnten Stunde aus seiner Studierstube herüber und sagte: »Steffi, ich möchte jetzt etwas Ernstes mit dir besprechen. Hast du Zeit? Wenn nicht, lassen wir es bis heute abend!«

Sie erschrak über seine Worte und sein Gesicht, das noch ernster aussah als an allen vorhergehenden Tagen. Sie fragte ängstlich: »Mein Gott, du bist so feierlich? Es ist doch nichts passiert ...?«

Nein, nichts war passiert, aber der Augenblick war gekommen, in dem sie erfahren mußte, welche Arbeit ihn in all den Wochen beschäftigt hatte –

»Ich habe mein Testament gemacht. Das eine Exemplar liegt beim Notar, das andre findest du versiegelt in meinem Schreibtisch.«

Sie hielt sich die Ohren zu.

»Ich bitte dich, sprich nicht jetzt von solchen Sachen! Man hört ohnehin um sich herum genug Gräßliches, da braucht man doch nicht noch mutwillig vom Sterben zu sprechen.«

Er nahm ihr mit einer zärtlichen Bewegung die Hände, hielt sie in den seinen fest, während er fortfuhr: »Auch mein wissenschaftlicher Nachlaß ist vollkommen geordnet, und ich habe auch aufgeschrieben, wer mit seiner Sichtung beauftragt werden soll. Auch darüber findest du die Verfügungen in meinem Schreibtisch! Ob sich jemand finden wird, der meine angefangenen Arbeiten vollendet, weiß ich nicht, und ich kann, wie die Dinge heute liegen, auch niemand bestimmen. Das ist also eine Sache, die ich der Zukunft überlassen muß, aber über Einzelheiten des Testaments möcht' ich noch mit dir sprechen.«

»Aber warum, ich bitte dich, warum das alles?«

Sie fragte es leise, ungewiß, obgleich sie schon die Ahnung von etwas Schrecklichem hatte. Als er es ihr aber in klaren Worten sagte, starrte sie ihn dennoch wie entgeistert an.

»Du ... du ... du willst dich melden? Aber dich nehmen sie ja gar nicht, du bist ja ungedienter Landsturm!«

»Das macht nichts! Ich habe mich gemeldet und werde schon in den allernächsten Tagen eingezogen werden!«

Sie blieb eine Weile stumm, konnte nur murmeln: »Warum, mein Gott, warum hast du das getan?«

»Weil es meine Pflicht ist!«

Sie suchte vergeblich nach Worten, die seine Behauptung entkräften, ihn von seinem Vorhaben abbringen sollten. Er aber entgegnete: »Ich habe alles seit Wochen bedacht und geordnet. Ich meinte immer, du müßtest erraten, um was es sich handelt, wenn ich von einer Arbeit sprach, die mich ganz und gar in Anspruch nimmt. Hast du wirklich geglaubt, daß ich in dieser Zeit mich ganz von den Tagesereignissen fernhalten könnte, nur um irgend eine Arbeit zu vollenden, die ebensogut zwei Jahre später erscheinen kann, wie jetzt?!«

»Nein, ich habe gar nichts geahnt. Wie hätte ich denn denken sollen, daß du, ein Familienvater, dich wie ein junger Bursche zum Heer melden würdest!«

Er sagte leise, aber mit tiefer Leidenschaftlichkeit: »Wie ein junger Bursche! O, du ahnst ja nicht, wie hinreißend schön es ist, jetzt, gerade jetzt noch einmal jung zu sein und mit den Jungen hinausziehen zu dürfen!«

Sie fragte erstaunt: »Noch einmal? Du bist doch immerfort jung gewesen!«

Er gab keine Antwort. Sie wußte ja nicht, wie unjung er sich gefühlt hatte, seitdem ihm die stete Berührung mit der nachdrängenden jungen Generation verloren gegangen war. ... –

Sie fuhr fort, in ihn zu dringen, ihm vorzustellen, daß er sein Vorhaben um ihretwillen, um der Familie willen nicht durchführen dürfe. »Du kannst doch nicht im Ernst daran denken, uns ganz allein zu lassen –«

Er lächelte ein wenig.

»Hättest du uns nicht allein gelassen, als du durchaus nach Amerika wolltest! Und das war doch nur eine Vergnügungsreise, während ich –«

Sie ließ ihn nicht ausreden. Sie fiel ihm stürmisch um den Hals, meinte, er wollte, indem er sie geängstigt hatte, eine verspätete, kleine Rache nehmen und nun sei alles gut – –

Sie hielt ihm mit lachenden Augen den Mund zum Kuß hin, er aber nahm wieder ihre Hände fest in die seinen, drückte sie an seine Brust und sagte: »Ich muß meine Pflicht tun, wie alle andern, und du mußt es tragen, wie alle andern Frauen es tragen!«

Sie merkte, daß sie zum erstenmal in ihrer Ehe bei ihm auf einen unerschütterlichen Willen stieß. Auch ihr letztes Mittel, das sonst nie versagt hatte, blieb diesmal wirkungslos. Denn ob sie auch weinte wie eine mythologische Nymphe, die sich in einen Tränenquell zu verwandeln schien, so blieb der Mann doch ungerührt, wenn er ihr auch liebevoll zuredete und versuchte, so gut er konnte, sie mit der Situation auszusöhnen. Seine Verwandten standen allesamt auf seiner Seite, gestanden unumwunden, daß sie gar nicht begriffen hatten, warum Rudolf so lange zögerte, sich beim Heer zu melden. Von allen überstimmt, von allen ein wenig gescholten und zur Selbstverleugnung aufgefordert, blieb Steffi nichts übrig, als sich zu fügen … –

Nun sah Steffi bald mit belustigtem, bald mit betrübtem Kopfschütteln auf das Dasein, das ihr Kriegsfreiwilliger führte. Die erste Zeit mußte er in der Kaserne schlafen, und da frohlockte sie innerlich und meinte, das allein würde genügen, um ihn dauernd zu ernüchtern, denn er vertrug es ja durchaus nicht, das Zimmer mit einem andern Menschen zu teilen; wenn sie früher auf Reisen zuweilen gezwungen waren, ein gemeinschaftliches Schlafzimmer zu benutzen, konnte er die ganze Nacht kein Auge zutun. Nun sollte er mit soundso viel andern, mit schwitzenden, schnarchenden, im Traum sprechenden Mannschaften in einen Raum zusammengepfercht schlafen; unmöglich für ihn, ganz unmöglich! Aber wiederum geschah, was sie nun und nimmer erwartet hätte, – er verlor kein Wort über diese Kasernennächte, und als sie ihn, da er nach Wochen wieder zu Hause schlief, fragte, ob er sich denn nicht jetzt, in seinem Zimmer, in seinem eigenen Bett, wie im Himmel fühle, entgegnete er gleichmütig: »Das ist alles nur Gewohnheitssache! Wenn man den ganzen Tag Dienst gemacht hat, kommt's einem nur auf den Schlaf an, auf weiter nichts!«

Voll Mitleid hörte sie ihn frühmorgens, lange ehe es Tag wurde, zum Dienst gehen, und wenn er abends heimkam, war er meist so todmüde, daß er kaum mehr sprach und noch vor dem Abendessen auf dem Sofa einschlief. So war es wenigstens unmittelbar nach der Kasernenzeit gewesen, allmählich freilich raubte ihm die Müdigkeit nicht mehr den Appetit, und nun aß er, wie Steffi ihn nie hatte essen sehen. Er, ehedem ein Feinschmecker, der nur kleine Portionen nahm und vertrug, hieb jetzt ein, als gehöre er wirklich, auch seinem Magen nach, zu den Mannschaften, und wenn Steffi ihn fragte, was für ein Lieblingsgericht die Köchin ihm bereiten solle, entgegnete er: »Etwas recht Ausgiebiges! Was, ist mir ganz gleich!«

Früher war es seine Freude gewesen, wenn Steffi abends für ihn sang, jetzt aber fragte er nicht mehr viel nach Musik, erzählte lieber vom Dienst, und seltsam! auch ihr war es so lieber, auch sie vernahm lieber, was er tagsüber tat, als daß sie Brahms ober Hugo Wolf sang. Zuweilen freilich wußte sie nicht, ob sie bei seinen Berichten lachen oder weinen sollte. Konnte man es denn glauben, daß er, der verwöhnte, gelehrte Mann, nicht nur mit eigenen Händen sein Eßgeschirr reinigen, sondern auch die Stube des Feldwebels aufräumen und dessen Stiefel putzen mußte?! Und daß er es ohne Auflehnung, ohne sichtlichen Widerwillen, ja beinahe mit Hingebung tat und ihr mit komischem Ernst erklärte, wie schwer es sei, Stiefel, Militärstiefel, tadellos blank zu putzen, viel schwerer, als eine schwierige, lateinische Urkunde zu entziffern. Eines Tages sah sie im Vorübergehen, wie der Herr Professor mit Besen und Schaufel bewaffnet den Kasernenhof kehrte, aufmerksam, emsig und inbrünstig, als hätte er nie in seinem Leben eine verantwortungsreichere Aufgabe gelöst ...

Da sagte sie wohl: »Ich muß immer wieder staunen, daß du das alles aushältst!«

»Bah, alle andern halten es ja auch aus!«

Ja, er tat, was alle andern taten, sah wie sie nach kurzer Zeit frischer und brauner aus, und seine nervösen, schöngepflegten Hände wurden hart und rissig, wie bei den andern auch. Aber eines war bei ihm, was die andern nicht kannten: das starke Glücksgefühl, daß er nicht mehr als ein Einsamer nebendraußen stand, sondern umgeben von lauter jungen, oft blutjungen Menschen, daß er, da er wie der gemeine Mann diente, durch sein Beispiel auf die Jugend wirken konnte, wie er ehedem im Hörsaal durch sein Wort gewirkt hatte. So trat er, ohne es zu wollen, mehr und mehr aus dem Schatten heraus, in den Steffi ihn gedrängt hatte, und während in früherer Zeit man immer nur die Frau gesehen und ihn zu ihr beglückwünscht hatte, hörte Steffi jetzt überall, in der Familie, von Bekannten, von den Vorgesetzten ihres Mannes, wie er allen, die ihn kannten, imponierte, da er den einfachen Rock der Mannschaften trug …

Woche auf Woche verstrich. Rudolf machte seinen Dienst, Steffi begann zu hoffen, daß es dabei sein Bewenden haben und er nicht mehr ins Feld kommen würde. Niemand glaubte so recht an eine lange Dauer des Krieges, und allerlei Prophezeiungen liefen um, die für Weihnachten oder auch ein wenig später den Friedensschluß ansagten und gerne geglaubt wurden. Doch alle Hoffnungen und Weissagungen erwiesen sich als trügerisch, und so kam der Tag, an dem Steffi mit zitternden Händen auf den Helm ihres Mannes Blumen band und ihm die Kinder zum Abschied zuführte.

Es war ein nasser, grauer Wintertag, der einem schwer auf der Brust liegen konnte, auch wenn man nicht vom Liebsten Abschied nahm. Der Rauch der Lokomotive ballte sich in der großen Bahnhofshalle zusammen, als wollte er sich nicht hinaustreiben lassen in den vom Wind gepeitschten Sprühregen, der die ärmlichen Wiesen der letzten Vorstädte überschwemmte. Im fahlen Morgenlicht dieses Tages sahen die Häuser verkommen, die Menschen blaß und übernächtig aus, und wie sie in den weiten Gängen des Bahnhofs bleich und beklommen umherirrten, glichen sie Gespenstern, die ihre Mitternacht versäumt haben. Inmitten von hundert und aberhundert Frauen stand Steffi an Rudolfs Arm geklammert. Sie konnte nicht sprechen, schüttelte nur bald bejahend, bald verneinend den Kopf, und ihre Tränen sprühten um die Wette mit dem Regen. Sie hörte kaum, was Rudolf zu ihr sagte, sah nur wie durch dichten Nebel die ernsten oder auch fröhlichen Gesichter der Soldaten, und die vollen, wenn nicht gar fassungslosen der Frauen …

Sie hatte ihrem Mann fest versprechen müssen, auf dem Bahnhof nicht das zu machen, was er »eine Szene« nannte, und sie mühte sich, ihr Versprechen zu halten, blieb voll Haltung, wenn auch ihr Gesicht schon ganz rot und verweint aussah. Als es aber zum Einsteigen ging, verlor sie alle Fassung, wollte den Mann mit stürmischer Zärtlichkeit zurückhalten, schien von dem Wahn befangen, daß sie noch in der letzten Sekunde all seine Entschlüsse umstoßen könne. Es war nur ein Augenblick, dann hörte sie, daß er zärtlich, aber doch sehr ernst sagte: »Denk an dein Versprechen, Steffi! Wenn ich gewußt hätte, daß du es dir und mir so schwer machst, hätte ich dich gar nicht mitgenommen!« Da stand sie wieder fest, und ehe sie sich's versah, saß er schon im Abteil, sprach noch heraus, und dann rollte der Zug davon, in den trüben, nassen Wintertag hinein. Als die Räder sich langsam zu drehen begannen, winkte Steffi dem Scheidenden nach, wie sie aber schneller und schneller kreisten, überfiel sie eine schreckliche, jagende Angst, und wie besinnungslos lief sie neben dem Zug her, gleich einem Bettler, der noch im letzten Augenblick ein Almosen erhaschen will. Atemlos lief sie und lief noch, als der Zug schon längst den Blicken entschwunden war und nur noch ein leichtes Rauchgekräusel in der Luft zitterte.

Nun blieb sie erschöpft stehen, schaute mit trostloser Gleichgültigkeit ins Weite, als gäbe es für sie keinen Weg mehr und kein Heim. Der Regen fiel in Strömen auf sie nieder, der Wind verwehte ihr den Hut, peitschte ihr Kleid nach allen Seiten, – sie merkte es nicht. Ein alter Mann ging an ihr vorüber, sah sie kopfschüttelnd an und fragte sie, ob sie krank sei, – sie hörte ihn nicht. Sie starrte nach der Richtung, in der der Zug verschwunden war und wußte jetzt erst, was der Krieg ist.

Sechstes Kapitel

Irene von Erhart war abgereist. Sie hatte noch miterleben müssen, daß Fedor Horsten sich zum Heeresdienst in Rußland meldete, und ihr Entsetzen war groß gewesen. Sie rang die Hände und klagte: »Dahin also muß es kommen! In unsrer Zeit muß man, als lebte man im finstersten Mittelalter, mitansehen, wie der Bruderkrieg selbst die Familie entzweireißt. Sind es wirklich Kulturvölker, bei denen so etwas möglich ist?!«

Es zuckte bitter und hochmütig um ihren Mund, und dies Zucken erschien jedesmal wieder auf ihrem Gesicht, so oft in ihrer Gegenwart vom Krieg und den großen Tagesereignissen gesprochen wurde. Sie verharrte dann in einem eigensinnigen, überlegenen Schweigen, als wollte sie sagen: »Euch könnt ihr täuschen, mich nicht!« Als nun gar Lorenzaccio mit der unbekümmerten Fröhlichkeit seiner fünfzehn Jahre sagte: »Da hätte ich dabei sein mögen, wie sie den Leuchtenberg festgenommen und über die Grenze geschubst haben. So etwas muß wunderschön sein,« da klagte sie laut, daß ihr Kind von allen Seiten her verrohenden Einflüssen ausgesetzt und sie darum bestrebt sei, abzureisen, sobald es irgend ging.

Alle waren froh, als sie abgereist war, denn zum Schluß hatte niemand sie mehr ertragen können, nicht einmal Steffi, trotzdem gerade sie sich in den letzten Tagen der Friedenszeit so gut mit ihr verstanden hatte.

Zunächst schrieb Irene nur dann und wann eine Karte, – zu einem Brief schien sie entweder keine Zeit oder keine Stimmung zu haben. Als sie aber vernahm, daß Rudolf Römer sich als Kriegsfreiwilliger gemeldet hatte, kam aus Florenz ein langes, mahnendes Schreiben, in dem Irene abermals von den Schrecken des »Bruderkrieges« sprach und Rudolf daran erinnerte, daß er doch zu ganz andern Aufgaben berufen sei, als zu militärischem Drill und zur Austilgung menschlicher Geschöpfe.

Dieser Brief blieb unbeantwortet, und füglich hätte der Briefwechsel einschlafen müssen, aber nach einiger Zeit kam doch wieder ein Lebenszeichen aus Florenz, denn Irene wollte durchaus wissen, ob man denn auch in München gar keine Nachricht von Klara hätte. Sie, Irene, hatte wiederholt an sie nach Petersburg geschrieben, jedoch niemals Antwort erhalten. Sie meinte nun, daß es vielleicht den deutschen Verwandten eher gelungen sei, eine Verbindung mit der Entfernten herzustellen, aber auch Römers hatten sich vergeblich bemüht. Die Schwester schien in unerreichbare Ferne gerückt, und wie eine undurchdringliche Mauer breitete sich tiefes, unheimliches Schweigen um sie her.

Am letzten Abend, den er noch mit Steffi beisammen gewesen war, hatte Rudolf gebeten: »Nicht wahr, du versuchst, wenn ich fort bin, immer wieder, etwas von Klara zu erfahren! Man darf da nicht müde werden und muß immer denken, daß man vielleicht in der nächsten Woche erreichen kann, was in der vorigen unmöglich war. Ich möchte doch, wenn es irgendwie zu machen ist, erfahren, wie es mit der unglücklichen Klara steht, wo sie ist, was der Mann macht ... Versprich mir, daß du dich, auch wenn du jetzt nichts von ihr erfährst, immerfort um sie kümmern und um sie annehmen willst, geradeso, wie ich es täte, wenn ich hier bliebe!«

Sie versprach es gerne. Sie nahm sich auch wirklich vor, gleich nach seiner Abreise wieder den Rundlauf bei Gesandten, Konsulaten, Auskunftstellen und dem Roten Kreuz zu unternehmen, aber als sie nun allein in ihrer Wohnung saß, war sie so bar jeder Fassung, kam sich so arm und elend vor, daß alle Spannkraft versagte und sie ganz unfähig war, an etwas andres zu denken als an ihr eigenes Geschick. Nie hätte sie geglaubt, daß sie, die so stark, so selbstbewußt, so lebenskräftig war, sich ohne den Mann so schutzlos, so verlassen fühlen konnte. Sie verstand sich selbst gar nicht, denn wenn sie es genau betrachtete, hatte sie doch nie seinen Schutz angerufen, war sich immer selber genug gewesen, hatte kaum je seinen Rat eingeholt und fast immer nur getan, was ihr eigener Kopf wollte. Nun aber, da sie ganz auf sich gestellt war, fehlte ihr überall sein ruhiges Wort, sein reifes Urteil, ja, sogar das kleine, spöttische Lächeln, das er für ihre Schwächen und für ihre Selbstherrlichkeit gehabt hatte. Leise wollte in ihr die Erkenntnis dämmern, daß zweifelsohne sie die stärkere, er aber die tiefere Persönlichkeit war, daß sie wohl den Glanz, er aber den Wert des Hauses darstellte ...

Die Erkenntnis dämmerte, aber Steffi verwehrte ihr, schon jetzt Tageshelle zu gewinnen. Es ist selten ein angenehmes Ding, sich über sich selbst Rechenschaft abzulegen, und Steffi spürte keine Lust, sich in Grübeleien und Selbstquälerei zu verlieren, dachte lieber über ihren Fernen nach als über sich. Wieder war ihr Dasein ganz auf die Post eingestellt, auf die drei Zeiten im Tage, da sie einen Brief oder eine Karte erwarten durfte. Wieder schien jeder Tag verloren, der keine Nachricht brachte, und wieder war jede Nacht wie ein Vorzimmer der Freude, in dem die Hoffnung wartete. Manches Mal mußte sie jetzt daran denken, wie sie noch vor wenigen Monaten fast mit denselben Empfindungen den Brief des Kommissionsrats erwartet und ans Herz gedrückt hatte, und dann war's ihr, als könne das nicht sie selbst, als müßte das eine ganz andre Frau gewesen sein, die sich wegen eines Vertrags ängstigen, von dem Wort eines Agenten beglückt fühlen konnte. Damals wäre es ihr undenkbar erschienen, diesen Vertrag fahren zu lassen, und um seinetwillen hatte sie tagelang mit Rudolf gestritten und geschmollt. Was hätte sie heute darum gegeben, wenn sie solchen Vertrag als gleichgültigen Fetzen hätte zerreißen und ihren Mann dafür aus dem Feld zurückbekommen können. Nun war er fort, und Tag für Tag wiederholte sich die Frage: »Kommt heute ein Brief?«

Rudolf hatte gemeint, daß Steffi in ihrem Beruf einen starken Halt finden würde, und auch Steffi hatte früher einmal geglaubt, daß die Kunst ein Allheilmittel sei. Aber die Heilkraft, die sich vielleicht bei einem tiefen Leid bewährte, versagte vor der aufreibenden Ungewißheit, dem stetigen Hangen und Bangen, das für jede Hoffnung und für jedes Schrecknis Raum gibt. Gewiß, wenn Steffi eine neue Rolle studierte, wenn sie probte oder auftrat, mußte sie gewaltsam alles von sich fortschieben, was sie bedrückte, durfte sie nichts andres sein, als die Gestalt, die sie darstellte, und obendrein noch ein Wesen, das jedem Heben oder Senken des Taktierstockes gehorchen mußte. Wie sonst wurde auch jetzt von ihr gefordert, daß sie sich selber in eine bunte Welt transponieren sollte, die kein Faden mit ihrem wirklichen Dasein verband. Sie gehorchte, wie alle gehorchten, die auf die Kunst gestellt waren, aber weil sie, um gehorchen zu können, ihre Nerven bis aufs Äußerste anspannen mußte, war der Rückschlag, der dann in ruhigen Tagen kam, um so stärker. Als sie einmal den »Cherubin« singen sollte, bekam sie ohne jede äußere Veranlassung in ihrer Garderobe einen Weinkrampf, denn es kam ihr zu närrisch, zu armselig vor, daß sie, die ihren Mann im Felde hatte, in Trikot und Pagenanzug draußen vor einer Menge umherhüpfen, ihr prahlende und erotische Knabenlieder vorsingen sollte. Die Vorstellung war für ein paar Augenblicke in Frage gestellt, schließlich aber nahm sich Steffi doch zusammen, ließ sich ankleiden und schminken und sang. Ihre Stimme flackerte vielleicht ein wenig, und auch sonst merkte man ihr die Erregung an, aber das Publikum hatte erfahren, was sich in der Garderobe zugetragen, und es gefiel ihm, daß »die kleine Blank« eine so zärtliche Kriegerfrau war. So klatschten sie nach jeder der großen Arien wie in früheren Zeiten, ja noch stärker, und nach jedem Akt und am Schluß gab es Zurufe, die Steffi zwar nicht verstehen konnte, die ihr aber wiederum bewiesen, daß sie noch ebenso populär war wie sonst. Sie kam und dankte lächelnd mit einer graziösen Knabenverbeugung, aber ihr Herz wußte nicht, was ihr Mund tat und sie dachte nur immerfort: »Geht doch nach Hause, ich glaub' es euch schon! Es ist schon gut! Geht endlich nach Hause!«

Nach wenigen Monaten teilte Rudolf ihr mit, daß er Offizierstellvertreter geworden sei. Offizierstellvertreter, – ein langes Wort, das nicht eben einen übermäßig hohen Rang bezeichnete, aber an diesem Tag war Steffi ebenso vergnügt und stolz, wie ihr Mann es war, als er den Brief schrieb. Nie in ihrem Leben hätte sie geglaubt, daß dieses Wort einen solchen Eindruck hervorbringen könnte, aber er war da, und sie fühlte, daß sie ihrem Mann zum Beweis ihrer Freude ein Gegengeschenk machen mußte. Sie fuhr mit den Kindern zum Photographen und ließ ein Bild machen, das sie und die drei Kleinen helllachend zeigte. An den Rand des Bildes aber schrieb sie: »So sieht die Familie eines Offizierstellvertreters aus!«

Rudolf war zuerst im Westen gewesen, dann nach dem Osten geschoben worden, kam wieder zurück nach Frankreich und abermals nach Rußland, und von überall her schrieb er, so oft er konnte, schilderte sein Leben, zeichnete seinen Unterstand, erzählte, was er erzählen durfte von Kämpfen, Siegen oder vergeblichen Anstrengungen. Er vermied jedes große Wort, jedes überschwengliche Gefühl, aber aus jedem Satz merkte man die Entschlossenheit, bei der selbstgewählten Pflicht auszuharren bis zuletzt, daneben freilich sprach auch eine große Sehnsucht nach Frau und Kindern. Sehnsucht rief und Sehnsucht antwortete, und in der Entfernung verklangen Mißtöne, die im täglichen Beisammensein laut geworden, und jedes sah den andern mit gütigeren Augen an als in den Tagen, da sie jede Stunde zusammen geteilt hatten.

Wenn ein Brief oder eine Karte kam, schien jedesmal für ein paar Stunden die Welt in Sonne getaucht, bis dann die quälende Überlegung raunte: »Vielleicht ist alles, was er schreibt, schon nicht mehr wahr! Wer weiß denn, was alles passiert oder passieren kann, bis der Brief, den er hell und gesund schrieb, in meine Hände gelangt!«

Verging aber Tag auf Tag, ohne daß sie Nachricht hatte, dann sah sie wieder voll Reue auf die andern zurück, an denen die Feldpost ihr hold gewesen. Wenn sie aber hörte, daß im Westen oder Osten eine Schlacht im Gang war, dann stand sie mit tausend und abertausend andern unter dem Schwert. Wundervolles Aufatmen, wenn nach solchem Ringen doch wieder eine Karte kam, die verkündete, daß das Schicksal auch dieses Mal gnädig gewesen; fester Vorsatz, sich morgen oder übermorgen der Angst von heute zu erinnern und aus ihrer Grundlosigkeit Kraft zu schöpfen für den Glauben an die fernere Zukunft! Drei-, viermal schon hatte Steffi dies Ringelspiel der Qual erlebt, und schon wollte sich in ihr das alte Vertrauen auf ihre Glückskinderschaft regen, da blieben mit einem Male alle Nachrichten von Rudolf aus. Kurz vorher war der große Vormarsch auf Warschau gewesen, der ergebnislos verlief, und Steffi wußte, daß ihr Mann seit kurzem bei einer der Armeen stand, die nach Polen vordrangen. Sonst hatte er nach jedem Treffen, das er mitgemacht hatte oder von dem er wußte, wenigstens eine beruhigende Zeile heimgeschrieben, diesmal meldete er sich nicht. Tag auf Tag verstrich; kein Zeichen von ihm kam. Steffi lief bei den Verwandten herum, von denen sie wußte, daß sie ebenfalls Angehörige bei den Ostheeren hatten, fragte jede Bekannte, ob sie Nachricht aus dem Felde hätte oder ob Briefsperre sei, aber niemand konnte ihr die Beruhigung geben, nach der sie verlangte. Wieder vergingen Tage in der Pein des Wartens. Steffi lief jetzt aufs Kriegsministerium, fragte in jeder Kanzlei, was sie tun könnte, um Nachricht über das Schicksal ihres Mannes zu erhalten. Man sah Listen nach, blätterte in Büchern, gab ihr Ratschläge und vorsichtige Trostworte, die keinen Sinn für sie hatten. Erschöpft, todmüde und zerschlagen kam sie von all diesen Irrgängen heim, saß in untätigem Hindämmern da, fuhr zusammen, wenn draußen die Klingel ertönte, war einen Augenblick wie erlöst, wenn die verhängnisvolle Depesche nicht eintraf und sank doch wieder wie erdrückt unter dem entsetzlichen Schweigen zusammen, das um sie her stand und das doch vielleicht noch barmherzig war, weil es das letzte Wort verhüllte ... –

Da kam eines Tages ein Brief, der die Marke mit der Helvetia und Klara Horstens Schrift trug. Seit Monaten war es das erste Lebenszeichen, das von ihr kam, und als Steffi die Schrift erkannte, riß sie den Umschlag hastig auf und war so gespannt zu lesen, daß sie sich selbst ganz vergaß. Es war ein kurzer Brief und ganz anders, als Klara sonst zu schreiben pflegte. Man merkte aus jeder Zeile, daß ein scheuer Mensch ihn geschrieben hatte, der sich krampfhaft mühte, nur sachlich zu sein und keinem überströmenden Gefühl Ausdruck zu geben. Sie schrieb, daß sie seit kurzer Zeit wegen ihrer eigenen Gesundheit und wegen des jüngsten Kindes in einem Sanatorium in Davos Aufenthalt genommen habe. Wie lange sie bleibe, wisse sie noch nicht, aber sie wünschte sehr (sehr war zweimal unterstrichen), den Bruder und die Schwägerin wiederzusehen, und sie fragte, ob es ihnen nicht möglich wäre, für einige Zeit oder, wenn es nicht anders sein konnte, nur für einige Tage zu ihr zu kommen. Wenn ihnen Davos zu weit sei, dann könnte man sich ja irgendwo, mehr in der Nähe der Grenze treffen, aber treffen müßten sie sich, denn sie hielte es nicht mehr aus vor Sehnsucht nach den Verwandten. Zum Schluß war sie, wahrscheinlich ohne es zu merken, etwas aus ihrer Scheu herausgetreten, verlangte so inbrünstig nach dem Wiedersehen, daß Steffi es ihr nicht hätte weigern können, selbst wenn sie von Rudolf nicht verpflichtet worden wäre, alles für Klara zu tun, was in ihren Kräften stand. So antwortete sie denn gleich, daß sie sich, sofern es Klara recht sei, in Zürich treffen könnten, fügte hinzu, daß sie freilich mit ihr allein vorlieb nehmen müsse, denn Rudolf stünde schon seit Monaten im Felde. Sie bat um telegraphische Antwort, ob Klara einverstanden sei und an welchem Tag sie Steffi erwarte, – zu ihrem Staunen kam aber kein Telegramm, sondern eine offene Karte, in der Klara schrieb, daß sie nach Zürich fahren werde, um die Schwägerin zu treffen. Steffi sollte nur genau Tag und Stunde ihrer Ankunft mitteilen, damit Klara sie vom Bahnhof abholen könne. Aber schriftlich, nicht telegraphisch!

Zuerst hatte Steffi gemeint, daß diese Reise ihr eine Last sein, daß sie gerade in ihrer jetzigen, angstvollen Stimmung eine Entfernung vom Haus nicht ertragen würde, aber zu ihrem eigenen Staunen wurde sie frischer, je näher die Stunde der Abfahrt kam. Es war wie plötzlich aufflammender Selbsterhaltungstrieb, der sie zur Flucht vor sich selber zwang, in ein fremdes Land, in dem man noch die Sprache des Friedens sprach. Ihr Lebensmut wurde wieder wach, und ob sie sich auch leichtfertig schalt, so spürte sie doch ein kleines Prickeln von Reiselust und Reiseneugier, als sie im Paßbureau stand und ihren Fingerabdruck auf den Paß setzte. An einem hellen Vorfrühlingstage fuhr sie dann die Strecke, die sie in früheren Jahren zur Sommerszeit oft gefahren war, durch das weite, tiefverschneite Allgäu mit seinen uninteressanten Bergformationen, am Bodensee vorbei, an dessen Ufern sich drei Völker friedlich die Arme reichen, hinein in die freie Schweiz.

Bald aber merkte sie, daß auch im Eisenbahnwagen dieses Schnellzugs alles anders war als auf ihren früheren Reisen. Äußerlich freilich hatte sich nichts geändert, aber die selbstverständliche und gleichgültige Unbefangenheit, die sonst jedem Reisenden zu eigen gewesen, war verschwunden, hatte einer merkwürdig lauernden Spannung Platz gemacht. Jeder tat nur so, als ob er sich um den andern nicht kümmere, in Wahrheit blinzelte jeder hinter der Zeitung oder hinter halbgeschlossenen Augenlidern den andern an und erwog bei sich, wer dieser andre wohl sein könnte, ob ein harmloser Mensch, ein verkappter Diplomat oder ein Spion.

Solange man auf deutschem und österreichischem Gebiet fuhr, bot das Leben auf den Bahnhöfen, an denen man hielt, für Steffi kein neues Bild. Die Schweiz aber, nein, die Schweiz hatte sich Steffi gerade in dieser Zeit ganz anders vorgestellt! Sie hatte geglaubt, eine Art Insel der Seligen zu finden, zu der nichts vom Krieg hereindrang, die immer noch das gebenedeite Land des *déjeuner complet*, der Wasserfälle zu einem Franken Eintritt und der Müßiggänger aller Nationen wäre. Aber der Krieg hatte auch das Gesicht dieses politisch unbeschwerten, gastlichen Landes verändert, daß es ernst und wachsam dreinblickte und sein Asylrecht umständlich verklausuliert hatte. Allerdings wurde Steffi an der Grenze nicht hochnotpeinlich untersucht, wie sie gefürchtet hatte, aber schon die starke Ansammlung von Militär, das sich überall zeigte, wirkte hier befremdend, und das gespannte Mißtrauen, das sie bei den Mitreisenden gespürt hatte, lag hier überall in der Luft, wenn es auch niemals greifbare Formen annahm. Wohl redeten auch jetzt noch hier die Zungen aller Völker, aber wer sie hörte, vernahm sie nicht mehr mit dem Gleichmut entschwundener Tage, und wenn er auch keinem Freund oder Feind war, so konnte man doch an einem Husch von Freude oder Ärger, der über sein Gesicht glitt, erkennen, wie er in seinem Innern zu dem Sprechenden stand.

Als der Zug auf dem Bahnhof von Zürich einfuhr, beugte sich Steffi weit aus dem Fenster, um Klara zu erspähen. Sah sie auch gleich und winkte ihr, so lebhaft sie konnte, mit der Hand. Auch Klara hatte die Schwägerin sofort erkannt, aber sie machte nur eine kleine, kaum merkliche Erkennungsbewegung mit dem Kopf, schritt ohne Übereilung dem Wagen entgegen, in dem Steffi am Fenster stand. Ihre gehaltene Art und ihr blasses, blondes Gesicht liehen ihr jetzt eine so starke Ähnlichkeit mit ihrem Bruder, daß Steffi, die sie nun seit Monaten nicht mehr gesehen hatte, davon betroffen und bewegt war und ihre Tränen nicht zurückhalten konnte, während sie die Schwägerin stürmisch umfing. Klara erwiderte die Umarmung, machte sich aber gleich wieder los, blickte scheu um sich und sagte mit gedämpfter Stimme: »Nachher! Wir wollen schnell nach deinem Gepäck sehen und gleich ins Hotel fahren. Das Auto wartet draußen auf uns!«

Auch während der Fahrt ins Hotel sprach Klara nicht viel. Sie saß aufrecht, wie zur Schau, sah teilnahmlos auf die Menschen um sich her, und keine Regung von Freude glitt über ihr Gesicht. Steffi, die über dies Wesen erstaunt war und es sich nicht erklären konnte, sah Klara von der Seite her an und war erschrocken über die Veränderung, die mit der jungen Frau vorgegangen war. Klara war bleich und durchsichtig wie nie zuvor, mit eingefallenen Schläfen und einem gezerrten Zug um die Lippen, der sie alt erscheinen ließ. Ihr Blick war unruhig, wie von einem Menschen, der sich niemals sicher fühlt, und wenn sie, wie sie öfters tat, für eine Sekunde die Lider senkte, dann lag über ihren Zügen eine totenhafte Müdigkeit. Und immer wieder blickte sie, wie eine Verfolgte, nach allen Seiten um, dämpfte die Stimme, vermied jede Bewegung, die irgendeine Deutung zuließ.

Als das Auto vor dem Hotel hielt, stieg sie schnell aus, überließ dem Portier die Bezahlung und ging, als wäre sie allein, die Treppe empor.

Das Hotel war eine der großen Fremdenkarawanseraien, die am See liegen und mit der Stirnseite auf seinen Spiegel und die Bergkette schauen. Klara hatte für sich und die Schwägerin zwei Schlafzimmer und einen Salon gemietet, an den ein kleiner Balkon anstieß, von dem aus man weit übers Land hinsah.

Als sie oben in ihren Zimmern standen, verschloß Klara, noch ehe sie Hut und Mantel ablegte, alle Ausgangstüren, die nach dem Korridor führten, und verhängte die Schlüssellöcher mit Taschentüchern, öffnete dagegen die Verbindungstür der einzelnen Zimmer, so daß sie eine kleine Flucht bildeten, die sich leicht überblicken ließ. Befremdet sah ihr Steffi zu und wußte kaum, was sie von alledem denken sollte, aber schon ließ Klara Hut und Mantel achtlos zu Boden fallen, warf sich Steffi an die Brust und weinte, so ungestüm, so rasend und krampfartig, wie nur ein Mensch weinen kann, der seit langer Zeit jedes Gefühl, jede Träne in sich verschließen mußte …

Erst als sie ganz rot und heiß geweint war, strich sie sich mit ihren mager gewordenen, zitternden Fingern über die Stirn, hielt Steffi ein wenig von sich weg, als müsse sie sich ihren Anblick neu einprägen und sagte tief aufatmend: »Daß ich nur endlich wieder ein deutsches Gesicht sehe! Ein Gesicht, das zu mir gehört! Eine von uns –«

In diesem Augenblick klopfte es an der Tür. Klara fuhr erschrocken auf, und die alte Scheu war wieder in ihren Augen. Sie flüsterte angstvoll, als spräche sie Schreckliches aus: »Es ist der Kellner! Er wird fragen, wo wir speisen wollen. Was tun wir nur? So wie ich aussehe, kann ich ihm doch nicht aufmachen?!«

Trotz aller Erschütterung mußte Steffi lachen

»Was liegt denn an einem Kellner? Ich mache ihm ruhig auf! Willst du unten speisen oder hier?«

Klara stand ratlos, wie vor einem schwerwiegenden Entschluß. Inzwischen klopfte es zum zweiten Male und nun meinte Klara ängstlich: »Mach schnell auf, sonst sieht es auffallend aus!«

Steffi nahm das Taschentuch vom Schlüsselloch weg, öffnete und ein Kellner trat ein, der genau so banal und uninteressiert aussah wie jeder Kellner eines internationalen Hotels. Klara hatte sich abgewandt, so daß er ihr Gesicht nicht sehen konnte, an ihrer Stelle entgegnete Steffi, daß sie das Diner hier oben einzunehmen wünschten, worauf der Kellner verschwand. Klara sagte noch zwei- oder dreimal: »Glaubst du nicht, daß es auffällt? Und ob er wohl etwas gemerkt hat –«

Wieder mußte Steffi lachen.

»Aber Klara, das ist ja wie eine fixe Idee von dir! Erstens ist es ihm sicher sehr gleichgültig, ob wir hier oben weinen oder lachen, und selbst wenn er gemerkt hätte, daß du geweint hast – was liegt daran?!«

Klara schüttelte den Kopf.

»Du weißt das nicht … Du verstehst das nicht … Man wird überall beobachtet, auf Schritt und Tritt … Man ist nie sicher. Ich weiß es, denn ich habe es all die Monate her gespürt … Jeder um einen her ist in irgendeiner Art ein Spion. Alles wird ausgeforscht, alles wird hinterbracht! Man kann nicht vorsichtig genug sein, und auch wenn man es noch so sehr ist – – ich bitte dich, nimm dich zusammen, gib sehr acht, sonst kann man nicht wissen, was geschieht!«

Steffi entgegnete nichts. Sie sah, daß Klara wie unter einem finsteren Bann stand, dem sie nicht entrinnen konnte. Ihr jetzt widersprechen, hieße nur, sie noch mehr beunruhigen und reizen, und so beschloß Steffi, scheinbar auf Klaras Wesen einzugehen und sagte: »Du hast ganz recht, ich werde mich sehr in acht nehmen, damit wir keinerlei Unannehmlichkeiten bekommen. Wir können ja jetzt während des Essens, wo der Kellner ab und zu geht, von ganz harmlosen Dingen sprechen und später, wenn wir wieder allein sind – –«

Da erschien der Kellner wieder, begann den Tisch zu decken und trug alsbald die Suppe auf. Als er gegangen war, sagte Klara hastig: »Solange er serviert, wollen wir nicht vom Krieg sprechen! Überhaupt nichts, was er irgendwie mißdeuten oder weitertragen könnte …«

»Wie du willst!«

Während der Kellner ging, um den zweiten Gang zu holen, fragte Klara: »Wie geht es Rudolf?«

Steffi erwiderte gepreßt, daß es ihm gut ginge, daß sie aber allerdings gerade als sie Klara von dem langen Stillschweigen Rudolfs und der Angst der letzten Zeit sprechen wollte, fiel ihr ein, daß es wohl unrecht wäre, dem verstörten Gemüt Klaras auch noch diese neue Last aufzubürden. Später vielleicht, wenn man sich gründlich ausgesprochen hatte und Klara ruhiger geworden war, mochte sie erfahren, daß ihr Bruder seit Wochen nicht mehr geschrieben hatte, daß er wie verschollen schien … Seltsam! Während Steffi dies schnell überlegte, wurde ihr plötzlich leichter ums Herz, und es kam ihr vor, als ob die Vorstellungen, mit denen sie sich durch all die letzten Tage gequält hatte, unberechtigt, ja töricht gewesen seien. Ihr Lebensmut sprang mit eins wieder hoch auf. Alle trüben Gedanken waren entschwunden, alle Befürchtungen erschienen ihr nur als Ausgeburten schlafloser Nächte. Sicher lebte Rudolf, war gesund … Sicher, sie meinte es deutlich zu fühlen, daß es nur so und nicht anders sein könnte. Ganz warm wurde ihr, als hätte sie starken Wein getrunken, und ganz überzeugt sagte sie: »Jetzt bin ich zwar seit einiger Zeit ohne Nachricht, aber das ist schon oft so gewesen! Es ist ihm bis jetzt immer so gut gegangen, daß ich waghalsig bin und mir denke, daß es auch weiter gut gehen wird! Ohne ein bissel Verwegenheit käme man ja auch daheim nicht über diese Zeit weg! …«

Klara nickte, erkundigte sich, wenn der Kellner ging, nach den andern Verwandten, die im Felde standen, und wenn er kam, sprach sie von den Frauen, die zu Hause pflegten oder sonst einem Liebeswerk nachgingen. In ihrer eben angeflogenen hellen Stimmung fand Steffi diesen Wechsel des Themas, der durch den Kellner bestimmt wurde, sehr drollig, als aber die Früchte verzehrt waren und der Kaffee auf dem Tisch stand, meinte Steffi lächelnd, indem sie über den Tisch weg Klaras Hand ergriff: »So, jetzt haben wir die ganze Zeit für den Herrn Kellner Konversation gemacht, jetzt wollen wir aber auch einmal reden, wie uns der Schnabel gewachsen und wie es uns ums Herz ist! Seit Stunden sitze ich hier mit dir beisammen und weiß noch nichts von dir, gar nichts … Nicht, wie es dir in all der Zeit ergangen ist, nicht, wie du alles ertragen hast!«

Sie sprach noch weiter, berichtete von allen Bemühungen, die ihnen ein Lebenszeichen von Klara hätten verschaffen sollen und die doch alle erfolglos geblieben waren. Sie meinte, Klara müsse nun leidenschaftlich entgegnen, daß auch sie immerfort eine Brücke nach der Heimat gesucht habe, aber Klara blieb stumm, stützte den Kopf in die Hand und sah vor sich hin.

Ihr blasses Gesicht zuckte ein paarmal nervös, und sie hob die Augen nicht vom Boden, als müsse sie von dort ablesen, was die andre hören wollte. Zögernd nur, fast ungeschickt, wie Menschen, die nicht gewohnt sind, sich andern mitzuteilen, kam es dann über ihre Lippen. – –

Es war eine fürchterliche Reise gewesen, bis sie nach Petersburg kamen. Immer wieder hatten sie Stunden oder auch halbe Nächte in den Wartesälen der Bahnhöfe zubringen müssen, denn Fedor hatte sich hartnäckig geweigert, irgend einen deutschen Gasthof aufzusuchen. Erst als sie auf schwedischem Boden angelangt waren, gönnte er ihr und den Kindern den Schlaf einer Nacht, einer einzigen, denn ihn trieb rastlose Ungeduld, daß er so schnell wie möglich daheim und beim Heer sein wollte.

»Er und Olga – du kannst dir nicht denken, wie die beiden waren! Sie waren gar nicht mehr wie Menschen, sondern wie Ekstatische, die weder Essen noch Trinken noch Schlaf brauchen, die ganz aufgehen in ihrem fanatischen Glauben!«

Neben dem Fanatismus war es noch wie Verfolgungswahn über sie gekommen. Überall fürchteten sie Insulten, glaubten sie, daß abermals eine Menge sich zusammenrotten würde, um sie zu bedrohen, ja, um sie ohne weiteres niederzumachen. Verhetzt, halbtot vor Müdigkeit und Aufregungen kamen die Horstens endlich in Petersburg an.

»Petersburg –« Klara schauderte zusammen, da sie das Wort sprach. Sie schloß die Augen, als müsse sie erst Kraft sammeln, ehe sie weiterreden konnte. Die Ankunft in Petersburg war für Fedor ein hinreißendes, für Klara ein entsetzliches Erlebnis. Die mächtige Stadt glich einer trunkenen Bacchantin, aus deren Mund wildes Siegesgeschrei flatterte, während ihr berauschtes Haupt von einem gefährlichen Traum umfangen war. Millionenfach klang das Echo des Siegesschreis aus allen Provinzen des ungeheuren Reiches zurück, denn uralte Verheißung schien sich endlich erfüllen zu wollen. Eisfreie Häfen, in der Ostsee, die heute noch deutsche Namen trugen, würden morgen schon dem russischen Handel dienen, und wie eine Spiegelung ferner und doch erreichbarer Größe schimmerte vor allen Blicken das seit Jahrhunderten ersehnte blaue Meer und das Goldene Horn. –

»Wie es damals in Petersburg war, davon habt ihr keine Ahnung!«

Und als Steffi einwarf, daß man doch immer Auszüge aus russischen Zeitungen gelesen hätte, schüttelte Klara lächelnd den Kopf.

»Armes Kind, man hat euch doch immer nur zu lesen gegeben, was ihr gerne lesen wolltet!«

Damals, als die Horstens in Petersburg ankamen, war es wie am Vorabend eines gewaltigen Triumphs. Der Einbruch in Ostpreußen stand bevor, die Eroberung Galiziens schien nur eine Frage von Wochen. Wie alle rundum wurde auch Fedor Horsten mit fortgerissen und angesteckt von der taumelnden Trunkenheit. Er sah, wie vieles sich in den letzten zehn Jahren geändert hatte, welch ein ungeheures wohlausgerüstetes Heer schon marschbereit stand, während man es draußen, in Deutschland, noch in der Mobilmachung begriffen wähnte, und Stolz überkam ihn, daß er mit diesem Heer ziehen und ein neues Rußland aufrichten durfte. Alles, was früher gewesen und was ihn an früher erinnerte, war wie ausgelöscht, nichts lebte mehr in ihm als der Glaube an Rußlands Größe und der Haß gegen Deutschland. Wenn Klara ihn verzweifelt, mit Tränen in den Augen bat und beschwor, doch an all die Zeit zu denken, die sie in Deutschland gelebt hatten, an das Glück, das er dort gefunden und wie er dies Land als seine zweite Heimat betrachtet habe, entgegnete er: »Das war damals! Damals habe ich geschlafen und heute bin ich aufgewacht!«

»Und du? Was hast du da getan?«

»Was konnte ich viel tun? Ich habe mich mit Worten gewehrt, ich habe ihm gesagt, daß ich an mein Land ebenso fest glaube wie er an das seine und daß es ihnen nie, gar nie gelingen wird, uns zugrunde zu richten … Da ist er zuerst sehr zornig geworden, so zornig, wie früher nie und – –«

Sie brach ab, eine schamhafte Röte bedeckte ihr Gesicht. Steffi machte eine Bewegung des Schreckens, ergriff bewegt Klaras Hände: »Du Arme, du Allerärmste!«

Klara entgegnete nichts. Sie wollte nicht weich werden.

»Das … das hätte ich ihm gern verziehen, das darfst du mir glauben, denn es gab damals keine Stunde, in der er völlig Herr seiner Sinne war! Viel schlimmer war und ist sein Haß gegen uns, der keine Grenzen kennt …«

Jäh war die Vaterlandsliebe in Fedor Horsten erwacht und sie loderte in mystischen Verzückungen.

»Verstehst du denn nicht, daß wir für alle kommenden Generationen den Boden bereiten und ihnen glückliche Lebensbedingungen schaffen wollen?! Bist du denn keine Mutter, daß du nicht einsiehst, wie unsere Söhne ernten werden, was wir, ihre Väter, heute säen?! Für die Zukunft meiner Söhne ziehe ich ins Feld, für meiner Kinder Land –«

Es war eine Erlösung für Klara, als er schon nach wenigen Tagen eingestellt wurde. Wäre er länger bei ihr geblieben, so hätte die Gegensätzlichkeit, die jetzt immer zwischen ihnen war, vermutlich zu einer Katastrophe geführt, nun aber, da er gegangen war, versuchte Klara, sich mit ihrem Schicksal abzufinden, so gut es eben ging. Da sie von ihrem Mann getrennt war, nicht mehr täglich von ihm hören und ertragen mußte, was sie tief verletzte, wollte die Erinnerung an die letzten schrecklichen Tage abblassen, und die Sorge um ihn, der nun in jeder Minute dem Tode gegenüberstand, machte sie wieder weich und gefügig, daß sie nur noch um ihn bangte und nicht länger grollte oder haderte. Auch auf ihn wirkte die Trennung ein, denn täglich schrieb er an seine Frau mit der alten Zärtlichkeit, versicherte, daß ihn ihr und seiner Kinder Bild nie verließe und daß er auf eine nicht ferne, goldene

Zeit hoffe, in der sie miteinander das Glück wieder finden würden, das die wilden Wogen des Krieges verschlungen hatten. Aber neben den Zeilen, die von der alten Liebe sprachen, standen wilde Freudenausdrücke über die Einfälle in Ostpreußen, den Vormarsch in Galizien, die wunderbare Unterstützung, die vom Westen her kam. Er war offenbar in einem ständigen Taumel, überzeugt, daß sich das russische mit dem französischen Heer binnen weniger Monate in Berlin treffen würde, dachte nichts andres mehr, als das Land zu zerstampfen, das so lange ihn und sein Glück getragen hatte.

Er hatte vor seinem Ausmarsch Klara und die Kinder seinen Verwandten übergeben, lauter Menschen, die ihm weder dem Verwandtschaftsgrad noch dem Herzen nach jemals nahe gestanden hatten, mit denen ihn aber plötzlich ein festes Band zu verbinden schien. Sie zeigten sich ihr zunächst nicht eigentlich feindselig, wohl aber herrisch wie nie zuvor und mit einem zur Schau getragenen Mitleid, durch das der Hohn deutlich grinste.

»Armes Täubchen, du kannst von Glück sagen, daß Fedor dich geheiratet und zu uns gebracht hat! Bei euch daheim könntest du jetzt samt deinen Kindern verhungern. Ihr seid jetzt schon arm wie die Kirchenmäuse, und wenn wir weitersiegen, woran gar nicht zu zweifeln ist, dann habt ihr in drei Wochen Hungersnot und in sechs Wochen Revolution!«

Steffi schlug die Hände zusammen.

»Aber da hast du doch gelacht, nicht wahr? Ihnen einfach ins Gesicht gelacht! Weißt du, daß solche Dinge in Zeitungen geschrieben werden, weiß man ja, aber daß vernünftige Menschen sie glauben und sie weitererzählen, das hätte ich nicht für möglich gehalten!«

Klara wollte fragend entgegnen, besann sich aber und sah Steffi nur voll Mitleid und mit der gerührten Dankbarkeit an, die man empfindet, wenn ein andrer eine fromme Lüge spricht, um uns zu schonen. Dann sprach sie weiter, von den Tagen in Petersburg. Fedors Verwandte standen gleich einer lauernden Garde um sie her, spähten in jeder ihrer Mienen, deuteten jedes ihrer Worte, berichteten wohl dem Mann hinaus, daß seine Frau sich nicht so zeige, wie es sich für die Gattin eines siegreichen Offiziers gezieme. Dann kamen Briefe aus dem Feld voll Vorwürfe, voll Anklagen, ja, voll Reue, daß er eine Fremde in sein Haus geführt habe und nicht eine von seinem Volk, die jetzt, in dieser großen, berauschenden Stunde mit ihm zu fühlen und zu jubeln vermöchte.

Steffi war empört.

»Da wäre ich auf und davon gegangen. Nicht eine Stunde länger wäre ich geblieben! Wie kann er verlangen, daß du dich freuen sollst, wenn sie uns zugrunde richten wollen?«

»Auf und davon gehen – ja, das sagt sich sehr leicht! Die Verwandten hätten mich auch nicht gehalten, sie wären wahrscheinlich sogar recht froh gewesen, wenn ich es getan hätte! Aber die Kinder hätten sie mir nie gelassen. Die hätten sie genommen und ihnen alles ausgeprügelt, was sie von mir haben oder was irgendwie deutsch ist! Hätte ich das zulassen dürfen?«

Es war für Klara schwer genug gewesen, zum Entschluß des unerschütterlichen Ausharrens zu gelangen. Immer wieder hatte es in ihr aufgeschrieen: »Geh heim! Bleibe nicht in einem Land, das die Deinen haßt, unter Menschen, denen es eine grausame Freude bereitet, dich zu demütigen und zu quälen!«

Weil diese Versuchung so lockend war, hatte ihr Herz auch gleich eine Entschuldigung für ihre Flucht finden, ihr einreden wollen, daß es eigentlich groß und patriotisch wäre, wenn sie der Heimat zuliebe alles im Stich ließe, wie die Männer es tun, die ins Feld ziehen. Aber eine andre Stimme, die nicht so süß, dafür aber um so eindringlicher redete, hatte gesprochen: »Welch bessere Pflicht hättest du zu erfüllen, als bei deinen Kindern zu bleiben und sie nach Kräften vor dem zu schützen, was sie bedroht?! Der Mann mag alles hinter sich lassen, wenn er ins Feld zieht, weil er dort die größte Aufgabe seines Daseins zu erfüllen hat, welche Pflicht aber triebe dich von den Deinen fort in die Heimat zurück? Die Liebe zu ihr? Die Liebe muß schweigen, wenn eine höhere Pflicht gebietet, und deine höhere Pflicht ist, die Söhne zu bewahren, daß sie nicht völlig in fremdem Einfluß untergehen. Du mußt auf dem Posten bleiben, auf den du gestellt bist, und wenn du ihn verläßt, bist du um nichts besser als der Soldat, der fahnenflüchtig ist!«

So war sie geblieben, obgleich um sie her Haß, Triumph und Verblendung tobten, und sie sich vorkam wie der einsame Wanderer, der aus weiter Flur, fern jedem Gehöft, jeder menschlichen Stimme, von der Meute des wilden Jägers umbellt und umheult wird. Das höhnische Mitleid der Verwandten, die wohl entweder den Zusammenbruch oder die Flucht der deutschen Frau erwartet hatten, verwandelte sich allmählich in bittere Feindseligkeit, die sich zwar nicht in persönlichen Angriffen äußerte, aber Tag für Tag Hiobsposten aller Art zu Klara trug. Bald kamen sie atemlos gelaufen, um ihr von einem neuen, großen Sieg der Russen zu erzählen, bald wurden in Deutschland schon die Fünfzehnjährigen einberufen, dann hatte die Kriegsanleihe mit einem ungeheuren Fiasko geendet, dann wieder stürmten hungernde Hunderttausende das Schloß in Berlin, erschlugen Kaiser und Kronprinz …

Zu Anfang, da sie noch die deutliche Erinnerung an die Begeisterung, an die gläubige Siegeszuversicht in der Erinnerung trug, die sie in den ersten Tagen der Mobilmachung miterlebt hatte, sträubte sie sich zu glauben, was man ihr jetzt täglich vorsagte, konnte es nicht verstehen, wieso das beste Heer der Welt schon binnen weniger Wochen immer wieder geschlagen, und ein so glänzend organisiertes Volk wie das deutsche in einer kurzen Spanne Zeit desorganisiert und in Aufruhr aufgelöst sein sollte. Allmählich aber schwieg die leise Stimme der Erinnerung vor dem Gekläffe und Geheul der wilden Jagd, und voll Zagen sagte sie sich, daß es am Ende doch sein könnte, wie alle um sie her behaupteten. Da war sie in einsamen Nächten wohl voll Verzweiflung über das Geschick der Ihrigen und ihres unglückseligen Landes, aber bei Tag durfte sie keine Tränenspur zeigen, mußte, wenn auch nicht mit freudiger, so doch mit gelassener Miene die Siegesbotschaften vernehmen, mit denen die Hauptstadt tagtäglich überflutet wurde.

Sie wußte aber, daß sie trotzdem von unsichtbaren Spionen umgeben war, deren Machtbefugnisse wohl weit reichten, denn alles, auch das Harmloseste, was sie tat oder sagte, kam der Familie zu Ohren, und nicht ein einziger der zuerst verzweifelten und dann sehr vorsichtig gehaltenen Briefe, die sie an Rudolf oder Steffi geschrieben hatte, war über die russische Grenze hinausgelangt. Da hörte sie auf, zu schreiben, sprach auch kaum mehr ein überflüssiges Wort, und nun nannten die Verwandten sie verächtlich mit dem Wort, mit dem sie alles Fremde bezeichnen, das ihre Sprache nicht versteht: »Die Stumme.« Stumm blieb sie bei allen Greueln, die sie über Deutschland, bei allen Triumphen, die sie von Rußland erzählten, und darum wurde sie ihnen erst recht verdächtig. Unverhohlen sagten sie ihr, daß sie ihr nicht trauten und daß ihr, Klaras Platz, wohl eigentlich in Sibirien sei oder – –

Sie bemühten sich auch, in Fedor den Verdacht zu erwecken, daß seine Frau insgeheim für ihr Land Spionendienste leiste, aber zum allgemeinen Leidwesen ging er auf diese Anklage nicht ein. Die Briefe, die Klara im Lauf der Monate von ihm erhielt, veränderten langsam ihren Ton, sprachen mehr von der Sehnsucht nach ihr und den Kindern als von Triumphzügen, waren nicht mehr von der prahlerischen Zuversicht erfüllt, in der er die ersten geschrieben hatte. Während die Hauptstadt noch immer einer trunkenen Bacchantin glich, schien von ihm, der draußen stand, der schwere Rausch allmählich zu weichen und mit seinen ernüchterten Sinnen begriff er vielleicht, daß er von Klara zwar unbedingte Anhänglichkeit, nicht aber übermenschliche Selbstverleugnung verlangen dürfe …

Von all den verschwiegenen Leiden, der Einsamkeit und der steten Angst, als Spionin denunziert zu werden, wurden Klaras Nerven krank, und der Arzt befürchtete ein ernstes Gemütsleiden, wenn die junge Frau nicht den Aufenthalt wechseln und draußen, in einem friedlichen Land, ärztliche Behandlung und eine Umgebung aufsuchte, die auf ihren Zustand günstig einwirken konnte. Da auch ihr jüngeres Kind an einer hartnäckigen Bronchitis litt, mußten die Verwandten ihren Widerstand aufgeben, zudem Fedor schrieb, daß alles geschehen müßte, was irgend möglich sei, um Klara und das Kind wiederherzustellen. So waren sie in das Sanatorium nach Davos gekommen – –

Geraume Zeit war vergangen, bis Klara dies alles erzählte, und als sie zu Ende war, schwiegen beide eine ganze Weile. Steffi, die jetzt die seltsame Scheu und Ängstlichkeit Klaras begriff, war erschüttert und wußte nicht, was sie der Schwägerin hätte sagen sollen. Sie fragte, weniger aus Neugier, als um das Schweigen zu brechen: »Was ist aus Olga Leonoff geworden?«

Klara entgegnete, daß Olga Leonoff als Pflegerin im Felde sei, und setzte mit bitterem Lächeln hinzu: »Auch dazu haben sie mich nicht gelassen! Am Anfang hätte ich doch so gerne irgendeine Tätigkeit gehabt, durch die ich hätte helfen können – aber nirgends wurde ich angenommen! Überall war ich die Deutsche, die Stumme …«

Steffi mühte sich, ihr zuzulächeln.

»Hier wirst du das Reden schon wieder lernen und nicht mehr überall einen Aufpasser wittern. Du wirst dich erholen und gesund werden und wirst sehen, daß alles anders ist als in dem schrecklichen Land, das dich so elend gemacht hat –«

Da brach Klara in verzweifeltes Schluchzen aus.

»Ja, meine Nerven werden vielleicht ein wenig ruhiger werden, aber sage selbst, wie könnte ich mich wirklich erholen, wenn ich immerfort denken muß, wie fürchterlich es bei uns daheim aussieht und wie schlecht es euch allen geht!«

Steffi sah sie erstaunt an.

»Uns … schlecht gehen? Ich weiß nicht, was du meinst!«

Klara aber schüttelte traurig den Kopf. Zu lange hatte sie abgetrennt von jeder Wahrheit in Feindesland gelebt, als daß sie mit einem Male an Steffis Worte hätte glauben können. Wie auch die Schwägerin auf sie einredete – sie hielt alles für gutgemeinte Lügen und wiederholte immer wieder: »Das sagst du nur, um mich zu beruhigen!«

Schließlich rief Steffi ungeduldig: »Sage mir nur, liest du denn keine Zeitungen?«

»Aus den Zeitungen habe ich doch erfahren, wie elend es um euch steht.«

»Ach Gott, ich meine deutsche Zeitungen.«

Klara sah sie wieder mit dem Blick voll Mitleid an.

»Die lügen ja alle! Das ist eben euer großes Unglück, daß man euch die Wahrheit verheimlicht –«

Wie ein eisernes Band hatte sich die Lüge um den gemarterten Kopf Klaras gespannt und Steffi sah wohl ein, daß es unmöglich war, dies Eisenband mit einem Male zu lösen. Nur langsam konnte es geschehen, vorsichtig, allmählich mußte man die Nägel, die es zusammenhielten, lockern, bis es eines Tags abfiel und den gepreßten Gedanken wieder freie Bahn ließ.

Später standen die beiden Frauen auf dem Balkon, blickten über See und Berge weg, und beiden fiel fast zu gleicher Zeit ein, wie sie vor Monaten alle zusammen friedlich und heiter in Seeon vereint gewesen –

»Wer das damals gedacht hätte!«

»Ja, wer es gedacht hätte!«

Es war selbstverständlich, daß Klaras scheues Wesen sich nicht binnen weniger Tage verändern konnte, aber dennoch sah sie am kommenden Morgen schon ein wenig wohler und heiterer aus, und sie sagte, daß sie in dieser Nacht so gut geschlafen hätte, wie nicht mehr seit Kriegsbeginn. Steffi überredete sie zu einem längeren Spaziergang am Seeufer, und wenn Klara auch auf der Straße nur mit gedämpfter Stimme sprach und sich immer wieder ängstlich umsah, ob man sie nicht belausche oder verfolge, so war ihre ganze Stimmung doch zuversichtlicher, und sie schien nicht mehr unerschütterlich fest von der Zertrümmerung und der Hungersnot Deutschlands überzeugt zu sein. Ja, sie tröstete sogar Steffi über Rudolfs langes Schweigen, von dem ihr Steffi im Lauf der Gespräche nun doch erzählt hatte.

Steffi wäre gerne noch länger in Zürich geblieben, um Klara aufzurichten und um von ihr wiederum Zuspruch zu empfangen, der ihr wohl tat. Aber sie hatte nur für wenige Tage Urlaub bekommen, und auch Klara wollte zurück nach Davos, wo ihre Kinder mit dem Kinderfräulein geblieben waren, quälte sich schon jetzt mit Hirngespinsten, daß die Verwandten am Ende die Kinder heimlich entführen ließen, während die Mutter abwesend war.

Der kurze Aufenthalt im fremden Land, in der neuen Umgebung, hatte Steffi erfrischt. Als sie wieder im Zug saß, begriff sie gar nicht mehr recht, warum sie sich wegen Rudolfs Schweigen so schwer geängstigt hatte. Wenn sie nach Hause kam, würden nahezu fünf Tage verstrichen sein, und es war zehn gegen eins zu wetten, daß in ihrem Zimmer schon ein Brief auf sie wartete. Wie sie das dachte, wurde sie ganz ungeduldig, fand, daß dieser Schnellzug wie ein Bummelzug krieche, und daß es durchaus nicht Mittag oder gar Nachmittag werden wollte, trotzdem man in München noch vor Abend einlaufen sollte. O diese lange, lange Fahrt, in der sie die Zeit auf alle mögliche Weise vertrödelte! Sie kaufte auf jeder Station Zeitungen, die sie gar nicht interessierten, knüpfte im Abteil hastige Gespräche an, die sie schon nach einer Viertelstunde wieder einschlafen ließ, verzögerte sich im Speisewagen, daß sie die letzte war, die ihn verließ, trank dann im Rauchsalon langsam, in ganz kleinen Zügen schlechten Kaffee und qualmte dazu eine Zigarette nach der andern, obgleich sie fühlte, daß es ihrem Hals schlecht bekam. Es war eine Qual, neun Stunden lang in einem Abteil eingesperrt zu sein und wie eine Ware über Land gefahren zu werden, während daheim, auf dem Tisch oder im Briefkasten, das Glückszeichen lag … –

Endlich war die Reise zu Ende. Steffi lief, so schnell sie konnte, zu einem Auto, kam zu Hause an, rannte die Treppe hinauf. Der Briefkasten war leer. Das gab für eine Sekunde eine Enttäuschung, aber was bedeutete schließlich der Briefkasten? Der Posteinlauf, der auf ihrem Schreibtisch lag, war die Hauptsache – – Noch in Hut und Mantel sah sie schnell durch, was in diesen fünf Tagen gekommen war. Geschäftsanzeigen, »Der neue Weg«, eine Einladung zur Generalprobe eines Kino, ein Bettelbrief, eine gleichgültige Mitteilung der Intendanz. Das war alles. Keine Feldpost!

Zwei Tage lang dauerte noch die Ungewißheit, der dritte Tag brachte endlich Klarheit. Steffi war schon sehr früh wach, hörte, wie die Morgenzeitung kam und kurz darauf das kleine, blecherne »Tak«, mit dem ein Brief in den Briefkasten fiel. Sie sprang aus dem Bett, sperrte den Briefkasten auf, lief mit dem Brief in ihr Zimmer zurück, schlug die Vorhänge auf, sah den Brief näher an. Da wurde ihr schwarz vor den Augen. Es war ihre eigene Handschrift, die sie jetzt auf dem Umschlag erkannte. Der letzte Brief, den sie an ihren Mann gerichtet hatte, kam zurück und quer über die Adresse hatte eine fremde, ungeschickte Hand geschrieben: »Ist den Heldentod gestorben.«

Siebentes Kapitel

Nun war Irene von Erhart doch vor Friedensschluß nach Deutschland zurückgekehrt, viel früher und ganz anders, als sie es gedacht hatte. Schon gleich bei der Rückkehr nach Florenz hatte es ihr scheinen wollen, als ob sich auch in ihrer zweiten Heimat allerlei verändert hätte. Überall spürte man eine seltsame Unruhe, eine lauernde Geschäftigkeit, wenn sie sich auch hinter blendendem Lächeln und gefälligen Redensarten verbarg. In dem Kreis, den Irene in ihrem Villino seit Jahren um sich sammelte, hatte man politische Gespräche stets ausgeschaltet, weil Politik für diese Ästheten zu handgreiflich, zu wenig verfeinerungsfähig schien, heute jedoch mied man sie aus Vorsicht, aus Takt, weil man die Hausfrau nicht geradezu beleidigen wollte. Wenn aber doch einmal vom Krieg gesprochen wurde, wenn in jenen Herbsttagen jeder Morgen eine neue Kriegserklärung an Deutschland und Österreich brachte, dann blitzte durch alle scheinbar gleichgültigen Mienen Genugtuung, und überall reckte es sich wie die Schadenfreude eines Niedrigen, der einen Großen in Bedrängnis sieht.

Kein einziger Maler bat Irene in diesem Winter um die Gunst, sie oder Lorenzaccio malen zu dürfen, keine Stanze, die sie verherrlichte, wurde gedichtet, über die Ehrung, die ihr Padua erwiesen hatte, gingen ihre Freunde mit merkwürdig-eiligen Worten hinweg, und der eine von ihnen sagte sogar leise, aber doch laut genug, daß sie es hörte: »*Mi dispiace.*«

Mi dispiace – sie sagten es bei jeder Siegesbotschaft, die aus Deutschland kam. Zuerst hatten sie's nur gedacht, dann geflüstert, nun aber sprachen sie es schon laut, wenn auch noch nicht der Hausfrau keck ins Gesicht hinein. Aber die Unterhaltungen im Villino wurden immer gezwungener, die Geselligkeit immer förmlicher, der blieb aus und jener, und diese und noch eine, und wieder eine, ein Dritter, Vierter, Fünfter …

Irene sah wohl, daß sich alles um sie her veränderte, aber sie erkannte den wahren Grund nicht. Sie bildete sich ein, daß die Menschen um sie her nur von einer, ach! so verzeihlichen Kriegsnervosität befallen seien, und es jammerte sie, daß nun auch die schöne klassische Heiterkeit dieses Volkes dem Werwolf zum Opfer fiel, der durch die Länder raste. Wo waren sie hin, die Frühlingstage von Fiesole und San Miniato, an denen man immer wieder mit den Augen eines entzückten Neophyten die Schönheiten dieser Stadt umfangen und das vom Schauen heiß und müde gewordene Gesicht in Feldern von bunten Krokus und duftenden Hyazinthen barg! Wo waren sie hin, die heißen Sommertage, die man irgendwo an der Küste des blauen Meeres zubrachte, das keinen Sturm kennt und auf dem die Segel der Fischerbarken in der Sonne leuchteten wie riesige Zitronenfalter – – Da war sie in ihren phantastischen Gewändern, von lichten Schleiern umflattert, wie eine Gestalt des Cinquecento gewandelt, umgeben von Seelen, die sie verstanden, mit denen sie nachdenkliche und dennoch zierliche Gespräche getauscht hatte, mit denen sie in eine Welt entflohen war, die nichts von den Härten und dem Kampf menschlicher Geschicke wußte. Wo waren sie hin, diese Tage, da eine Königin an die Frauen aller Nationen purpurne Rosen gleich einem Symbol verschenkte?! Dahin, unwiederbringlich dahin, verdüstert, verjagt, zerschlagen von dem fürchterlichen Hammer, der draußen, jenseits der Grenze, dröhnend auf und nieder ging.

Im wunderschönen Monat Mai war dann Irenens Stellung in Florenz unhaltbar geworden. Selten nur verirrte sich jetzt ein Gast in ihr Villino, und die Dichter, die einst in stolz schreitenden Versen die blonde Schönheit der Fremden gepriesen hatten, sangen jetzt blutrünstig-patriotische Dithyramben. Eines Tags geschah dann noch etwas ganz Unglaubliches: ein untergeordneter Polizeibeamter erschien bei ihr und zitierte sie auf die Präfektur. Dort erfuhr sie zu ihrer Bestürzung, daß sie als Spionin verdächtig war. Es hieß, daß sie auf dem Turm ihres Villino eine Funkenstation eingerichtet habe, die der deutschen Botschaft Nachrichten übermittle und von ihr wiederum chiffrierte Depeschen erhielt. Stundenlang verhörte man sie wie eine Verbrecherin, und als man sie endlich entlassen mußte, weil die Anschuldigung sich als müßiges Geschwätz erwies, da las sie von den Gesichtern des Präfekten und aller Beisitzer wieder das Wort ab, das ihr schon so oft in die Ohren geklungen hatte: *»Mi dispiace!«*

Krank vor Aufregung, Empörung und Schmerz kam sie von dem Verhör nach Hause und mußte einige Tage das Bett hüten; dann reiste sie mit Lorenzaccio ab.

Welch eine Reise! In Eile, kopflos, mit zitternden Händen hatte sie ihre Koffer gepackt, nur mürrisch unterstützt von ihren Dienstleuten, die lieber heute denn morgen aus dem Hause wollten, auf dem der Makel der Spionage lag. Kein Kutscher wollte die Flüchtlinge zum Bahnhof fahren, denn jeder fürchtete, daß ihm die aufgereizte Menge sein Gefährt zertrümmern würde. Mit Mühe und Not fand sich ein Karrenschieber, der gegen Bezahlung eines unsinnigen Preises sich erbot, das Gepäck bei Nacht auf Schleichwegen zur Bahn zu bringen.

In einen großen, dunkeln Mantel gehüllt, das blonde Haar fest unter einen schwarzen Schleier gebunden, schlich Irene, Lorenzaccio ängstlich am Arme haltend, durch Seitengassen dem Bahnhof zu. Unbemerkt und unbelästigt gingen sie dahin, als sie aber um eine Straßenecke bogen, stießen sie mit dem Bäckerjungen zusammen, der ihnen täglich das Brot gebracht hatte. Da er sie erkannte, grinste er höhnisch und rief laut nach der Straße zu, damit alle, die vorübergingen, ihn hören sollten: *»Maledetta Tedesca!«*

Sofort war eine Meute um sie her, schrie ihr häßliche Namen zu, spuckte vor ihr aus, hob drohend die Fäuste. Irene stand hilflos, bebend, hielt nur mit Mühe den Sohn zurück, der sich mit einem Wutschrei und seinen jungen Fäusten den Weg bahnen wollte. Ein Polizist kam herbei, gemächlich, ohne die übliche große Geste oder Erregung. Er tat seine Pflicht, befahl den Leuten, Raum zu geben, winkte sogar einen Wagen heran, dessen Lenker der hohen Obrigkeit gegenüber keinen Widerspruch wagte, aber dies alles geschah so lässig, als sei es ihm eigentlich leid, die Menge in ihrem Vergnügen zu stören, und als wollte er ihr bis zur Erfüllung seiner Pflicht Zeit lassen, die Fremde zu ängstigen und zu verhöhnen. Als der Wagen mit Irene davonfuhr, sah ihm der Polizist kopfschüttelnd nach, wandte sich dann zu der enttäuschten Menge mit einer Armbewegung, die um Entschuldigung bat, daß er die Ordnung gewahrt hatte –

»Mi dispiace!«

Nun saß Irene gleich einer Niobe in Deutschland und begriff nicht, wie dies alles hatte geschehen können. Sie haderte mit dem Geschick, aber viel weniger um ihre persönlichen Erlebnisse, als daß das Land, das für sie der Hort aller Schönheit, aller Kultur, aller Freude gewesen, nun euch zum barbarischen Krieger wurde und zum Verräter obendrein. Doch immer noch zürnte sie weniger dem Verräter als der Gottheit, die den Verrat ihm in die Brust legte, ihn zuließ, und je lauter man um sie her auf ihn schalt, um so überlegener und hochmütiger wurde ihr Schweigen. Zu Anfang hatte sie wohl versucht, vom Überschwang des italienischen Volks zu sprechen, von der Unwissenheit der Nation, die irregeleitet sei, von den »großen Kindern des Südens«, denen man augenblickliche Verfehlungen nachsehen müsse, aber sie hatte bald gemerkt, daß sie mit solchen Entschuldigungen kein Glück hatte, ja, daß man ihr solche Reden verwies oder sich achselzuckend, mit verächtlicher Miene von ihr abwandte. Da hatte sie wieder dies eigensinnige Schweigen, und das höhnische Zucken der Lippen, mit dem sie schon im Herbst jeder Begeisterung begegnet war, wich ihr jetzt kaum mehr vom Gesichte …

Sie war wieder in der Pension abgestiegen, in der sie schon im Vorjahr gewohnt hatte, und meinte dieselbe Stille anzutreffen wie damals. Zu ihrem Staunen war aber die Pension fast völlig besetzt, zumeist von Offiziersfrauen aus den Grenzgebieten oder aus Provinzgarnisonen. Da hatte es sich nur schwer machen lassen, daß Irene auf ihrem Zimmer speiste, und so mußte sie an Mahlzeiten teilnehmen, bei denen kaum ein andres Wort gesprochen wurde als vom Krieg, und sie saß unter Gästen, die mit ihrem Herzen an der Front und durchaus abgeneigt waren, schmerzerfüllte Sehnsuchtsworte für die »Unschuld des Südens« oder bittere Lamentationen über das zerstörte Ideal des Weltfriedens zu vernehmen. Fremder als sie je im fremden Lande gewesen, saß sie an dieser Tafelrunde, begriff nicht, daß man hier mit leuchtenden Augen von Siegen und Gefangenen sprach, und unter dem Wort »Frieden« sich nicht ein Weltschäferidyll, sondern einen Triumph dachte.

Viel weniger noch als die Gäste der Pension verstand sie die eigenen Verwandten. Von den siebenundzwanzig, die zu Kriegsbeginn ins Feld gezogen waren, lagen nun schon drei draußen bestattet, fünf waren teils schwer verwundet, teils standen sie als Wiedergenesende im Dienst, und zu den dreien, deren Grab man wußte, hatte sich noch Rudolf Römer gesellt, wenngleich nähere Angaben über sein Ende nicht erforscht werden konnten. Andre freilich waren mit Auszeichnungen geschmückt, und einer von ihnen war sogar Max-Josephs-Ritter geworden, aber Irene begriff nicht, wie die Verwandten sich über die Erhöhungen freuen und stolz auf sie sein konnten, statt an das teure, vergossene Blut der andern zu denken, die nie mehr wiederkamen. Dann sagte sie wohl zu Steffi, die blaß und still in ihrem schwarzen Kleide dasaß: »Ich verstehe dich nicht! Ich verstehe euch alle nicht, daß ihr so selbstverständlich, so ruhig euer Liebstes dahingebt, und es ganz in der Ordnung findet, wenn euer Mann oder euer Sohn nicht zurückkommt!«

Steffi senkte den Kopf.

»Was sollten wir tun?! Es muß doch sein!«

»Ich könnte es nicht!«

»Du könntest es auch, wenn du einen draußen hättest oder draußen gehabt hättest! Man lernt es, man weiß selber nicht wie. Aber ich habe jetzt immer gesehen, daß die am ungebärdigsten sind, die gar keinen Grund dazu haben …«

Irene entgegnete nichts mehr. Das Wort »ungebärdig« hatte sie verletzt. Es klang so gewöhnlich, schien etwas vorauszusetzen, was doch Irenens überfeinertem Wesen ganz fern lag. Das war ja eben so traurig in diesem Krieg, daß er überall Mißverständnisse schuf! All die Jahre her hatte sich Irene mit ihrer ganzen Familie so gut verstanden, war von ihnen verwöhnt worden, hatte die Verwöhnung durch Liebenswürdigkeit und Güte erwidert, und nun, mit einem Male, stand sie nebendraußen, als gehöre sie nicht mehr zu ihnen, sprach Dinge, die von den andern heftig bestritten wurden, vernahm Ansichten, denen sich ihr Herz verschloß. Wenn sie in der Familie von Rudolf Römers Tod sprachen und sich wehmütig erinnerten, wie er, der verwöhnte, an die Stille und den feinen Reiz seiner Studierstube gewöhnte Mann, freiwillig alles aufgegeben hatte, um Kriegsdienst zu leisten, dann fragte Irene wohl mit dem hochmütigen Zucken um den Mund: »Kann das wirklich ein Kulturziel sein, daß ein Mann von Rudolfs Bedeutung alle vornehmen Gewohnheiten aufgibt, um sich unter Mannschaften zu mischen, um zu töten und getötet zu werden!« Und wenn sie sagten, daß Steffi ihr Los mit einer Fassung trüge, die ihr früher niemand zugetraut hätte, daß sie durch die Schwere der Zeit gereift und vertieft worden sei, dann entgegnete Irene kein Wort, dachte aber bei sich: »Ihr nennt es gereift und vertieft, ich aber meine, daß sie gebrochen ist. Denn ehedem war sie stark und fröhlich, jetzt ist sie demütig und still!«

Sie sah, wie ringsum das Leben trotz des Krieges seinen gewohnten

Gang wieder aufgenommen hatte, wie die angstvolle Spannung der ersten Kriegstage einer ernsten, unerschütterlichen Zuversicht gewichen war. Sie sah, wie das ganze Volk in wunderbarer Disziplin alle Kräfte anspannte, um die wirtschaftlichen Erschütterungen auszugleichen, die es bedrohten. Sie sah, wie es sich ohne Murren allen Beschränkungen fügte, wie es die Milliarden, die es in vierzig fleißigen Friedensjahren gesammelt hatte, voll stolzer Freude vor der Regierung ausschüttete, nicht wie eine Opfergabe, sondern beglückt, daß es dem Vaterlande helfen und die Prophezeiungen der Feinde zunichte machen durfte. Sie sah es und sah es doch nicht, wollte es nicht sehen. Wie Pilger in selbstquälerischer Buße mit geschlossenen Augen nach Rom zogen, sich den Anblick von Italiens Herrlichkeit verwehrend, so schritt sie mit verschlossener Seele an den Wundern vorbei, die sich offenbarten, verstrickte sich immer tiefer in den Irrtum ihrer Kälte und ihres Hochmuts, glaubte nicht, wollte nicht glauben, daß auch ihre Stunde einmal käme – –

Gegen alle um sie her stand sie hochmütig und gefestigt, aber wenn sie Lorenzaccio ansah, befiel sie eine seltsame, angstvolle Unruhe, die sie vor sich selber verleugnen wollte. Er hatte sich in diesem letzten Jahr merkwürdig verändert, war noch in italienischen Wintertagen aus den Pagenkleidern nicht nur äußerlich herausgewachsen, und hörte absichtlich nicht hin, wenn die Mutter ihn »Lorenzaccio« rief.

»Wirklich, Mama, du mußt dir diesen kindischen Namen jetzt abgewöhnen! Das war ganz gut, solange ich weiße Höschen trug und ein kleiner, hübscher Bub' war! Aber jetzt möchte ich doch einmal so heißen, wie ich getauft worden bin!«

»Dein Vater und ich haben dir deinen Namen zu Ehren des Mediceers gegeben –«

Er zuckte ungeduldig mit den Achseln.

»›Lorenzaccio‹ mag ich nicht mehr heißen! Ich heiße Lorenz, und du mußt mich so rufen, sonst hör' ich nicht! Ich höre nicht, auch nicht, wenn du sehr böse wirst …«

Er stand vor ihr, groß und schlank, nicht mehr mit den tief herabfallenden Ringellocken und der einschmeichelnden Gebärde, sondern als ungestümer Jüngling, der war und sein wollte, wie es seinen Jahren zukam.

Seine Bewegungen, die noch gestern die weiche Grazie italienischer Kinder gezeigt hatten, waren jetzt eckig, hastig und alles eher, denn anmutig. Seufzend und hilflos stand Irene vor ihm, wie alle Mütter stehen, denen im Sohn plötzlich die erwachende Männlichkeit gegenübertritt.

Der Mann erwachte in ihm – das war ein Naturgebot und wäre vermutlich in dem Lande, das allen natürlichen Dingen so unverbildet gegenübersteht, sowohl für ihn wie für seine Mutter ohne besonderen Konflikt abgelaufen. Aber da war noch etwas anderes, etwas, was schwerer wog, als daß er nicht mehr Lorenzaccio sein und kindlich am Arm der Mutter hängen wollte. Der junge Deutsche erwachte in ihm, denn alles, was er im Herbst in München gesehen hatte, war in seinem Hirn lebendig geblieben und wanderte nun von der Knabenerinnerung hinüber in das Bewußtsein des Jünglings. Während in Florenz im Hause seiner Mutter kaum von den Tagesereignissen gesprochen wurde, kaufte er, zu Irenens Schmerz, Zeitungen in allen Sprachen und sagte bei jedem deutschen Sieg frohlockend: »Die haben wir wieder ordentlich verprügelt!«

Irene wehrte ihm mit mahnenden Worten solch rohe Sprache, sagte wohl auch: »Laß das Zeitunglesen und das Politisieren, das ist nichts für Kinder!«

Da bekam er einen roten Kopf und entgegnete heftig: »Behandle mich doch nicht immerfort als Kind! Ich bin sechzehn Jahre alt und da weiß man schon, was man sagt und will! Daheim, in Deutschland, ziehen sie in meinem Alter schon ins Feld!«

Sie erschrak, wollte ihn von dem Gedanken ablenken, den er ausgesprochen hatte.

»Nein, du bist kein Kind mehr und ich habe nichts dagegen, daß du die Zeitungen liest! Aber sei vorsichtig, wir leben, Gott sei Dank, in einem neutralen Land!«

»Der Teufel soll sie holen, samt ihrer Neutralität! Das ist eine feige Gesellschaft, die – –«

»Wenn du so weitersprichst, werde ich dir in allem Ernst die Zeitungen verbieten!«

Er entgegnete trotzig: »Dann kauf ich sie mir heimlich! Ich habe noch nie etwas hinter deinem Rücken getan, aber wenn du mich zwingst – Ich lasse mir die Zeitungen nicht verbieten, wenigstens die nicht, die für uns sind und in denen die Wahrheit steht!«

Sie lächelte bitter und überlegen.

»Was ist Wahrheit?«

Er sagte grob: »Ich weiß schon, was Wahrheit ist!« Und eindringlicher, fast flehend setzte er hinzu: »Aber daß du es nicht wissen willst, Mutter, daß du dich so von allem abschließt, was dort die ganze Welt bewegt und erstaunt –«

Sie schnitt ihm mit einer Handbewegung die Rede ab.

Dann kam die Flucht aus Florenz, die Straßenszene mit der johlenden Meute. Fest eingebrannt, wie alle ersten Eindrücke, stand sie im Hirn des jungen Lorenz, und während Irene nur zögernd und beschämt antwortete, wenn sie über diese letzten Wochen und Tage in Italien befragt wurde, berichtete er mit grimmiger Ausführlichkeit und den derben Worten, die junge Leute lieben, was ihnen in Florenz widerfahren war. Zu Irenens Entsetzen schrie er wie triumphierend die Summen aus, mit denen Politiker bestochen, die Schulden pathetischer Dichter bezahlt, spontane Kriegsbegeisterung gekauft worden war …

Wenn dann alle über ihn und seine jugendliche Heftigkeit lachten, zog Irene die Stirne in Falten und sagte: »Was jetzt geschehen ist, ist gewiß unverantwortlich, aber das Volk trägt keine Schuld! Dem Volk bleiben wir alle immerfort verschuldet. Was es uns war, was sein Land uns gegeben hat, kann nie ausgelöscht werden!«

Lorenz rief mit blitzenden Augen: »Ich vergesse ihnen nichts, das darfst du glauben, nichts, gar nichts! Und ich warte nur auf den Augenblick, wo es ihnen heimgezahlt wird!«

Immer weiter schritten Mutter und Sohn auseinander. Der junge Lorenz sog voll tiefer Lust die Luft ein, die durch Deutschland wehte. Dann lernte er bei einem seiner Vettern einen Gymnasiasten kennen, den Sohn einer Generalswitwe, die fünf Söhne ins Feld geschickt und schon zwei davon verloren hatte. Viktor von Kuhn war das jüngste Kind seiner Mutter, aber trotz des Verlustes der älteren Söhne hatte sie ihm versprochen, daß auch er sich zum Heeresdienst melden dürfe, sobald er sechzehn Jahre zählen würde. Voll Bewunderung und Neid sah Lorenz in diesem Altersgenossen verkörpert, was er selbst noch nicht einmal zu träumen, geschweige denn zu verlangen wagte. Nun schlang sich schnell eine Freundschaft zwischen den beiden jungen Leuten, und Irene konnte ihr nicht wehren, denn gegen den jungen Viktor ließ sich nichts einwenden, als daß er in militärischer Tradition erzogen und zum Kriegsdienst bereit war.

Nun war ihr Sohn mehr bei dem Freunde als bei ihr zu Hause. Eines

Tages traf sie die beiden auf der Straße, wie sie neben einem Trupp ausziehender Soldaten hermarschierten und im Chor das Lied der Scheidenden mitsangen. Barhäuptig liefen sie neben ihnen her und ihre noch knabenhaften Stimmen stiegen über die rauheren der Männer wie zwei jubilierende Vögel empor: »Siegreich wollen wir Frankreich schlagen, sterben wie ein tapferer Held.«

So hell und jauchzend klang es von ihren Lippen, daß manch einer, der vorüberging, sich bewegt nach ihnen umwandte, Irene aber sah ihren Sohn an wie ein fremdes Wesen, das sie erschreckte, und kein Lächeln war auf ihrem Gesicht, als sie ihm und Viktor den Gruß dankend erwiderte.

Als er nach Hause kam, fragte sie ihn vorwurfsvoll: »Du betonst immer, daß du kein Kind mehr bist! Schämst du dich da nicht, wie ein Gassenjunge bloßhäuptig und johlend auf der Straße einherzulaufen?«

Er schüttelte den Kopf.

»Wenn man neben den Soldaten herläuft, braucht man sich nie zu schämen, und wenn man der König wäre!«

An diesem Abend brach es dann aus ihm heraus, was sie schon lange gefürchtet hatte. Er wollte ins Feld. Er wollte nicht hinter Viktor zurückstehen, der erst in etlichen Wochen das sechzehnte Jahr vollendete, während er, Lorenz, den sechzehnten Geburtstag schon hinter sich hatte. Er sprach Worte, wie sie in dieser Zeit alle deutsche Jugend sprach, überschwengliche Worte, die aber tief ergreifend wirkten, weil hinter ihnen die Todesbereitschaft stand. Irene aber war nicht erschüttert, denn sie glaubte sich stark genug, um diesen Jüngling zu halten und seinem Drängen nach dem Schlachtfeld, nach dem Heldentod, mit ihrem mütterlichen Machtwort zu wehren. Sie sagte: »Schlage dir diesen Gedanken aus dem Sinn! Niemals werde ich dir dazu die Erlaubnis geben! Wenn du das militärpflichtige Alter hast und sie holen dich mit Gewalt weg, dann muß ich mich fügen! Aber mein Sohn wird mit meiner Einwilligung niemals Kriegsfreiwilliger sein! Hörst du, niemals!«

Er war wohl darauf vorbereitet, daß sie nicht gleich einwilligen würde und darum verlor er den Mut nicht, fing an, ihr Vorstellungen zu machen, zu bitten, meinte sie zu überzeugen, wenn er sagte: »Die Generalin von Kuhn hat schon zwei Söhne verloren und doch erlaubt sie dem jüngsten, daß er fortzieht –«

»Du bist mein Einziger. Was hätte ich auf der Welt, wenn ich dich …« Sie sprach das Wort nicht aus, denn nun war sie doch überwältigt vom Gefühl, dachte für einige Sekunden nicht an ihre Weltanschauung und an ihren Abscheu, sondern nur, daß ihr einziges Kind von ihr fortwollte, daß es vielleicht sterben könnte … Sie preßte wie in großer Angst die Hände ineinander und wiederholte leise, gleich einer Bitte: »Mein Einziger bist du; daran mußt du denken!«

Nun fand er die Zärtlichkeit wieder, mit der er sie früher entzückt hatte, küßte ihr Hände und Gesicht, nannte sie mit süßen Namen, war fiebernd vor Rührung und freudiger Hoffnung, denn er meinte nicht anders, als daß ihr Widerstand nur aus ihrer Mutterliebe herkäme. Er bat: »Mutter, liebe Mutter, du wirst doch gewiß nicht kleiner sein als so und so viele andre Mütter, die auch ihren Einzigen hergeben!«

»Ich bin nicht kleiner als sie, aber anders!«

Die Weichheit der Minute war bei ihr verflogen, hatte der Besorgnis Platz gemacht, daß Lorenz die flüchtige Schwäche seiner Mutter ausnützen, ihr ein Jawort abringen könnte, das sie vielleicht als Frau, nimmermehr aber als Friedenssucherin geben durfte. Sie fügte hinzu: »Was die andern tun, gilt mir gleich! Ich bin nun einmal weder eine Spartanerin noch das, was man hierzulande ein Heldenweib nennt!«

»Du bist eben keine Deutsche!«

Sie spürte die Anklage, die in seinen Worten lag, war einen Augenblick verwirrt und wußte nicht, wie sie sich wehren sollte. Da versuchte er noch einmal einen Ansturm und meinte, es müsse ihm doch gelingen, die Mutter umzustimmen oder wenigstens für eine Umstimmung den Boden vorzubereiten.

»Mutter, ich muß mit den andern fort! Gerade jetzt, wo es gegen die Bande da drunten losgeht! Denke doch daran, wie es in Florenz war, und was wir da erlebt haben. Beschimpft und verhöhnt haben sie uns, nur weil wir Deutsche sind! Und das sollen wir uns ruhig gefallen lassen?«

Sie lachte bitter auf.

»Gefallen lassen? Beruhige dich, das Morden hat ja bereits auch da unten seinen Anfang genommen. Es geht auch ohne dich –«

Seine Augen flammten –

»Jawohl, Hunderttausende ziehen hinunter, die noch nicht einmal aus eigener Anschauung wissen, wie erbärmlich das Gesindel ist, gegen das sie geführt werden! Und wir, die wir es am eigenen Leib erfahren haben, wir sollen daheim sitzen bleiben und unsre Wut von den andern ausfechten lassen?! Mutter, ich muß fort, ich muß …«

»Denke nicht immerfort nur an diese letzten, schrecklichen Tage! Erinnere dich auch der schönen Zeit, die wir im Süden verbracht haben –«

Er wehrte trotzig ab.

»Ich weiß nichts mehr als den Tag, an dem sie vor dir ausgespieen haben! Eher lasse ich mir die Hand abhacken, ehe ich sie je wieder einem Italiener gebe!«

Schaudernd verbarg sie das Gesicht in den Händen. Da war es nun, was sie bebend geahnt und mit aller Kraft hatte hindern wollen. Ihr Sohn, den sie zum Weltbürger bestimmt hatte, rief nach dem Schwert, wollte es gegen alles erheben, was ihr so lange heilig war … – Unablässig erneuten sich jetzt diese Auftritte zwischen Mutter und Sohn. Immer weniger verstand Irene ihr Kind, verletzte bald sein vaterländisches Empfinden, bald die übergroße Reizbarkeit seiner Jahre, indem sie, wenn er ins Feld drängte, ihn wie einen Knaben behandelte, dem man einen törichten Wunsch lächelnd oder streng verweigern muß. So wenig begriffen sie einander, daß für Stunden ein großer Haß zwischen ihnen stand, wie er zuweilen zwischen heranwachsende Söhne und die Mutter tritt. Als nun gar erst Viktor von Kuhn am Tag nach seinem sechzehnten Geburtstag sich melden durfte, kam sich der junge Lorenz wie ein Enterbter vor. Geschulmeistert und in lächerlicher Weise gegängelt erschien er sich neben dem Freunde, und an den Augenblick, wo Viktor ins Feld ziehen würde, vermochte er nicht zu denken. Da verwirrte sich sein Sinn wie vor einer unlösbaren Aufgabe. Der andre im Feld und er bei der Mutter daheim, wie ein braves Bübchen, das man nicht von der Hand läßt – nein, das durfte nicht sein, durfte niemals sein … –

In seiner Bedrängnis suchte er nun Hilfe bei den Verwandten. Lief von einem zum andern, bettelte um ihre Fürsprache bei der Mutter, um Einfluß auf sie, dem sie sich, so meinte er, auf die Länge doch nicht entziehen könnte. Alle waren ergriffen von seiner begeisterten Hingebung, aber sie sagten ihm dennoch, was Irene damals in ihrer Angst gesagt hatte: »Bedenke, daß du ihr Einziger bist!«

Er wiederholte: »Andre Mütter geben auch ihren Einzigen her!«

»Ja, aber sie tun es freiwillig! Die ganz großen Opfer müssen von selbst gebracht werden; zureden kann man da nie, denn keiner von uns könnte es vor deiner Mutter verantworten, wenn dir etwas zustößt!«

So ging er von den Verwandten trostloser, als er gekommen war. Keiner von ihnen allen konnte oder wollte ihm helfen, und er begriff ganz gut, daß sie die schwere Verantwortung scheuten. Nur eine hätte ihm helfen können: seine Mutter. Sie verstand ihn aber noch weniger als alle andern, begriff nicht, daß er seinem Kriegertum mit eben der Inbrunst nachhing, mit der er vielleicht in andern Zeiten dem Gedanken an irgendeine Frau angehangen hätte. So blieb er in den ersten, großen Stürmen seiner Jünglingsseele einsam, näherte sich, da keiner das erlösende Wort zu ihm sprach, Gedanken, deren Überschwang ihm wohl gefiel, spielte mit der Vorstellung exaltierter Entschlüsse, die jeden Widerstand brechen und ihm das Schicksal gewähren sollten, das er ersehnte. – –

Achtes Kapitel

Wochen waren vergangen, seitdem die Kunde von Rudolf Römers Tod eingetroffen war, aber weil kein andres Zeichen seines Sterbens nach Hause gelangte, als die quer überschriebene Adresse des zurückgegangenen Briefes, hatte Steffis rührende Hoffnungsseligkeit immer noch nicht endgültig verzichten wollen. Vielleicht, vielleicht war das unmöglich Scheinende dennoch möglich ... Vielleicht, vielleicht beruhte alles auf einem Irrtum, lebte Rudolf doch noch und war nur außerstande, Nachricht zu geben. Solche Hoffnung war nicht so töricht, wie sie vielleicht zuerst erschien, denn immer wieder hörte und las man von Fällen, in denen totgemeldete Krieger plötzlich wieder Kunde von sich gaben. Konnte, ja mußte man da nicht eigentlich an eine Falschmeldung glauben und im Herzen Hoffnung hegen, wenn man sie auch nicht auf die Lippen ließ?! Steffi hoffte, und weil sie hoffen wollte, war sie immerfort auf der Suche nach einer Spur, die zu Rudolf hinführen konnte. Immer wieder lief sie zu allen Verwandten, die irgendwelche militärischen Beziehungen hatten, spürte jeden Offizier, jede Mannschaft aus, die aus dem Osten zurückkam oder deren Verwandten Nachricht von dort erhielten, war täglicher Gast in allen Bureaus und Schreibstuben, die sich mit der Auffindung von Vermißten beschäftigten, ging fragend im Kriegsministerium von Türe zu Türe – – Immer wieder sagte sie mit Herzklopfen und einem angstvollen Flattern in den verweinten Augen: »Ich habe nur diesen Brief bekommen, sonst gar nichts. Und da denke ich mir immer, daß es am Ende doch sein kann ...«

Wie dankbar war sie, wenn ein paar Worte ihre Zuversicht ermunterten und wie schrecklich schwer war es, als die Gesichter im Kriegsministerium ernst, fast stumm blieben, weil keiner der jungen Frau sagen wollte, was sie über diese Todesnachricht, der nichts andres mehr gefolgt war, dachten. Vielleicht von einer Granate in unkenntliche Stücke zerrissen ... vielleicht unter höllischem Feuer vor einem feindlichen Graben ungeborgen liegen geblieben, vielleicht in einem Gebüsch verblutet, ohne daß einer ihn je wiederfand ...

Zu Anfang, als ihre Hoffnungsfreudigkeit noch stärker leuchtete, dachte Steffi an solche Möglichkeiten nicht, wollte geflissentlich nicht an sie denken. Allmählich aber erfaßte sie, was all diese schweigsamen Gesichter meinten und verschwiegen, und nun begann für sie jene Marterzeit, die nicht einmal der ermessen kann, der um einen Toten weint, sondern nur der, dessen Herz einmal draußen, in der weiten Welt, einen Verschollenen suchte. Denn es gibt wohl Worte, die eine größere Tragik umschließen, aber keines, das so armselig, so trostlos wäre, wie das Wort »verschollen« – –

Da kam aber eines Tages eine Nachricht, so seltsam und beglückend, daß Steffi zuerst nicht daran glauben konnte, obgleich es schwarz auf weiß vor ihren Augen stand. Es war das Schreiben eines Arztes aus einem Lazarett nahe bei Wilna, und er teilte Steffi mit, daß ihr Mann schwer verwundet in russische Gefangenschaft geraten, unfähig sei, selbst die Feder zu führen, sich aber guter Pflege erfreue. Er, der Verfasser dieses Briefs, habe den Verwundeten in Obhut und er werde für ihn alles tun, was in seiner Macht stünde. Er gehorche aber damit nicht nur dem Gebot der Menschlichkeit, zu dem ihn sein Beruf verpflichte, sondern er trage auch damit gewissermaßen eine Dankesschuld ab, denn er hatte Steffi vor etlichen Jahren, als sie ihre russische Tournee machte, singen gehört, und er dankte dem Zufall, der gerade ihm den Gatten der entzückenden Sängerin zugeführt habe. Als Steffi zu Ende gelesen hatte, überkam sie eine köstliche Schwäche. Sie schloß die Augen und gab sich ganz dem Gefühl einer wonnigen Auflösung hin. Es war ihr, als säße sie in einem Zimmer, in dem unaufhörlich, von allen Seiten her, müde, warme Lichtwogen auf sie einströmten, und sie dachte eine Minute lang: »Jetzt möcht' ich sterben! Jetzt hinübergehen, – denn was kann man nach solch einer Stunde noch erleben, das nicht grau und enttäuschend wäre?« Dann aber sprang sie mit einem Ruck empor, reckte die Arme zum Himmel, als könne sie sich nicht fassen vor Kraft und Freude. Nein, nicht sterben, sondern leben, jetzt erst recht leben und ihn wiedersehen – – Sie überlas den Brief wieder und immer wieder, und es kam ihr erst jetzt zum Bewußtsein, daß er nicht nur freudige Überraschung erzählte, sondern auch von einem gefährlichen Bauchschuß und anderen ernsten, wenn auch nicht direkt lebensgefährlichen Verletzungen sprach. Schließlich aber wurde der Schatten samt aller Angst doch wieder vom Licht verschlungen und es litt sie nicht länger im Hause, sie mußte fort, mußte zu jedem der Verwandten eilen und in glückseliger Aufregung berichten, was in dem Brief stand. Alle teilten ihre Freude, lächelten freundlich über die kleine Zufallsarabeske, daß Rudolf Römer einem Verehrer von Steffis Kunst anheimgegeben war, und Steffis Selbstgefühl, das sich seit langem verkrochen hatte, hob sich wieder ein wenig, da ihre Kunst in der Erinnerung eines Mannes fortlebte, der tausend Meilen entfernt saß.

Steffi schrieb nun täglich an ihren Mann und erhielt auch noch einige Male Nachricht durch den Arzt. Nun wurde sie allmählich wieder unruhig und sorgenvoll, denn der Arzt berichtete niemals von fortschreitender Besserung. Dann blieben die Briefe aus Rußland plötzlich aus. Blieben Wochen, Monate, ein Vierteljahr aus. Steffi flehte um ein Lebenszeichen, beschwor den Arzt, ihr eine Zeile zu senden, so schrecklich sie auch lauten möge, – Antwort erhielt sie nicht. Wieder vergingen Wochen, Monate und das zweite Vierteljahr neigte sich seinem Ende zu. Inzwischen war der russische Festungsgürtel von den deutschen Heeren gesprengt worden, und es war anzunehmen, daß die Russen ihre Gefangenen längst in das Innere des Landes, wenn nicht gar nach Asien geschleppt hatten, in unwirtliche Gegenden, die aller europäischen Zivilisation bar und von Fiebern durchseucht waren. Da sargte Steffi ihre letzte, kümmerliche Hoffnung ein, so wie ihr Mann wohl in irgendeinem Winkel Rußlands eingesargt lag.

Nun saß sie zum ersten Male, seitdem er gegangen war, an seinem Schreibtisch, auf dem alles genau so geblieben war, wie er es verlassen hatte. Sie glitt mit der Hand über Aufzeichnungen, die er gemacht, über Gegenstände, die er berührt hatte, und die Erinnerung an ihn wurde so lebendig, daß sie unwillkürlich aussah, ob er nicht eintreten und mit seinem etwas spöttischen Lächeln fragen würde: »Steffi, was machst du da unter lauter Sachen, von denen du nichts verstehst?! …«

Nun hielt sie die Tagebücher in der Hand, die Rudolf seit seiner frühen Jugend geführt hatte. Sie erinnerte sich wohl, daß sie in der ersten Zeit ihrer Ehe einmal in seinen Knabenaufzeichnungen geblättert hatte, aber sie wußte nicht oder hatte vielleicht vergessen, daß er diese Tagebücher bis zum Tag seines Ausmarsches fortgesetzt hatte, wenngleich die Ausdrucksform im Lauf der Jahre immer aphoristischer geworden war. In der Zeit, da Rudolf Römer seinen Unmut über die beabsichtigte Amerikafahrt in diese Blätter eintrug, hätte Steffi nichts von ihnen verstanden, hätte sie kopfschüttelnd beiseite gelegt und gedacht, daß solch ein gelehrter Mann ein sehr kompliziertes Gattungsexemplar sei … Heute aber besaß sie die Augen, die zu solcher Schrift taugten, und so erstand vor ihr aus seinen Tagebüchern der Tote so lebendig, daß sie meinte, ihn mit Händen greifen zu können und dennoch so, wie sie ihn nie erkannt hatte. Er stand vor ihr als der junge Hochschullehrer, vor dem eine glänzende Zukunft lag, dann als der verliebte Mann, dem es die Stimme und der Lebensmut von Steffis Jugend so sehr angetan hatten, daß er nicht mehr von ihr lassen konnte. Sie sah den Kampf mit seiner Familie, den Konflikt, den er zwischen Liebe und Universität auszufechten hatte, und wie er mit einer fast unverständlichen Selbstverleugnung sein Amt niederlegte, damit Steffi bei der Bühne bleiben konnte. Voll Rührung sah sie es und las weiter, wie schwer ihm später das Opfer erschien, das er mit lächelndem Munde gebracht hatte und über das er in all den Jahren seiner Ehe nie mehr ein Wort verloren hatte. Sie hörte, wie er aufschrie nach der Gemeinschaft mit der Jugend, von der er sich seiner Frau zuliebe abgesperrt hatte, wie sein Sinn an der Aula hing, in der die Wissenschaft seine Kollegen zusammenschloß, indessen er einsam vor den Toren stand. Beklommen und beschämt erfuhr sie zum ersten Male, wie ihr Mann unter ihrer naiven Selbstsucht gelitten hatte, wie tief und schmerzhaft er es empfand, daß er das beste Teil seines Wesens nicht hatte ausleben können, daß er für sie und für die andern rundum der Mann im Schatten blieb. Alle Lieblosigkeiten, all die kleinen Herzlosigkeiten, mit denen sie ihm im Lauf der Jahre wehe getan, waren da zwar nicht in Worten genannt, aber sie spiegelten sich so deutlich in jeder der scheinbar allgemein gehaltenen Tagesaufzeichnungen wider, daß es Steffi war, als müsse sie sich irgendwo verbergen vor den Anklagen, die aus diesen Blättern ertönten. Die Tragödie der Selbstverleugnung war es, die sich da enthüllte, von der sie nichts geahnt hatte, obschon sie Jahr um Jahr an der Seite dieses Mannes gelebt und ihm drei Kinder geboren hatte. So fremd war sie ihm geblieben, so ausschließlich hatte sie nur an sich gedacht, daß sie niemals merkte, wie sie ihm die Lebensquelle abgrub, ihn zu langsamem Verdorren zwang. Und er, er hatte nie gesprochen, nie geklagt, nie abgerechnet, ob der Einsatz seines Lebens auch den Preis lohnte, den er erhielt. Aufgeopfert hatte er sich, und wofür – –?

Wie Steffi sich dies fragte, stieg es ihr gallbitter zum Halse empor und sie höhnte sich selber: »Wofür? Für ein Ding, das gerade ausreicht, um in müßigen Zeiten eine müßige Menge zu entzücken, nach dem aber, sobald die Welt Taten fordert, kein Mensch mehr frägt! Für eine Sängerin mit halber Gage, die in ein paar Jahren, wenn sie für das Soubrettenfach zu alt geworden ist, keinen Übergang und keine Beschäftigung mehr findet!« So geringfügig, so leicht zu vergessen stand sie im Gedächtnis der Menschen, daß nicht einmal der Arzt ihr Antwort auf ihre flehenden Briefe gab, trotzdem er in seinem ersten Schreiben so schmeichelhafte Redensarten gefunden hatte! Redensarten – das war es, worauf das Dasein ihres Wesens, ihres Berufes aufgebaut war! Gesprochene, geschriebene, geklatschte Redensarten; – sobald es ernst wurde, waren sie verstummt, vergessen! Und dafür hatte ihr Mann sich aufgeopfert, darum hatte er fortgedrängt zu der Gemeinschaft der Jugend, mit der er alle Gefahren teilen wollte, darum hatte er aus allen Entbehrungen, aus allem Grauen heraus immer so fröhlich geschrieben und sich im Schützengraben wohler gefühlt als bei ihr daheim … –

Sie verschränkte die Arme über den Tagebüchern, die vor ihr lagen, preßte das Gesicht darauf und weinte. Es war nicht mehr das unaufhaltsame, fassungslose Weinen, das Rudolf mit den Tränenströmen griechischer Nymphen verglichen hatte; es war das leise, bitterliche Weinen nutzloser Reue. Denn über allem, was sie jetzt dachte, empfand oder wollte, stand das Wort: »Zu spät!«

* * *

Nun war Irene von Erhart mit der Neueinrichtung ihres täglichen Lebens beschäftigt, das allmählich aus dem Interimszustand des Flüchtlingdaseins in dauernde Formen gebracht werden mußte, wie Irene sie gewohnt war und liebte. Sie verging fast vor Sehnsucht nach dem eigenen Heim, in dem alles für sie bestimmt und nach ihrem Geschmack abgetönt war, und auch für den Sohn fand sie das Leben ohne feste Häuslichkeit unvorteilhaft. Er war hier zu viel von fremden Einflüssen umgeben, erschloß sich ihnen zu schnell, wie es in seiner Jugend lag, so daß die Autorität der Mutter zu wanken begann, weil sich um sie eben nicht die ehrwürdigen Mauern des eigenen Heims breiteten, und der Junge, sobald er die Zimmertüre hinter sich geschlossen hatte, auf fremdem Boden stand, für den das Wort seiner Mutter nichts galt. Eine Pension war wirklich nicht der rechte Ort, um einem jungen

Menschen die Sammlung und Ruhe zu gewähren, deren er zu seiner Entwicklung und auch zur Erfüllung seiner Schulpflichten bedurfte. Denn Lorenz, der in Florenz von allerlei Lehrern und auch von seiner Mutter Privatstunden gehabt hatte, mußte nun zu seinem Mißvergnügen ein Gymnasium besuchen.

Die Aufnahmeprüfung fiel für ihn und seine Mutter betrüblich aus. Es stellte sich nämlich heraus, daß er zwar in Geschichte, Kunstgeschichte, Literatur und Latein besser beschlagen war als die ganze Oberklasse, aber in allen andern Fächern hatte er nur oberflächliche Kenntnisse empfangen, und so kam er zu seinem Leidwesen und zu Irenens Verdruß nicht in die Klasse, in die er seinen Jahren nach gehört hätte, sondern saß mit Vierzehnjährigen auf der Schulbank. Der Rektor hatte aber Irenen in Aussicht gestellt, daß ihr Sohn, sofern er reichliche Nachstunden bekäme und sehr fleißig wäre, vielleicht binnen eines halben Jahres oder eines Jahres einen großen Sprung tun und die Klasse erreichen könnte, in die er eigentlich gehörte. Da faßte Irene den endgültigen Beschluß, die Pension zu verlassen und sich ein eigenes Heim zu gründen. Sehr geräumig oder sehr üppig konnte es freilich nicht sein, denn all ihre schönen Habseligkeiten waren ihr ja zurzeit unerreichbar, aber sie mietete dicht am Englischen Garten eine hübsche, kleine Wohnung und stattete sie zwar ganz einfach, aber doch mit dem künstlerischen Geschmack aus, der ihr angeboren war und den sie durch ihren langen Aufenthalt im Süden noch verfeinert hatte. Man spürte gleich, daß hier nicht ein zerfahrener Flüchtling hauste, sondern eine Frau mit geistigen Bedürfnissen und der Gabe, auch der einfachen Wohnung den Stempel ihres kultivierten Wesens aufzudrücken. Lorenz hatte ein hübsches Zimmer mit dem Blick ins Grüne. Da saß er denn, wenn er vom Gymnasium heimkam, und versuchte zu lernen, wie seine Mutter es wünschte, obgleich ihm der Sinn wahrhaftig nicht nach mathematischen Regeln und Geographie stand. Irene half ihm, so gut sie konnte, und hier, am Arbeitstisch ihres Sohnes, fand sie die Welt wieder, aus der sie so grausam verjagt worden war. Hier ruhte der Blick wieder auf grünen Wipfeln und blühenden Wiesen, um das Ohr rauschte der stolze Wohllaut versunkener Sprachen, und Geister redeten zu ihr, die mit dem Alltag und der Gegenwart nichts zu tun hatten … –

Kurze Zeit nach ihrer Übersiedlung in das eigene Heim kam Viktor von Kuhn, um sich vom Freund zu verabschieden. Seine militärische

Ausbildung war vollendet und er kam nun hinaus, wohin wußte er freilich nicht, aber da er bei einer Skitruppe stand, vermutete er, daß es hinuntergehen werde an die italienische Grenze. Ungeduldig vor Erwartung, strahlend vor stolzem Glück und Wagemut, erfüllt von dem Bewußtsein, daß er, der noch vor wenigen Monaten die Schulbank gedrückt hatte, nun ein Vaterlandsverteidiger, vielleicht ein Held sein durfte, stand er in seiner funkelnagelneuen Ausrüstung da und merkte in seiner wundervollen Erregung gar nicht, daß der Freund armselig und bedrückt, wie ein Bettelkind, neben dem Glanz des jungen Kriegertums stand.

Als Viktor gegangen war, warf sich Lorenz auf sein Bett und weinte. Er weinte zornig, leidenschaftlich und haßte seine Mutter. Noch einmal versuchte er, sie zu bestürmen, ihr die Erlaubnis abzuringen, daß er gleich Viktor hingehen und sein dürfe, und die leidenschaftliche Verwirrung seines Wesens war so groß und so erbarmenswert, daß ein tiefes Mitleid für ihr verweintes Kind in Irene aufstieg. Wie gerne hätte sie ihn in die Arme genommen, seine heißen Wangen geküßt, seine zerrauften Haare gestreichelt und ihm jeden Wunsch erfüllt. Jeden – – nur nicht diesen. Weil sie aber nicht tun durfte, was er begehrte, sagte sie ruhig: »Fange nicht wieder mit den alten Torheiten an! Es ist ein Glück, daß Viktor endlich fortgekommen ist. Nun wirst du hoffentlich vernünftig werden und einsehen, daß ich recht habe! Mach deine Aufgaben, das ist für dich viel wichtiger, als an Krieg und andre Dinge zu denken, von denen du doch nichts verstehst!«

Er entgegnete nichts. Er sah sie nur mit einem Blick an, den sie nicht verstand. Ein irrer Blick war es, voll empörten Staunens, daß die Mutter nichts, gar nichts von dem begriff, was im Herzen des Sohnes vorging, daß sie seine Verzweiflung nicht sah und ihn zu den Schulaufgaben schickte, als wäre er ein kleines Kind. Sie sprachen an diesem Tag nur wenig mehr miteinander, gingen sich aus dem Wege, und abends blieb Lorenz in seinem Zimmer, weil er, wie er sagte, eine Mathematikaufgabe für den nächsten Tag fertig machen müßte. Lange noch brannte das Licht in seinem Zimmer.

Mitten in der Nacht fuhr Irene aus dem Schlaf empor. Es war ihr, als hätte sie einen Schuß gehört. Ein paar Augenblicke lang wartete sie mit Herzklopfen, ob nicht die Täuschung eines allzu lebhaften Traumes sie genarrt habe, aber schon pochte das Dienstmädchen heftig an ihre Türe, rief erschrocken: »Gnädige Frau, gnädige Frau!«

Röchelnd, mit durchschossener Brust lag der junge Lorenz auf seinem Bett. Zu seinen Häupten brannten zwei Kerzen und neben seinem Mathematikheft lag ein Zettel, auf dem mit Bleistift geschrieben stand: »Ich sterbe für das Vaterland. Meine Mutter soll nicht mit meiner Leiche gehen und nie an mein Grab kommen!«

Vor dem Urteilsspruch dieser hastig gekritzelten Worte brach Irene zusammen.

Neuntes Kapitel

Langsam war Fedor Horsten aus dem verwegenen Traum, den er mit seinem Volke geträumt hatte, erwacht. Ein unwilliges Erwachen war es, wie sich der von schwerer Trunkenheit hingestreckte dem eindringenden Tageslicht entziehen will, das auf seine bleiernen, verschwollenen Lider fällt. Aber die Sonne frägt weder nach Rauschträumen noch nach der Lichtscheu der Berauschten, und darum stand es eines Tages unerbittlich klar vor Fedor Horstens Augen, daß alle großen Hoffnungen zunichte gemacht waren. Nicht auf einmal war ihm diese Erkenntnis gekommen. Es hatte leise und heimlich zu knistern und abzubröckeln begonnen, als die Karpathenschlacht enthub, und als dann binnen kurzer Monate der ganze russische Festungsgürtel gesprengt war, da wußte Fedor Horsten, daß er vergeblich auf seiner Kinder Land gehofft hatte und daß es nicht anders sein würde, als sein und seiner Väter Land war.

Nun war seine Niedergeschlagenheit ebenso groß wie vormals seine Begeisterung, und es schien ihm besser, niemals heimzukehren, als so wie vor zehn Jahren. Er wurde gleichgültig gegen das Leben und forderte in waghalsigen Bravourstücken den Tod heraus. Er machte die verwegensten Patrouillenritte, meldete sich zu Aufgaben, vor denen andre zurückschreckten, verteidigte Stellungen, bei denen alles um ihn her getroffen niedersank, – er aber blieb unverletzt. Es war, als ob er gefeit sei gegen Kugeln und Granaten, und die Mannschaften betrachteten ihn schon mit abergläubischer Scheu und wisperten von Dämonen, denen er sich verschrieben habe. Als dann das letzte Bollwerk, das gegen Westen aufgerichtet stand, fiel, kreuzte endlich der Tod seinen Weg. Schwerverwundet, in hoffnungslosem Zustand wurde er vom Schlachtfeld weggetragen. Die Lazarette hinter Wilna waren überfüllt, und man fürchtete, daß er den Transport bis Petersburg nicht aushalten würde. Da brachten sie ihn in das Haus einer reichen, alten Dame, von der er bis dahin nichts gewußt hatte, die sich aber jetzt, da jeder gern mit einem Offizier verwandt sein wollte, als eine unendlich weitläufige Verwandte von Olga Leonoff zu erkennen gab. Da lag er in einem hellen Zimmer mit etlichen andern schwerverletzten Offizieren und an seinem Bett stand eine Schwester des Roten Kreuzes, – Olga Leonoff.

In all den Monaten, die seit Kriegsbeginn verflossen waren, hatte sie Fedor Horsten niemals aus dem Auge verloren. Sie wurde mit Lazarettzügen bald hierhin, bald dorthin geschickt, half auf den Verbandplätzen oder im Operationssaal, pflegte die Verwundeten, holte für die Sterbenden den Priester, aber wenn auch ihr Dienst sie Tag und Nacht in Anspruch nahm, so fand sie doch immer noch Zeit, ein paar Zeilen voll fanatischer Zuversicht an Fedor zu schreiben, spürte sie mit seltsamer Geschicklichkeit allerlei Wege aus, auf denen sie ihm Botschaft oder ein Liebeszeichen senden und ihn mahnen konnte, fest zu bleiben bis zum unabwendbaren Sieg. Zu Anfang, als ihre Seelen noch auf den gleichen Jubelton gestimmt waren, hatte auch er oft an sie geschrieben, aber je weiter seine Ernüchterung voranschritt, um so seltener dachte er an sie, und ihre letzten Briefe hatte er mit geringschätzigem Lächeln zerrissen, ohne Antwort zu geben. Als sie von seiner Verwundung erfuhr, vergaß sie alles andre, verließ heimlich das Lazarett, in dem sie angestellt war, überwand mit der Ekstase ihres Willens jede Schwierigkeit, jedes Hindernis und stand wenige Tage nach seiner Einlieferung in das Lazarett an seinem Lager. Kaum vierundzwanzig Stunden später traf Klara ein, die ein Telegramm heimgerufen hatte, und die mit den Kindern Hals über Kopf nach dem kleinen Nest abgereist war, in dem ihr Mann lag.

An der Schwelle des Vorsaals, der zum Krankenzimmer führte, trat Olga Leonoff ihr entgegen. Sie sagte ohne Begrüßung, als hätte sie Klara eben erst gesprochen: »Nimm dich zusammen, wenn du ihn siehst! Er ist fürchterlich verändert … Er scheint zwar immerfort bewußtlos, aber er liegt häufig mit offenen Augen da, und dann weiß niemand, was in ihm vorgeht. Es könnte doch sein, daß er dich erkennt, und wenn du dann sehr erschrocken oder fassungslos bist, würde es auf ihn wirken – –«

»Du kannst ganz ruhig sein, ich habe mich wieder vollkommen in der Gewalt,« entgegnete Klara, ohne sich zu wundern, daß Olga Leonoff ihr hier entgegentrat. Sie konnte später selbst niemals begreifen, wieso sie über Olgas Anwesenheit so wenig erstaunt war, aber es kam ihr vor, als hätte es gar nicht anders sein können, als daß Olga Leonoff zur Stelle war, sobald es sich um Fedor handelte. Einen Augenblick standen sich die Frauen schweigend gegenüber. Olga sah blaß und überanstrengt aus, und wenn man tief, ganz tief in ihre Augen hineinsah, merkte man, daß dort hinter allem fanatischen Gefunkel eine große Verzweiflung zitterte, die Olga nur mühsam durch ihre straffe Haltung und durch den gleichmütigen Ton ihrer Stimme zu verbergen strebte. Auch Klara sah bleich und erschöpft aus, aber Olga spürte doch gleich, daß diese junge Frau nicht mehr dieselbe war, die sie in der Nacht von Seeon wie ein Kind in ein abgelegenes Zimmer geführt hatte und die verschüchtert, verängstigt, als »die Stumme« unter den Petersburger Verwandten saß. Klara hatte sich durch den monatelangen Aufenthalt in der Schweiz vollkommen erholt. Fern dem feindlichen Familienklüngel, allein und sicher mit ihren Kindern im friedlichen Lande, hatte sie langsam, allmählich erkannt, daß sie diesen Kindern nicht nur eine zitternde, sondern auch eine starke Mutter sein und für sie noch einen andern Platz erkämpfen müsse, als die Zuflucht an ihrem Herzen. Sie, die ehedem Selbstgefühl nur dem Namen nach gekannt hatte und sich als wertvoll erst erschienen war, als Fedor Horsten um sie freite, sie bereitete sich jetzt mit erstarkender Gesundheit auf einen Kampf vor, der um die Seelen ihrer Kinder ging. Wohl waren die Kinder der Geburt nach Russen, mußten wohl auch späterhin ihr Leben nach russischen Gesetzen regeln, weil ihr Vater ein Russe war, aber sie, die Mutter, war eine Deutsche und durfte nicht dulden, daß in den Söhnen zertreten und ausgepeitscht wurde, was deutsch war. Ein schwerer Konflikt, vielleicht, sogar dauernde Gegnerschaft innerhalb ihrer Ehe mußte die Folge solchen Entschlusses sein, aber Klara, die einst so zage, nachgiebige, wuchs langsam in die Aufgabe hinein, vor die sie sich gestellt sah, war bereit, ihr Frauenglück zu opfern, um als deutsche Frau in ihren Kindern fortzuleben und fortzuwirken.

Die Nachricht von Fedors schwerer Verwundung warf sie dann wieder völlig nieder. Alle Gedanken an Gegnerschaft oder Kampf schienen verflogen, nichts bestand als der Schmerz und die furchtbare Angst um den Mann. Als aber Olga Leonoff ihr entgegentrat, sah Klara, daß auch hier, an der Schwelle des Sterbezimmers, die alte Gegnerschaft ihr auflauerte, und da reckte sich in ihr, trotz alles Leids, die neugewonnene Stärke empor, so daß Olga betroffen aufsah, wenngleich sie sich nicht erklären konnte, was mit Klara vorgegangen war.

Als Klara dann zu Fedors Lager trat, wollte sie aber, trotz Olgas Warnung und der eigenen Zuversicht, fassungslos werden. War das wirklich ihr Mann, ihr junger, lebensfroher, eleganter Mann, der da in den Kissen lag? Aus unförmlichen weißen Verbänden sah ein bis auf die Knochen abgemagertes Gesicht hervor, das mit seinen festgeschlossenen Lidern und der unheimlichen Erdfarbe schon einem Toten zu gehören schien. Er merkte nicht, daß die beiden Frauen zu ihm traten, wie er vorhin nicht gemerkt hatte, daß Olga ihn für einige Augenblicke verließ, und wenn er einmal für eine Minute die Augen aufschlug, gingen sie ohne Teilnahme, ohne Blick über die Wände hin, die mit Heiligenbildern reich behängt waren.

Klara stand in Scheu und Schmerz erstarrt, wagte nicht, sich zu regen, fragte flüsternd: »Ist er bewußtlos?«

»Nicht immer, aber zumeist. Aber auch wenn er bei Bewußtsein ist, regt er sich kaum. Er ist vollkommen apathisch.«

Nun saß Klara durch viele Stunden neben dem Mann, streichelte seine abgezehrten, zerschundenen Hände, glitt mit zitternden Fingern über das erdfarbene Gesicht, sprach leise seinen Namen oder eine Frage, wußte aber nie, ob er sie vernahm. Der Pope kam, sprach Gebete, breitete die Hände zum Segen, legte ihm ein Heiligenbild auf die Brust und küßte ihn, aber niemand wußte, ob die Botschaft der Kirche zu Fedor Horstens Herzen drang. Olga ging leise ab und zu, rückte ihm die Kissen, schob den Verband zurecht, füllte den Eisbeutel mit frischem Eis, tat alles, was ihr Amt forderte, mit jener Gewissenhaftigkeit und unpersönlichen Güte, die der Krankenschwester zukommt. In ihrem Gesicht aber stand unergründliche Trostlosigkeit – –

Dann war Fedor Horstens Stunde gekommen. Ehe sie völlig erlosch, flackerte die herabgebrannte Kerze noch einmal hell empor, daß sie Unkundigen beginnende Genesung vortäuschen konnte. Klara, die noch nicht an vielen Sterbebetten gestanden hatte, wagte ein schüchternes Hoffen, blickte mit mutigeren Augen zu Olga hin, als erwarte sie von ihr die Bestätigung, daß Fedors Lebenskraft doch noch den Tod überwinden könne. Doch Olga wich zuerst dem Blick aus, nickte dann nur wortlos und bedeutungsvoll, als wollte sie sagen: »Es geht zu Ende!«

Die Apathie, in der Fedor Horsten seit seiner Einlieferung gelegen hatte, war an diesem Morgen einer sanften, bewußten Ruhe gewichen. Er lag mit geöffneten Augen, die wie erstaunt umhersahen, und in die ein unbeschreiblicher Ausdruck von Rührung und Freude trat, als er Klara erblickte. Seine Hand, die zu schwach war, um sich zu erheben oder mit einer einzigen Bewegung auszustrecken, kroch langsam über die Bettdecke hin, zu seiner Frau, die sich Tränen überströmt niederbeugte und die sterbende Hand küßte. Von seinen Lippen, die so lange stumm geblieben, kamen ein paar Flüsterlaute, die Klara nicht verstand, aber schon trat Olga zu ihm, bettete ihn, wie er es wollte, höher, schob ihm die Kissen tief in den Rücken, daß er halb saß, halb lag und freier atmen konnte. Sie blieb ihm zu Häupten stehen, um jeden Wink von ihm zu erhaschen, während Klara auf dem Bettrande saß, seine Hand in der ihrigen, von Auge zu Auge Worte mit ihm tauschend, die inhaltsreicher und zärtlicher waren als alles, was der Mund hätte sagen können. Friedlich und tief leuchteten die Augen des Sterbenden, hafteten voll Liebe auf der Frau, die ihm durch Glück und Leid und Seelenqual gefolgt war, und doch dämmerte in ihnen schon jenes Weltentrücktsein, das die letzte Stunde so feierlich und geheimnisvoll macht. Nun flüsterte er abermals einige Worte und diesmal verstand Klara schneller als Olga, was er wollte. Er verlangte nach seinen Kindern.

In Olgas Gesicht trat jetzt ein gespannter Zug. Sie zögerte einen Augenblick, dem Wunsch zu willfahren. Auch als Klara leise, aber bestimmt sagte: »Fedor will die Kinder sehen! Lasse sie holen!« zögerte sie immer noch, und erst als Klara Miene machte, sich zu erheben, ging Olga hinaus und schickte nach dem Gasthof, in dem Klara abgestiegen war. –

Die Kinder kamen. Schüchtern, geängstigt standen sie neben der Mutter in dem ungewohnten Raum, dessen Stille und seltsamer Geruch sie beunruhigte, so daß sie am liebsten geweint hätten und davongelaufen wären. Sie erkannten den Vater nicht wieder, preßten sich an die Mutter und gaben ihm nur eine zaghafte Liebkosung, als wäre er ein fremder Mann, den sie ein wenig fürchteten. Er merkte es nicht. Sein scheidender Geist war mit andern Dingen beschäftigt als mit dem Gebaren ihrer Knabenhaftigkeit. Sein weltferner Blick kehrte noch einmal mit aller Kraft zur Wirklichkeit zurück, umfing Frau und Kinder, als wollte er ihr Bild mit hinübernehmen in die Ewigkeit. Er nahm Klaras Hand, strich wie glättend darüber hin, tastete nach den Händen der Knaben, legte sie in die der Mutter, und schloß über ihnen Klaras Hand, als wäre sie ein Schrein. Der Schimmer eines Lächelns ging um seine Lippen, als hätte er eine Arbeit geleistet, mit der er zufrieden war, und er holte tief Atem, schloß wieder für eine Sekunde die Augen.

Olga trat jetzt neben ihn auf die andre Seite des Bettes, schob vorsichtig ihren Arm unter seine Schulter, um ihn abermals höher zu betten und zu stützen. So hielt sie ihn, seinen Kopf an ihre Brust gelehnt, wie einen todwunden Sohn, während er, ohne auf sie zu achten, unverwandt nach der Frau und den Kindern sah. Wieder flüsterte er Worte, die nur Klara verstand, Worte, die ihr sagten, daß sie mit den Kindern heimgehen solle ... heim nach Seeon ... Als er das Geschick seiner Kinder in den Schrein der mütterlichen Hand gelegt und wohl verwahrt hatte, schob er all diese teuren Hände ein wenig von sich weg, als hätte er nun jedes irdische Geschäft beendet. Er schmiegte sich fest in Olgas Arme, wie sich ein Sterbender wohl in die heimische Erde schmiegen mag, die ihn bald aufnehmen will. Doch immerfort ruhte sein weltentrückter Blick auf Klara und den Kindern, blieb bei ihnen, bis seine Augen sich langsam zu trüben begannen und ihre Lider sich nach kurzem Auf- und Niederflattern über sie senkten ... –

Ruhig und gewissenhaft hatte Olga ihres Amtes gewaltet, als aber Fedor Horsten seinen letzten Atemzug getan hatte, warf sie sich wie eine Verzweifelte neben seinem Lager hin, schluchzte mit wilder Leidenschaftlichkeit um den Mann, den sie nie besessen und dennoch verloren hatte.

Nach der Beerdigung fragte sie Klara: »Wo gehst du mit den Kindern hin?«

»Zunächst nach der Schweiz zurück.«

»Und wie lange wirst du in der Schweiz bleiben?«

»Vermutlich bis zum Friedensschluß.«

Eine Pause. Dann sagte Olga: »Weißt du, was Fedors Los gewesen wäre, wenn er dir bei seinen Lebzeiten die Kinder übergeben hätte? Sibirien!«

»Euer Arm erreicht ihn nicht mehr!«

»Aber dich kann er immer noch erreichen!«

»Versucht es! Ich fürchte euch nicht mehr! Ich werde Fedors Vermächtnis erfüllen. Und ich glaube, Olga, trotz allem, was du da sagst, daß du mich nicht hindern würdest, selbst wenn du es könntest, seinen letzten Wunsch auszuführen. Du hast ihn ja doch nicht weniger geliebt als ich –«

Es war das erste Mal, daß Klara so zu Olga von Fedor sprach. Olga entgegnete nichts. Dieselbe tödliche Trostlosigkeit, die Fedor Horsten ergriffen hatte, überfiel jetzt auch sie. Alles schien ihr jetzt ganz gleichgültig. Ihr ganzes Leben war nur Täuschung und Selbsttäuschung gewesen. Überall hatte die Fremde gesiegt. Noch im Sterben hatte Fedor nur auf sie geblickt und über seinen Tod hinaus schenkte er sein unsterblich Teil – seine Kinder – dem fremden Land. Es war Olga, als versänken ihre Gedanken in einem schreckhaften Chaos, das alles verschlang, was sie je gehofft, geliebt und erträumt hatte. –

* * *

Wochen vergingen, ehe die Verwandten in der Heimat erfuhren, daß Klara Witwe geworden war, wie auch sie nicht wußte, welche Tragödie Irene erlebt hatte und immer noch erlebte. Denn die Hand des jungen Lorenz war nicht so fest und zielbewußt gewesen wie sein Wille, und daher lag er jetzt schon lange zwischen Tod und Leben, dem Grab näher als der Sonne. Eine Kugel stak noch im Körper, konnte zunächst nicht entfernt werden, und der Blutverlust, den die andern verursacht hatten, war groß. Das Fieber schien den jungen Körper aufzureiben, und die Ärzte waren beinahe erstaunt, daß er immer noch Widerstand leistete und lebte.

Lorenz lag den größten Teil des Tages und der Nacht in hitzigen Phantasieen, murmelte wirre Worte, rief Viktor von Kuhn, weinte und bettelte vor einem Menschen, dessen Namen er nie nannte, und gegen den er dann wieder in zorniger Abwehr die Hände streckte: »Du nicht! Rühr' mich nicht an ... Du nicht!«

Die Ärzte, an Fieberkranke gewöhnt, lasen nur vom Thermometer die Grade ab und gaben nicht auf die zusammenhanglosen Worte acht, Irene aber erbebte jedesmal aufs neue, denn sie wußte wohl, daß sie es war, die den Sohn noch in seinem Fieberwahn schreckte. Sie hatte zuerst seine Pflege ganz allein übernehmen wollen; aber ohne daß er sie genau erkannt hätte, schien ihre Nähe quälende Vorstellungen in ihm wachzurufen, denn jedesmal, wenn sie ihm etwas reichen oder auch nur die Kissen richten wollte, machte er heftig abwehrende Bewegungen, als wollte er sie verjagen. So mußte eine Pflegerin genommen werden, der er sich, wenn er für kurze Zeitspannen bei Bewußtsein war, rührend dankbar erwies, während er niemals nach seiner Mutter fragte und gleichgültig hinsah, wenn sie voll überströmender Zärtlichkeit an sein Bett kam, angstvoll mit den Augen oder mit ein paar Flüsterworten fragte. Vor diesem abwesenden Blick ihres Kindes schlich sie jedesmal wie eine Armesünderin aus dem Zimmer, und es klang ihr wie Hohn, wenn die Pflegerin sagte: »Gnädige Frau sollten ein wenig ausgehen und sich erholen! Wegen des jungen Herrn können Sie ganz ruhig sein, – ich bin ja da!«

Dann saß sie in ihrem Zimmer, die Arme auf die Kniee gelegt, den Kopf tief herabgeneigt, sann und grübelte. Die Verwandten kamen, gingen auf den Fußspitzen, fragten mit gedämpfter Stimme und besorgten Gesichtern, wie es heute mit Lorenz stünde; der und jener versuchte wohl auch, ein paar Trostworte zu sagen, die Tat des jungen Menschen mit der Exaltation und der gesteigerten Empfindlichkeit der Übergangsjahre zu erklären, aber Irene blieb solchem Trost unzugänglich, denn sie wußte zu genau, warum dies alles geschehen war. Wenn die Verwandten sich wieder entfernt hatten, schlich sie hinüber nach dem Krankenzimmer, lugte durch einen Türspalt fragend hinein, sah zerquält auf das fieberheiße Gesicht des Sohnes und auf die stille Geschäftigkeit der Pflegerin. Für sie, die Mutter, gab es hier nichts zu tun. – –

Wieder saß sie regungslos allein, schürfte in ihrem Gedächtnis tief und tiefer, grub die eigene Schuld aus, bis auch die letzten Wurzeln bloß am Tage lagen. Wie töricht, wie sinnlos hatte sie das furchtbare Schicksal heraufbeschworen! Weil sie an einem Lande hing, das sie belog, wie es immerfort jeden belog, der es liebte … weil sie an ein bevorstehendes Gottesreich geglaubt hatte, das vielleicht, vielleicht einmal den Geschlechtern einer unabsehbaren fernen Zeit gehören wird … weil sie Eitelkeiten und Tändelwerte entschwundener Epochen für große Kostbarkeiten gehalten hatte … darum war sie an den großen Wirklichkeiten, an den großen Forderungen des heutigen Tages vorübergegangen und hatte nicht gesehen, daß sich der Sohn neben ihr verblutete … –

Irene von Erhart, stets hast du dich für großzügig und weitschauend gehalten und merkst nun erst, wie klein und kurzsichtig du gewesen bist! Das Wolkenkuckucksheim entschwundener Kulturen mit marmornen Palästen und pathetischen Gebärden hatte dir's angetan, und über ihm vergaßest du die eiserne Pracht der Gegenwart, die nicht prahlt, weder große Gebärden noch große Worte findet, sondern nur die Tat. Gibt es in der ganzen Geschichte deiner geliebten Renaissance eine rührendere Gestalt als deinen jungen Sohn, der sterben wollte, weil du ihm verwehrtest, ein Krieger zu sein?! Sind alle gefeierten Matronen und Heldenmütter Roms größer als die Mutter Viktor von Kuhns, die zwei Söhne verlor und dennoch ihren blutjungen Benjamin freiwillig hingab?! Und um dich her leben in dieser Zeit Tausende von Müttern, die taten und tun wie sie, und Tausende von Jünglingen würden sterben wollen, wie dein Sohn, wenn ihre Mütter so verblendet wären, wie du warst! Du aber hast das alles nicht gesehen, hast es nicht sehen wollen, hast dich größer gedünkt als sie alle, hast nicht sein wollen wie sie und bist nun ausgeschlossen von ihren Seligkeiten, nicht aber von ihrem Leid …

»Mein Leben ist zerstört, gleichviel ob er wieder gesund wird, oder – –« sie vollendete nicht. Sie konnte das schreckliche Wort nicht aussprechen. So sagte sie zu Steffi, die täglich zu ihr kam, um sich nach Lorenz zu erkundigen und um Irene ein wenig aus ihren Gedanken herauszureißen. Sie war die einzige, der sich Irene erschloß, obgleich Steffi niemals versucht hatte, Irene zu entschuldigen und dem Selbstmord des jungen Lorenz einen Grund unterzuschieben, der seine Mutter entlastet hätte.

Nach einigen Tagen wurde die Kugel entfernt, und unmittelbar nach der Operation stieg das Fieber zu einer beängstigenden Höhe. Wie verdorrt lag er da; ununterbrochen rasten die Worte und Schreie seiner Phantasieen. Das ging so den ganzen Tag und die Nacht hindurch, gegen Morgen aber sank das Fieber fast ebenso schnell, wie es gestiegen war, und in der zweiten Nacht nach der Operation schlief er zum ersten Male ruhig, ohne angstvollen Traum. Von den Gestalten der Ärzte halb verborgen, sah Irene, wie er, zwar noch todmatt, aber dennoch erquickt in den Kissen lag, wie einer, der aus dunklem Reich der schönen Erde zurückgegeben ist. Ergreifend sah er aus mit dem blutlosen Gesicht und den dunkeln Augen, die still und erstaunt blickten und sich nicht in Groll verdüsterten, als sie zu der Mutter hingingen. Er sah doch das Glück, das jetzt aus ihren Augen brach und er dankte es ihr mit einem ganz kleinen Aufleuchten der seinigen. Lange sahen sie so einander an und ihre Versöhnung war vollzogen, ohne daß der Mund ein Wort gesprochen hätte.

Als Irene später am Bett ihres Sohnes saß und seine Hand hielt, sagte er mit seiner schwachen Stimme: »Nimm doch den Schleier weg!«

Sie erschrak, meinte, daß er aufs neue zu phantasieren beginne.

»Welchen Schleier? Ich habe doch keinen um!«

»Doch, du hast einen weißen Schleier auf, fast so wie früher!«

Sie griff in ihre Haare, um ihn zu überzeugen.

»Siehst du, Kind, daß du dich täuschst. Es ist kein Schleier da!«

Er aber war eigensinnig, wandte sich zu der Pflegerin und bat: »Bitte, bringen Sie doch meiner Mutter einen Spiegel, damit sie ihren Schleier sieht!«

Seit der Nacht, da Lorenz die Waffe gegen sich erhoben, hatte Irene nicht mehr bewußt in einen Spiegel geblickt. Nun betrachtete sie erstaunt ihr Bild in dem Spiegel, den die Wärterin ihr vorhielt. Sie sah, daß Lorenz nicht phantasierte, denn über ihrem blonden Haar lagen, gleich einem Schleier, weißschimmernde Strähne … –

* * *

Steffi hatte einen großen Blumenstrauß vor Lorenz hingelegt und saß nun mit Irene an seinem Bett. Nur wenige Augenblicke wollte sie bei ihm bleiben, denn er war immer noch sehr schwach und das Sprechen regte ihn auf. Sie hatte eben erst ein paar Worte mit ihm gewechselt, als das Telephon, das im Korridor hing, klingelte. Irene machte ein unwilliges Gesicht und stand schnell auf, um zu vernehmen, wer da sei. Unwillig war sie, weil das Läuten Lorenz nervös machte und weil sie nicht recht begriff, wer von den Verwandten sie telephonisch sprechen wollte, da sie doch alle gebeten hatte, sie um Lorenz' willen nicht anzurufen. Sie nahm den Hörer, nannte ihren Namen und war erstaunt, als sich Steffis Dienstmädchen meldete. Was sie aber dann im Telephon vernahm, war noch viel erstaunlicher, klang so seltsam, so über alle Begriffe unwahrscheinlich, daß sie es nicht glauben konnte. Gleich darauf aber sprach eine andre Stimme zu ihr, und nun konnte sie nicht länger zweifeln. Sie wollte hastig zurückeilen zu Steffi, besann sich aber noch, daß Lorenz von jeder Erregung, ja, von jedem erregten Gespräch andrer zurückgehalten werden mußte und so winkte sie Steffi zu sich heraus.

»Steffi, du mußt gleich heimfahren!«

Steffi erschrak.

»Um's Himmels willen, was ist passiert?«

»Nichts ist passiert! Aber du mußt doch gleich heim. Dein Mann ist zurückgekommen.«

Zehntes Kapitel

Der letzte Schnee war eben geschmolzen, als Rudolf Römers Verschollenheit begonnen hatte und nun, da er aus dem Wesenlosen heimkehrte, fielen draußen wieder weiße Flocken nieder. In einer Nachmittagsstunde hatte er nach vielen Monaten sein Haus wieder betreten und bis tief in die Nacht hinein saß er mit seiner Frau beisammen, denn des Fragens und Erzählens war kein Ende. Während er sprach, sah ihn Steffi immer wieder betroffen an, als wäre er ein Fremder, so ganz anders sah er aus als der Mann, dem sie vor mehr als einem Jahr Lebewohl gesagt hatte. Wohl hatte er, seit er wieder auf deutschen Boden gelangt war, getrachtet, die ärgste Verwilderung seines äußeren Wesens zu tilgen, aber immer noch sah er braun, struppig und abgezehrt aus, und in seine Augen trat immer wieder der starre Blick derer, die Tag für Tag mit Gefahr und Tod um das Leben gerungen haben. Wie ein heimgekehrter Abenteurer saß er da, und hinter ihm lag ein tollkühnes Abenteuer, so absonderlich, bunt und gefahrvoll, als hätte es ein Landsknecht großer Kriegszeiten erlebt. Kaum genesen, war er der russischen Gefangenschaft entflohen –

»Und weißt du, wer mir zu der Flucht geholfen hat? Mein Arzt, der dir auch in meinem Auftrag schrieb. Genau betrachtet hat er mir um deinetwillen geholfen! Er hat mir von dir vorgeschwärmt, daß ich beinahe eifersüchtig geworden wäre, sofern man im Lazarett und in der Gefangenschaft überhaupt an solche Albernheiten denkt!«

Steffis Augen glänzten.

»Hat er es wirklich um meinetwillen getan? Ach du, das wäre so schön, daß ich es gar nicht glauben kann!«

»Er tat es sicher zum Teil um deinetwillen, aber nebenbei machte es ihm wohl auch ein persönliches Vergnügen; – er war nämlich kein richtiger Russe, sondern ein Finnländer!«

Er erzählte weiter, wie in dem überfüllten Lazarett großer Bettenmangel gewesen sei, so daß es dem finnischen Arzt nicht sehr schwer wurde, seinen genesenden Patienten heimlich, mittels eines falschen Totenscheins, aus dem Lazarett wegzueskamotieren. Niemand fragte nach, ob Rudolf Römer wirklich gestorben sei, – die Hauptsache blieb, daß nun wieder ein Bett für einen andern Verwundeten leer stand. Auch einen russischen Bauernkittel und eine Handvoll Geld hatte ihm der Finnländer verschafft, alles weitere aber lag in Rudolf Römers Hand. Es war ein ungeheuerliches, fast unmöglich scheinendes Unternehmen, mit mangelhaften Sprachkenntnissen und einer geringfügigen Summe weite Strecken in Feindesland zu durchqueren, und nun, da er in Sicherheit wieder zu Hause saß, überkam ihn ein ähnliches Gefühl wie den Reiter, der unbewußt über den gefrorenen Bodensee geritten ist. Monatelang streifte er umher, sich nur langsam, unsäglich langsam seinem Ziele nähernd. Trug bald den Kittel des Bauern, bald den Kaftan des Juden, bald die Lumpen eines Bettlers. Ängstlich mußte er Straßen, Bahnhöfe und größere Orte, in denen er Polizeigewalt vermutete, meiden, kroch durch Wälder, Gebüsche und moorige Seitenwege, nährte sich von Beeren und Wurzeln und dazwischen einmal von einem Topf Milch, einem Stück Brot und einer Kohlsuppe, die irgend ein mitleidiges Weib, das sich um den Krieg nicht kümmerte, ihm reichte. Nicht immer freilich ging es ihm so gut, mehr als einmal hetzten sie die Hunde auf ihn, weil sie ihn für einen gefährlichen Landstreicher hielten, und auch die Polizei war ihm schon auf den Fersen. Einmal fand er unterwegs einen toten russischen Soldaten liegen, – da schlüpfte er in dessen Uniform, nahm auch die Papiere des Verstorbenen an sich, und nun wurde er in verstreut liegenden Flecken, denen er sich näherte, freundlich aufgenommen.

»Sie hielten mich nämlich für einen Deserteur und belobten mich voll Mitleid, daß ich davongelaufen war!«

Steffi riß die Augen weit auf.

»Aber haben sie es denn nicht beim Sprechen gemerkt? Du kannst doch nur das bißchen Russisch, daß du jetzt eben im Feld gelernt hast?«

Er lachte: »Natürlich hätten sie es gemerkt, aber ich gab ihnen durch Zeichen und undeutliches Lallen zu verstehen, daß ich durch einen Schuß in den Mund an Sprache und Gehör gelitten hätte.«

Es war ihm aber doch in der russischen Uniform bald unheimlich geworden, und als ihm ein freundlicher Bauer ein Schaffell und eine Hose schenkte, ließ er dem Wohltäter die Uniform als Gegengeschenk, zog wieder als Muschik seines Wegs. Er hatte anfänglich gemeint, daß alles leichter zu bewerkstelligen und zu ertragen wäre, wenn er einen Kameraden hätte oder gar, wenn sie zu mehreren wären, aber er wagte es dennoch nicht, sich irgendeinem anzuvertrauen oder anzuschließen, wenngleich er da und dort Gestalten traf, die ihm wie Schicksalgenossen vorkamen. Weil es aber ebensogut Spione sein konnten, hielt er sich von ihnen fern, hatte keinen andern Begleiter als die stete Angst, daß er entdeckt oder verraten werden könnte.

»Aber allmählich gewöhnt man sich, wie an alles, so auch daran, und vor allem gewöhnt man sich, nur auf sich selbst und auf die eigene Kraft gestellt zu sein. Ich hätte einfach jeden niedergeschlagen, der mir irgendwie in den Weg getreten wäre, nicht nur einen, sondern auch zwei und drei, denn wenn man monatelang so ganz allein umherstreift, merkt man, daß man mit zweien und dreien fertig wird!«

Sie sagte nichts. Es kam ihr immer noch zu merkwürdig vor, daß ihr Mann es war, der dies alles erlebt und überwunden hatte, und der so sprach. Ihr Mann, der noch vor einem Jahr nichts anderes gekannt und gewollt hatte als seinen Schreibtisch, seine Bücher und seine ästhetischen Bedürfnisse …

Rudolf hatte sich im Kriegsministerium und bei seinem Regiment gemeldet, hatte etliche Wochen Erholungsurlaub erhalten und stand nun vor seinem zweiten Ausmarsch. Steffi wußte, daß es sein mußte, und keines der törichten oder überredenden Worte, die sie vor einem Jahr gefunden hatte, versuchte heute, den Mann zurückzuhalten. Als sie aber am letzten Abend beisammensaßen, sprach sie ihm von einem Entschluß, der langsam in ihr gereift war.

»Wenn erst Frieden ist, wenn du wieder daheim bist, gehe ich von der Bühne ab!«

Zuerst sah er sie an, als spräche sie von einer ganz fern liegenden, unpersönlichen Sache, fragte erstaunt: »Wie bist du auf diesen Gedanken gekommen?«

Sie zögerte ein wenig, erzählte ihm dann, was sie aus seinen Tagebüchern gelesen hatte, und daß sie nun wußte, wie schwer er seine Lehrtätigkeit entbehrte.

»Du mußt wieder zurück an die Universität! Ich weiß jetzt, daß es für dich nur ein halbes Leben ist, wenn du nicht Kolleg lesen kannst!«

»Und ist's für dich nicht auch nur ein halbes Leben, wenn du nicht mehr auf der Bühne stehst?«

Sie lächelte ein wenig schmerzlich.

»Das hab' ich mir früher gedacht. Aber in all der schrecklichen Zeit, die hinter mir liegt, habe ich eingesehen, daß das Theater doch nicht die Hauptsache in meinem Leben ist, daß es überhaupt gar keine Hauptsache ist, sondern etwas sehr Nebensächliches ...«

»Das denkst du jetzt; sobald aber der Krieg zu Ende ist, wirst du wieder anders denken!«

»Sicher nicht!«

Er strich ihr mit der Hand über das Haar.

»Sicher ja! Oder wenigstens sehr wahrscheinlich ja! Wir begreifen nur im Augenblick nicht mehr, was wir gestern waren, und darum können wir unmöglich wissen, was wir morgen sein werden. Alles um uns her hat sich verändert, aber nur scheinbar, nur vorübergehend sind wir selber anders geworden –«

»Wir sind anders geworden und müssen es bleiben!«

Er lächelte wieder sein kleines, spöttisches Lächeln von früher.

»M ü s s e n es bleiben? O Steffi, laß uns nicht zu den anmaßenden Pedanten gehören, die schon heute der Zeit und der Welt ihren Gang von morgen vorschreiben wollen! Das Morgen wird sicher dem Gestern mehr gleichen denn dem Heute –«

»Nein, nein, das glaube ich nicht! Es wäre doch schrecklich, wenn man alles, was man in dieser Zeit erlebt, erlernt und erlitten hat, abtun könnte wie ein Kleid, das nicht mehr paßt –«

»Es wäre nur menschlich! Alles, was jetzt geschieht, ist ja kaum mehr menschlich, ist übermenschlich oder unmenschlich. Aber die Welt kann nicht immerfort auf der Höhe gesteigerter Empfindungen bleiben. Wir müssen wieder herunter zur Nüchternheit, zum Tagewerk!«

»Und du meinst also, daß alles wieder sein wird, wie es zuerst war?«

»Ungefähr! Denn im Schwert liegt ein geheimer Zauber verborgen, der aufflammt, wenn es aus der Scheide springt, und alle Stimmen, die in der Menschenbrust liegen, müssen ihm antworten, die alltäglichen wie die nie gehörten. Aber wenn sich das Schwert wieder zur Scheide kehrt, verlischt sein Zauber, und die nie gehörten Stimmen verstummen –«

»Und nur die Alltäglichkeit redet wieder wie an früheren Tagen?«

Er nickte.

»Die Alltäglichkeit wird wieder zu uns sprechen, wir werden ihr wieder gehorchen, aber unser Leben wird dennoch nie wieder ganz alltäglich sein können. Wer den Schwertzauber erlebt hat, kann nie mehr ganz arm werden, denn ein letzter Nachhall der nie gehörten Stimmen schwebt über allen Dingen, bis in sein spätestes Alter hin, daß die Geschlechter des Friedens ihn um das Erlebnis seiner Jugend beneiden – –«

Steffi sah eine Weile nachdenklich vor sich hin und entgegnete nichts mehr. Sie schmiegte sich fest an ihren Mann und horchte mit ihm hinaus in die Nacht. Es war ihnen, als tönte draußen ein gewaltiges Laudate über die Lande, wie es nur beim Hochamt der Menschheit erklingt, wenn sich das Mysterium ihres Opfermutes und ihres Heldentums enthüllt –

Ende

Vereins-Anzeiger

des Stadtbundes Münchener Frauen-Vereine

Dem „Stadtbund Münchener Frauen-Vereine" sind angeschlossen: Verein für Fraueninteressen mit seinen Abteilungen: Rechtsschutzstelle, Auskunftsstelle für Frauenberufe, Jugendgruppe. Vereinigung akad. gebildete Frauen · Vereinigung ehemal. Schülerinnen der Riemerschmidschen Handelsschule · Münchener Lehrerinnenverein · Münchener Hausfrauenvereinigung · Münchener Künstlerinnenverein · Verein für Hausbeamtinnen · Münchener Frauenverein gegen den Alkoholismus · Verein der Privatlehrerinnen Bayerns · Vereinigung der Münchener Damenschneiderinnen · Verein der Zeichenlehrerinnen · Verein für neue Frauenkleidung und Frauen-Kultur · Verein der Münchener Schriftstellerinnen · Vereinigung der Pensionsbesitzerinnen · Hebammen-Standesverein · Gemeindebeamtinnenverein · Verein der bayer. Verkehrsbeamtinnen · Verein zur Förderung der öffentlichen Sittlichkeit · Frauengruppe der fortschrittlichen Volkspartei · Handelsgehilfinnenverein München · Münchener Vereinigung für Frauenstimmrecht · Verein studierender Frauen · Jüdischer Frauenbund Ortsgruppe München · Kostümbureau für weibliche Bühnenangehörige · Vereinigung wissenschaftlicher Hilfsarbeiterinnen · Frauenklub München E. V.

Abonnement pro Quartal 40 Pfennig einschließlich Postbestellgebühr Nr. 1114 a

Der Vereins-Anzeiger erscheint vom 1. Okt. bis 30. Juni alle 14 Tage Mittwochs.
Briefadresse für Stadtbund- und Vereins-Angelegenheiten: Frau Luise Kiesselbach, Kurfürstenstraße 44 ◆◆◆ Telephon 33773 ◆◆◆ Geschäftsstelle: Briennerstraße 37
Briefadresse für Geschäfts-Anzeigen: Frau Marie Müller, Mittererstraße 1 ◆ Telephon 4053

Inserate: Die 1gespaltene Nonpareillezeile 25 Pfg. Stellen-Angebote für Mitglieder 10 Pfg. pro Zeile.

2. Jahrgang ◆ Nr. 2

◆◆ 27. Januar 1915 ◆◆

Vortrags- u. Versammlungs- ....Anzeigen............

Stadtbund Münchner Frauenvereine.

Donnerstag, 28. Januar abends 8 Uhr
im Restaurant Ethos, Ottostraße

Sitzung der Delegierten des Stadtbundes.

Es wird dringend gewünscht, daß sämtliche Vereine durch ihre Delegierten vertreten werden, da in der Sitzung die Volksernährungsfrage besprochen werden soll, die augenblicklich von der allergrößten Wichtigkeit ist. Hier handelt es sich geradezu um eine nationale Aufgabe, an der in erster Linie die Frauen beteiligt sind, für die sie ihr ganzes Interesse, ihren ganzen Einfluß, ihre eifrigste Tätigkeit einsetzen müssen.

Verein für Fraueninteressen München E. V.

Freitag, den 29. Januar, abends 8 Uhr:

Die Frau in Waffen.

Öffentlicher Vortrag von Frau Carry Brachvogel im Prinzensaal des Café Luitpold.

Eintritt für Mitglieder frei gegen Vorweis der Mitgliedskarte, für Nichtmitglieder 1 Mark, Reservierte Plätze (nur im Vorverkauf) für Mitglieder 1 Mark, für Nichtmitglieder 2 Mark. Der Reinertrag ist zur Unterstützung von notleidenden Geistesarbeiterinnen bestimmt. Kartenabgabe in der Geschäftsstelle des Vereins ab 25. Januar in den Bürostunden des Vereins.

Montag, den 1. Februar, Briennerstraße 37

Büro-Abend.

Thema des Abends: Bismarcks Gedanken und Erinnerungen.

Montag, 8. Februar im Deutschen Hof:

Vormundschaftsfragen.

Referentinnen: Frl. Amalie Nacken und Frau Dr. jur. Delia Schmidbauer. Eintritt frei.

Die geehrten Mitglieder werden höflichst ersucht, der **Jahresbeitrag für 1915** einzusenden oder an einem de nächsten Vereinsabende persönlich bei der Kassenführerin ein zuzahlen, die dann die neuen Mitgliedskarten ausstelle wird. Wir erinnern daran, daß der Beitrag von M. 4.50 als Mindestleistung zu gelten hat und gestatten uns di herzliche Bitte, ihn wenn möglich zu erhöhen, um den Verei gerade in diesem Jahre, wo er alle seine Einrichtungen i den Dienst der Kriegshilfe gestellt hat, die Erfüllung seine Aufgaben zu ermöglichen.

Vereinigung akademisch gebildeter Fraue in München

(Abteilung des Vereins für Fraueninteressen).

Jeden ersten Donnerstag im Monat findet von 8–1 Uhr abends eine

Gesellige Zusammenkunft der Mitglieder

im Vegetarischen Speisehaus „Ceres", Löwengrube, (abgeschlossenes Zimmer), statt.

Nächste Zusammenkunft: Donnerstag, 4. Februar 1915

Münchener Schriftstellerinnen-Verein.

Dienstag, 2. Februar 1915, nachmittags 4 Uhr

Zusammenkunft im Restaurant „Ethos".

Besprechung von Berufsfragen.

Stadtbund-Notizen.

Die Auskunftstelle für Frauenberufe des Vereins fü Fraueninteressen steht ebenfalls im Zeichen der Kriegshilfe Zwar geht ihre gewohnte Arbeit, die unentgeltliche Erteilun von Auskünften über Berufs-, Ausbildungs- und Erwerbs fragen in gewohnter Weise weiter, geändert aber hat sie begreiflicherweise der Charakter der verlangten Auskünft bei einer großen Anzahl der Besucherinnen. Die durch di Kriegslage geschaffene wirtschaftlich ungünstige Lage, beson ders für die freien Berufe, für Deutsche, die aus dem feind lichen Auslande unter Verlust ihrer bisherigen Existenzbe

Anhang

Carry Brachvogel: Die Frau und der Krieg.

In den vierundvierzig süßen Friedensjahren, die gleich einem verlorenen Paradies weit, weit hinter uns zu liegen scheinen, haben wir wohl die Frau zu allen möglichen Erscheinungen der Welt oder des Völkerlebens in Beziehung gesetzt oder zu setzen versucht, aber kaum je haben wir gefragt, welche Wechselwirkung zwischen der Frau und dem Krieg besteht. Krieg und Frau, die beiden Worte scheine sich ja auch so unversöhnlich gegenüberzustehen, daß man sich gar nicht vorstellen kann, welch anderen Teil die Frau vom Krieg haben sollte als Bangen, Not und Tränen. – Dem Mann ist es vergönnt, hinauszuziehen, zu streiten und zu sterben für ein höchstes Gut, der Frau aber diese gewaltigste und beglückendste Hingabe ihrer eigenen Persönlichkeit versagt, und auch die radikalste aller Frauenrechtlerinnen wäre nicht im Ernst auf den Gedanken verfallen, die Frauen zum Kriegsdienst auszubilden und heranzuziehen. Freilich berichten uralte Mythen von einem Amazonenheer, das den Männern gleich in die Schlacht zog, focht und tötete, aber wir alle wissen ja, daß Penthesilea nur in der Fabel, nicht in der Wirklichkeit lebte und daß die Frau seit vielen Jahrhunderten dem Krieg nur passiv gegenüberstand, gleichviel ob sie im Zeltwagen hinter der Front der Kämpfenden wartete, ob sie den erzgepanzerten Schritt des Gräßlichen hinter den Wällen einer festen Stadt oder einer scheinbar unbezwinglichen Burg vernahm. Immerfort war sie ja, sofern der Mann, der für sie kämpfte, unterlag, eine Beute des Siegers, und sie konnte nichts tun, um den Kämpfer zu stärken, um den Feind zu schwächen, als hoffen, warten und beten. Wohl gab es zu allen Zeiten Frauen, die kriegerischen Mut und kriegerische Tüchtigkeit besaßen, Damenkriege führten, Damenfrieden schlossen, vielleicht sogar belagerten, wie das Fräulein von Montpensier, oder in den Reihen der Freiheitskriege gegen Napoleon zogen, wie manch eine, deren Namen fast verschollen ist, wenngleich er dauernden Nachruhm verdient hätte. Aber all diese Beziehungen der Frau zum Kriege waren keine weiblichen, keine ihrer besonderen Eigenart entsprechenden, ja, sie blieben trotz des augenblicklichen Erfolgs und ihres ethischen Wertes urlogisch und unfruchtbar, weil die Frau ja nicht den Mann nachahmen, sondern sein Tun durch das ihre ergänzen soll. Eine wirklich weibliche Beziehung zum Kriege schien sich erst anzubahnen, als die organisierte Verwundetenpflege, die ehedem fast ganz in den Händen männlicher Ordensgemeinschaften lag, mehr und mehr auf die Frauen übertragen wurde, als der Krankenschwester nicht mehr zu missende, friedvolle Gestalt mitten im blutigen Getümmel der Heere erschien. Um sie und ihr rotes Kreuz spann sich schnell der Zauber romantischer Verklärung, so daß die niedrigste Handreichung, die sie leisten mußte, wie von einer Glorie umgeben schien, die zur Nachfolge lockte. Die Auserwählten durften ihr in ihrem schweren Beruf folgen, die andern aber, die nur berufen oder, besser gesagt, die nur willig waren, die saßen nun zu Hause, strickten Strümpfe, nähten Hemden und zupften Scharpie. Scharpie, eine Wort, das heute keine Bedeutung mehr hat, war während des 70er Krieges gleichsam der Beruf der deutschen Frau. Es gab damals kein Haus, in dem nicht alle weiblichen Hände Leinen in feine Fädchen zerzupft hätten, und diese Zerkleinerungsarbeit schien wie ein Symbol der weiblichen Kriegstätigkeit überhaupt, die sich darauf beschränken mußte, im kleinen Kreise Kleines zu wirken, ohne hinausgreifen zu dürfen in das große Weltgetriebe, um das die Männer stritten.

Vierundvierzig Jahre sind seitdem vorbeigerauscht, und ihre rastlos strömende Flut hat die Scharpie und auch das Symbol, das sie darstellte, weit von uns fortgespült. Die neue Wundbehandlung weiß nichts mehr von dem zerfaserten Leinenfleck, und die Frau von heute setzt sich in ganz andere, persönlichere Beziehung zum Krieg, als ihre Mutter oder Großmutter getan hat. Während der Mann im Feld mit uniformierten Feinden streitet, bekämpft sie daheim, bewehrt mit einer großzügigen Organisation, die innern Feinde, die den äußeren zu Hilfe kommen möchten: Arbeitslosigkeit, Hunger und Not. Gleichviel ob es ihr vergönnt ist, ganz selbständig oder nur als dienendes Glied in diesem unblutigen und doch so schweren Feldzug mitzustreiten, – überall ist sie am Platze, ist sie sich der großen Verantwortung bewußt, die jetzt auf ihren Schultern liegt. Sie weiß, daß es sich jetzt um ganz andere Werte handelt als um Verbandzeug oder gestrickte Socken, daß sie jetzt mit dazu berufen ist, den gewaltigen Kampf auszufechten, in dem unsere Heere Tag für Tag unter dem Granatfeuer stehen. A r b e i t z u s c h a f f e n und so die große Not fern zu halten, die uns zu einem übereilten Frieden zwingen könnte, das ist heute die ehrenvolle Aufgabe, vor die sich die deutsche Frau gestellt sieht. Nicht kleinliche Zupferei, nicht ärmliche Wohltätigkeit und überflüssige »ehrenamtliche« Arbeit ist's, die man von ihr erwartet, sondern das Verständnis für wirtschaftliche Notwendigkeit, die Einsicht, wo Beschränkung und wo Verschwendung am Platze ist, den Erfindergeist, inmitten gehemmter Betriebe neue Arbeitsfelder auszuspüren, und den ehernen Willen, mit dem innern Feind, vor den sie gestellt ist, fertig zu werden. Nie ist ein Frauengeschlecht vor eine höhere Aufgabe gestellt worden als das unsere! Mit stolz und Glück wollen wir es empfinden, daß unsere Hände nicht mehr Gespinst zu zerzupfen brauchen, sondern die weithin reichenden Fäden einer großen Organisation zu einem starken Ganzen zusammenfassen dürfen, die im Innern des Reiches nicht weniger machtvoll wirken soll als die Heeressäulen, die es draußen verteidigen.

Carry Brachvogel

Nachwort Ingvild Richardsen:

Carry Brachvogels »Schwertzauber« (1917)

»Denn im Schwert liegt ein geheimer Zauber verborgen, der aufflammt, wenn es aus der Scheide springt, und alle Stimmen, die in der Menschenbrust liegen, müssen ihm antworten, die alltäglichen wie die nie gehörten. Aber wenn sich das Schwert wieder zur Scheide kehrt, verlischt sein Zauber, und die nie gehörten Stimmen verstummen –«.

Carry Brachvogel

Carry Brachvogel (1864–1942) war eine Berühmtheit ihrer Zeit. Als ihr Roman »Schwertzauber« während des Ersten Weltkriegs 1917 veröffentlicht wird, ist die in ganz Deutschland bekannte Münchner Schriftstellerin, Feuilletonistin und Frauenrechtlerin Carry Brachvogel 53 Jahre alt.[1]

1895 war sie mit ihrem Debütroman »Alltagsmenschen«, der seinerzeit im im S. Fischer Verlag, dem damals führenden Verlagshaus des Naturalismus erschien,[2] mit einem Schlag deutschlandweit so bekannt geworden, dass Christian Morgenstern sie bereits 1895 »zu dem vierblättrigen Kleeblatt moderner Frauenliteratur«[3] zählte. Vor

[1] Zu Carry Brachvogels Leben vgl. Richardsen, Ingvild: Nachwort: Wer war Carry Brachvogel. In: Brachvogel, Carry: Im Weiß-Blauen Land. Bayerische Bilder. München 2013, S. 121–149.

[2] Brachvogel, Carry: Alltagsmenschen. Berlin 1895; siehe dazu auch Meyer, Anne-Rose: Brachvogel Carry, Alltagsmenschen. Roman (1895). In: Loster-Schneider, Gudrun / Pailer, Gaby (Hg.): Lexikon deutschsprachiger Epik und Dramatik von Autorinnen (1730–1900). Tübingen / Basel 2006, S. 59f.; Richardsen, Ingvild: Nachwort zu Carry Brachvogels ›Alltagsmenschen‹. In: Brachvogel, Carry: Alltagsmenschen. Hg. v. Ingvild Richardsen. München 2013, S. 155–175.

[3] Morgenstern, Christian: 119. Wie moderne Frauen schreiben. Schriften aus dem Nachlass 1894–1913. Fragment eines Ausschnitts aus einer Pressekonferenz, 1895.

der Jahrhundertwende bis Anfang der 1930er-Jahre avancierte sie zu einer in ganz Deutschland bekannten Schriftstellerin und Feuilletonistin. Jahrzehntelang führte sie einen nahezu legendären literarischen Salon in Schwabing. Seit 1903 stand sie im Mittelpunkt der bürgerlichen Frauenbewegung. Bis in die 1920er-Jahre gehörte Carry Brachvogel neben Franziska zu Reventlow, Ricarda Huch und Annette Kolb zu den prominentesten Münchner Schriftstellerinnen und noch 1924, zu ihrem 60. Geburtstag, feierte man sie deutschlandweit in den Zeitungen. 1933 erhielt sie wegen ihrer jüdischen Herkunft Berufs- und Publikationsverbot und wurde 1942 mit ihrem Bruder, dem Historiker Prof. Dr. Siegmund Hellmann, nach Theresienstadt deportiert, wo beide wenig später starben. Neuauflagen der Werke Carry Brachvogels, die damals sehr verbreitet waren, sind nach dem Ende des Naziterrors nicht erfolgt. Sie wurde zu Unrecht vergessen. Carry Brachvogel war eine sehr vielseitige Autorin und hat zu Lebzeiten um die 40 Werke veröffentlicht, Romane, historische Frauenbiografien, Novellen, Erzählungen, Legenden, zwei Theaterstücke, einen Kriminalroman, zahlreiche Feuilletons und Essays. Sie war berühmt für ihren eleganten Schreibstil, ihre psychologische Darstellungs- und Charakterisierungskunst, aber auch für ihren bissigen Humor, ihre Ironie und ihre boshafte Schlagfertigkeit.

»Schwertzauber«, ein Roman über den Ersten Weltkrieg, erschien drei Jahre nach Ausbruch desselben. Das Erstaunliche – auf dem damaligen Cover ist keinerlei Kriegsbezug zu erkennen. Stattdessen sieht man eine attraktive Dame mit grimmigem Blick und hochgezogenen, seitwärts angewinkelten Beinen trotzend auf einer Chaiselonge sitzen. Auf dem Vorsatz einer danebenstehenden Lampe scheint die Figurine einer Opernsängerin angedeutet, der zu applaudiert wird. Das Cover verweist auf die Hauptfigur des Romans, auf die Münchner Opernsängerin Steffi, die lange nicht glauben will, dass es Krieg gibt. Sie lehnt den Krieg aus Eigeninteressen ab, weil er ihre Karrierepläne und ihre geplante Amerika-Tournee zunichte macht. Überdies stört er ihr persönliches Glück, als ihr Mann Rudolf, ein Münchner Privatgelehrter, sich freiwillig zum Kriegsdienst meldet. Mit dem Ausbruch des Kriegs wird Steffi zur Untätigkeit

In: Gumtau, Helmut (Hg.): Morgenstern, Christian: Werke und Briefe (Stuttgarter Ausgabe). Kritische Schriften, Band 6. Stuttgart 1987, S. 303–309.

verdammt. Das Theater schließt und ihre gesamte Umgebung ist nur noch mit Kriegsdingen beschäftigt. Sie gerät in eine Identitätskrise, denn ohne ihre gewohnte Arbeit fühlt sie sich nutz- und wertlos, auch angesichts dessen, dass andere Frauen nun mit Pflegekursen und sozialer Kriegsarbeit beschäftigt sind. Seit Kriegsausbruch beobachtet Steffi in allen Bereichen tief greifende Veränderungen und Werteverschiebungen. Der Wandel, der im Wesen und Charakter aller ihr vertrauter Menschen vor sich geht, ist für sie zunächst ein völliges Rätsel …

Warum hat Carry Brachvogel für ihr Buch über den Ersten Weltkrieg den Titel »Schwertzauber« gewählt? Aus heutiger Perspektive scheint nicht nur das damalige Cover, sondern auch das Wort »Schwertzauber« so gar nicht zum Ersten Weltkrieg zu passen. Eine große Diskrepanz, so hat man den Eindruck, liegt zwischen dem ersten technologisch geführten Großkrieg und diesem Vokabular.

Zum Ersten Weltkrieg

2014 jährt sich der Beginn des Ersten Weltkriegs zum 100. Mal.[4] In dieser »Urkatastrophe des 20. Jahrhunderts« wurden fast zehn Millionen Soldaten getötet, weitere 20 Millionen wurden schwer verwundet und blieben für ihr Leben gezeichnet. Ganze Landschaften wurden durch Giftgas verseucht und von Granaten zerstört. Orte wie Verdun, Ypern und Tannenberg stehen für ein bis dahin beispielloses Massensterben, das aus heutiger Perspektive die damalige Propaganda vom »Vaterlandsverteidiger«, von »Opfermut« und »Heldentod« als völlig absurd erscheinen lässt. Die Bevölkerung stand damals in allen Krieg führenden Ländern dem Kriegsausbruch merkwürdig gelassen gegenüber. Seinerzeit war man von der Unabwendbarkeit eines Kriegs überzeugt, und alle kriegsbeteiligten Länder waren der Auffassung einen Verteidigungskrieg zu führen.

[4] Vgl. zum Ersten Weltkrieg aktuelle Publikationen von: Clark, Christopher: Die Schlafwandler. Wie Europa in den Krieg zog. München 2013; Wiegrefe, Klaus: Der nahe ferne Krieg. 1914; Der Krieg und das Heute 2014. In: Der Spiegel 1, 2014, S. 28–37; Wilhelm, Hermann: München im Ersten Weltkrieg. München 2013.

Bekannterweise führten die am 28. Juni von einem serbischen Studenten abgegebenen tödlichen Schüsse auf das österreichische Thronfolgerpaar dazu, dass Österreich-Ungarn schließlich am 28. Juli Serbien den Krieg erklärte, nachdem Deutschland seine Bündnistreue bestätigt hatte. Russland, das demgegenüber Serbien seine Unterstützung zugesagt hatte, reagierte darauf am 29. Juli mit der Mobilmachung seiner Streitkräfte gegen Österreich-Ungarn. Einen Tag später folgte die russische Gesamtmobilmachung. Weil Russland die Forderung die Mobilmachung aufzuheben, ablehnte, erklärte die deutsche Reichsregierung am Abend des 1. August 1914 Russland den Krieg. Und weil Frankreich, das in der Entente mit Russland verbündet war, sich der Reichsregierung gegenüber unklar verhielt, erklärte Deutschland am 3. August zudem auch Frankreich den Krieg. Als deutsche Truppen dann ins neutrale Belgien einmarschierten, um Frankreich zu besiegen, war dies für das mit Belgien verbündete England wiederum der Grund, dem deutschen Kaiserreich den Krieg zu erklären. Dies führte dazu, dass am 4. August schließlich alle hochgerüsteten Großmächte Europas im Krieg standen. Auf der einen Seite die Mittelmächte, das Deutsche Reich und Österreich-Ungarn, die später ein Bündnis mit dem Osmanischen Reich und Bulgarien schlossen, auf der anderen Seite die Entente, Frankreich, England und Russland, der sich im Verlauf des Kriegs zahlreiche weitere Staaten anschlossen (Italien, Rumänien etc.). Der Mobilmachungsbefehl führte in Deutschland zu einer Einberufung von zwei Millionen Menschen und deren Transport zu ihren Einsatzorten. Seit Kriegsbeginn waren alle mobilen deutschen Truppen dem Kaiser als oberstem Kriegsherrn unterstellt. Wilhelm II. erhielt auch die Militärhoheit über die bayerischen Verbände. Im Sommer 1914 meldeten sich Hunderttausende Freiwillige an die Front im Glauben an einen raschen Sieg. Warnende Stimmen gegen die unabsehbaren Folgen des Kriegs blieben damals ungehört. Stattdessen wurde der Krieg gegen die »demokratischen Westmächte« und das »zaristische Rußland« ideologisch gerechtfertigt. Bis hin zu den Sozialdemokraten war man der Auffassung, dass der Krieg dem Deutschen Reich aufgezwungen worden sei. Der Kampf gegen die Feinde wurde zum Kampf zwischen »deutscher« Kultur und »westlicher« Zivilisation stilisiert. Die maßgebenden Beweggründe der Männer, in den Krieg zu ziehen waren Patriotismus und Vaterlandsliebe. Man wollte den Zielen des Vaterlandes dienen.

Vaterland und Nation

Schon in der »Jungfrau von Orleans« von Friedrich Schiller (1759–1805) steht: »Für seinen König muß das Volk sich opfern, das ist das Schicksal und Gesetz der Welt. [...] Nichtwürdig ist die Nation, die nicht, ihr Alles freudig setzt an ihre Ehre«.[5] Nicht nur an dieser Stelle schlägt der vehemente Patriotismus durch, der dem ganzen Stück zu eigen ist, hier findet sich auch die gern zitierte Äußerung Johannas: »Was ist unschuldig, heilig, menschlich gut, wenn es der Kampf nicht ist ums Vaterland?«.[6] In der Vorstellung der Menschen im Deutschen Kaiserreich (1871–1914) waren vor allem die Männer der bürgerlichen und adligen Kreise unersetzlich für die Existenz der Nation, denn aus ihren Reihen kamen die politischen Entscheidungsträger im Nationalstaat. An ihrer Bereitschaft und ihren Fähigkeiten hingen Sieg und Niederlage, wenn es darum ging, das Vaterland im Krieg zu verteidigen. Allgemein war man der Auffassung, dass nur mit ihrem »Schweiß und Blut« der Sieg über die Franzosen und die Gründung des deutschen Reiches 1870/71 gelungen sei. Schon im Schul- und Jugendalter wurden die Jungen aus gutem Hause deshalb zu Männern erzogen, die dem Vaterland dienten. Seit dem Ende des 18. Jahrhunderts war für das Projekt eines bürgerlichen Nationalstaats das Konzept zweier verschiedener Geschlechtersphären maßgebend: Männer waren für die Nation als Krieger und Staatsbürger wichtig. Frauen hingegen wurde eine große nationale Bedeutung als mütterliche Volkserzieherinnen und Vermittlerinnen deutscher Kultur beigemessen. Das Bestreben, weibliche und männliche Tätigkeitsfelder zu definieren, war unter männlichen Pädagogen, aber auch bei Lehrerinnen im Kaiserreich groß. Befördert wurde dies dadurch, dass Jungen und Mädchen an höheren Schulen noch bis ins 20. Jahrhundert weitgehend in getrennten Anstalten unterrichtet wurden. Diese Verhältnisse erlaubten es dann auch, das nationale Erziehungsprogramm geschlechterspezifisch zuzuschneiden. Die Absolventen höherer Knabenschulen sollten auf eine aktive, gegebenenfalls auch militärische Mitgestaltung in po-

[5] Schiller, Friedrich: Die Jungfrau von Orleans (I/5). Vgl. Kiermeier-Debre, Joseph (Hg.): Friedrich Schiller – Die Jungfrau von Orleans, Originaltext mit Anhang zu Verfasser, Werk und Textgestalt, incl. Zeittafel und Glossar. München 2009.

[6] Schiller, Friedrich: Die Jungfrau von Orleans (II/10).

litisch-öffentlichen Angelegenheiten des Staates vorbereitet werden. Die Töchter besserer Familien an höheren Mädchenschulen hingegen wurden für einen weiblichen Wirkungsbereich erzogen, der sich meist auf den häuslichen Raum beschränkte. Über das Ehe- und Familienleben, durch pflegerische und erzieherische Fürsorge sollte das weibliche Geschlecht für die Nation nützlich werden. Beiden Geschlechtern gleichermaßen vermittelt wurden die Treue zu Monarchie und Kaiser, die Liebe zur Volksgemeinschaft, zur Heimat und deutschen Kultur. Mal galt diese Hingabe ans Vaterland als besonders männlich, mal als speziell weiblich. Für beide Geschlechter wurde die Nation zur dominierenden Leitidee auf dem Weg in den Ersten Weltkrieg. So ist denn auch wenige Jahre vor Ausbruch des Ersten Weltkriegs in der deutschen Medienöffentlichkeit nicht nur ein großer Nationalismus, sondern auch Chauvinismus auszumachen.[7]

Carry Brachvogel vor dem Ersten Weltkrieg

Wer ist Carry Brachvogel vor Ausbruch des Ersten Weltkriegs?

Am 16. Juni 1864 wurde sie als Karoline Hellmann und Tochter des Kaufmanns Heinrich Hellmann in einer wohlhabenden Familie des Münchner jüdischen Großbürgertums geboren. 1887, mit 24 Jahren, heiratete sie den Münchner Redakteur der »Münchner Neuesten Nachrichten« Wolfgang Brachvogel und bekam mit ihm zwei Kinder, Fedora und Heinz Udo.[8] Als Wolfgang Brachvogel tragischerweise 1892 im Tegernsee ertrank, beschloss Carry Brachvogel, die von frühester Jugend an eine fanatische Begeisterung für Literatur und Theater besaß und während ihrer Ehe bereits kleinere Artikel veröffentlicht hatte,[9] ihren Jugendtraum wahrzumachen und Schrift-

[7] Vgl. Brandt, Bettina / Grone, Carolyn / Frevert, Ute: Deutschlands Söhne und Töchter. Geschlecht und Nation im Deutschland des 19. Jahrhunderts. Forschung an der Universität Bielefeld 20/1999, S. 9–15.

[8] Vgl. Polizeimeldebogen Heinrich Hellmann (Stadtarchiv München, PMB H204); Polizeimeldebogen Karoline Hellmann (Stadtarchiv München, PMB B341); Polizeimeldebogen Siegmund Hellmann (Stadtarchiv München, PMB H204); Polizeimeldebogen Wolfgang Brachvogel (Stadtarchiv München, PMB B341).

[9] Vgl. Pataky, Sophie (Hg.): Lexikon deutscher Frauen der Feder. Eine Zusammenstellung der seit dem Jahre 1840 erschienenen Werke weiblicher Autoren, nebst Biographien und einem Verzeichnis der Pseudonyme. I. Band. Berlin 1898, S. 91f.

stellerin zu werden. Tatsächlich begann nach diesem Schicksalsschlag eine große Karriere als Schriftstellerin, Frauenrechtlerin und Feuilletonistin. Um 1895 eröffnete sie nicht nur einen literarischen Salon am Münchner Siegestor, sondern erlebte auch ihr Debüt als Schriftstellerin mit dem Roman »Alltagsmenschen«. Sie entschied sich für Selbstbestimmung, Selbstverwirklichung und für ein Leben in einem großen sozialen Umfeld und sicherte fortan selbst den Familienunterhalt. Geheiratet hat sie nie mehr. Damit widersprach sie komplett dem damals gängigen Frauenideal des Bürgertums im Kaiserreich. Und so verwundert es dann auch nicht, dass Carry Brachvogel in ihrem ersten Roman »Alltagsmenschen« satirisch das Münchner Großbürgertum des ausgehenden 19. Jahrhunderts darstellte und erzählte, wie die abenteuerlustige Münchnerin Elisabeth nach ihrer Heirat das langweilige Leben einer bürgerlichen Frau vor der Jahrhundertwende führt, dessen Ventil dann letztlich nur ein Ehebruch sein kann. Brachvogel übte mit ihrer Darstellung Kritik an der Rolle, die der Frau in der bürgerlichen Gesellschaft zugewiesen wurde und machte deutlich, wie das Leben und Handeln von »Alltagsmenschen« bis in die privatesten Bereiche hinein von Rollenvorstellungen geprägt sind. Von der Kritik wurde der Roman hochgepriesen. Rezensenten bescheinigten Brachvogel ungewöhnliches Darstellungstalent, herausragendes psychologisches Können, bedeutende erzählerische Fähigkeiten und prophezeiten ihr eine große Karriere auf dem Gebiet der Sitten- und Charakterisierungskunst.[10] Bis 1901 veröffentlichte sie noch fünf weitere Bücher im S. Fischer Verlag. Dabei präsentierte sie sich als eine vielseitig begabte, schillernde Autorin. 1897 kamen Novellen unter dem Titel »Der Erntetag und Anderes« heraus, die gleichfalls das Verhältnis von Mann und Frau problematisierten. 1900 erschienen fantastische Legenden unter dem Titel »Die Wiedererstandenen. Cäsaren-Legenden«, die eine Nähe zum Symbolismus aufwiesen.[11] 1901 legte sie dann einen Theaterroman vor: »Die große

[10] Vgl. Anhang: Geistige Stimmen der Presse über Carry Brachvogels Roman ›Alltagsmenschen‹. Als Beigabe am Ende des Buches vom S. Fischer Verlag angehängt: Brachvogel, Carry: Die Wiedererstandenen. Frankfurt am Main 1900.

[11] Siehe zu »Die Wiedererstandenen«: Meyer, Anne-Rose: Brachvogel Carry, Götter a. D. (1900). In: Loster-Schneider, Gudrun / Pailer, Gaby (Hg.): Lexikon deutschsprachiger Epik und Dramatik von Autorinnen (1730–1900). Tübingen / Basel 2006, S. 60ff.

Pagode«, der die Situation der Münchner Schauspielerinnen beleuchtete. Im gleichen Jahr wurde auch das Bühnenstück »Der kommende Mann« publiziert, eine Komödie über Napoleon, die sie zusammen mit Oskar Mysing geschrieben hatte und die immerhin vierzehnmal in Berlin aufgeführt wurde und zahlreiche Rezensionen erhielt.[12] Ab 1903 trat sie als Frauenrechtlerin in Erscheinung und wurde Mitglied im »Verein für Fraueninteressen«, der 1894 unter dem Namen »Gesellschaft zur Förderung geistiger Interessen der Frau« von Anita Augspurg gegründet worden war.[13] Es handelte sich um einen Zusammenschluss von Frauen des Münchner Bürgertums, die sich zur modernen bürgerlichen Frauenbewegung bekannten, die 1865 ihren Anfang in Leipzig genommen hatte. Ihre Vertreterinnen griffen die traditionellen Rollenvorstellungen an, traten für mehr Rechte für die Frauen ein, für höhere Mädchenschule, Zulassung zum Studium, für gleichberechtigte Teilhabe am öffentlichen Leben und der Berufswelt und für gleiche und gerechte Entlohnung.[14] Der Münchner »Verein für Fraueninteressen« hatte einen großen Anteil daran, dass die moderne bürgerliche Frauenbewegung in Bayern Fuß fassen und sich hier verbreiten konnte. Seit ihrer Mitgliedschaft wurde Carry Brachvogel zu einem wichtigen Sprachrohr des Vereins und durchleuchtete in ih-

[12] Rezensionen z.B. in: Vossische Zeitung, 29. September 1901; Die Literatur, 30. September 1901; Kölnische Volkszeitung, 1. Oktober 1901; Frankfurter Zeitung, 2. Oktober 1901; Berliner Börsen-Zeitung, 29. September 1901; Berliner Nachtausgabe vom 29. September 1901; Berliner Tageblatt vom 29. September 1901 etc.

[13] Vgl. Kinnebrock, Susanne: Anita Augspurg (1857–1943): Feministin und Pazifistin zwischen Journalismus und Politik. Eine kommunikationshistorische Biographie. Herbolzheim 2005, S. 121ff. Demzufolge war Anita Augspurg von 1894 bis 1896 Gründungspräsidentin. Seit 1891 hatte sie die Vereinsgründung vorbereitet, wie ihr Briefwechsel mit Hedwig Kettler beweist; vgl. Bruns, Brigitte: Weibliche Avantgarde um 1900, in: Herz, Rudolf / Bruns, Brigitte (Hg.): Hof-Atelier Elvira 1887–1928, Ästheten, Emanzen, Aristokraten. Ausstellung des Fotomuseums im Münchener Stadtmuseum 1985 / 1986. München 1985, S. 191–219.

[14] Eine Darstellung der gesamten Frauenbewegung liefert Ute Frevert. In: Frauen-Geschichte. Zwischen bürgerlicher Verbesserung und Neuer Weiblichkeit. Frankfurt am Main 1986. Zur Frauenbewegung in Bayern und München vgl. Lindemann, Renate: 100 Jahre Verein für Fraueninteressen. In: Verein für Fraueninteressen e. V. (Hg.): 100 Jahre Verein für Fraueninteressen. München 1994, S. 1–102.

ren Romanen, Essays und Erzählungen die Frauenwelt nun aus den verschiedensten Perspektiven. Sie stellte die Position der Frau in der Ehe dar, im öffentlichen Leben, in der Kunst und der Literatur, und immer wieder kritisierte sie die Scheinheiligkeit und Verlogenheit der Werte, die den Frauen vermittelt wurden. Sie beschrieb Gewohnheiten und Verhaltensweisen ihrer Zeitgenossinnen und präsentierte dabei verschiedenste Typologien. Unter den Münchnerinnen machte sie z.B. die »große Dame«, das »Münchner Mädel«, das »Malweibchen«, »Kellnerinnen« und »Trambahnschienenputzerinnen« als spezifische Erscheinungen aus. Immer wieder propagierte sie die arbeitende Frau, Schauspielerinnen und Opernsängerinnen ebenso wie Kellnerinnen oder Hutmacherinnen.[15] Des Weiteren schrieb sie nun auch historische Biografien über einflussreiche Frauen und stellte dar, wie diese zu Macht gekommen waren. 1905 erscheint »Marquise de Pompadour«, 1909 »Madame Mère«, 1911 »Maria Theresia« und 1913 »Katharina die Große«.[16] 1911 präsentierte sie in dem Vortrag »Hebbel und die moderne Frau«[17] die Definition des neuen Typus der modernen, selbstbestimmten Frau, so wie sie auch der »Verein für Fraueninteressen« öffentlich vertrat. Der Klassik lastete sie hier ein überkommenes realitätsfernes Frauenbild an und kritisierte, dass die klassischen Dichter als einzigen Lebensinhalt der Frau immer nur die Liebe hingestellt hätten.[18]

Dass Carry Brachvogel eine bedeutende Rolle im Verein spielte und unmittelbar vor Kriegsausbruch hier überaus engagiert war, zeigt sich auch an ihren Positionen: 1910 wird sie Mitarbeiterin der »Rechtsschutzstelle«[19] und 1912 Vorsitzende der neu gegründeten »Komission für Bühnenangelegenheiten«, die für eine Verbesserung

[15] Vgl. Brachvogel, Carry: Der Kampf um den Mann. Stuttgart 1910; Brachvogel, Carry: Komödianten. Novellen. Stuttgart 1911; Brachvogel, Carry: Gesammelte Feuilletons. München 1913.

[16] Brachvogel, Carry: Die Marquise de Pompadour. Leipzig 1905; Madame Mère [Lätitia Bonaparte]. Bielefeld/Leipzig 1909; Maria Theresia. Bielefeld/Leipzig 1911; Katharina II. von Rußland. Bielefeld/Leipzig 1913.

[17] Vgl. Verein für Fraueninteressen München e.V. (Hg.): Jahresbericht 1913. München, S. 9.

[18] Vgl. Brachvogel, Carry: Hebbel und die moderne Frau. Vortrag. München 1912, S. 11f.

[19] Verein für Fraueninteressen München e.V. (Hg.): Jahresbericht 1910. München, S. 25; Mitgliederverzeichnis 1910.

der Arbeitsbedingungen der Schauspielerinnen eintrat.[20] Als Ika Freudenberg, die erste Vorsitzende des Frauenvereins, 1912 stirbt, folgt ihr zunächst die Schriftstellerin Emma Haushofer-Merk als erste Vorsitzende. Im Januar 1913 wird dann Luise Kiesselbach zur ersten Vorsitzenden des Vereins gewählt. Da für sie die »Frauenbewegung mit sozialer Leistung und Verantwortung verbunden« war, rückte unter ihr in den folgenden Jahren dann dementsprechend die soziale Arbeit des Vereins in den Mittelpunkt.[21] Zusammen mit Luise Kiesselbachs Wahl zur Vereinsvorsitzenden erfolgte am gleichen Abend auch Carry Brachvogels Wahl in den Vorstand des Vereins. Beide hatten auch schon zuvor in der Komission für Bühnenangelegenheiten zusammengearbeitet.[22] Mit ihrer langjährigen Freundin Emma Haushofer-Merk, der zweiten Vorsitzenden des »Vereins für Fraueninteressen«, gründet Carry Brachvogel 1913 zudem noch den »Münchner Schriftstellerinnen-Verein«. Zweck war der Zusammenschluss der in München lebenden Schriftstellerinnen und Journalistinnen zur Besprechung beruflicher Fragen und zur Vertretung künstlerischer und wissenschaftlicher Interessen.[23] Bekannte Persönlichkeiten wie Richarda Huch, Annette Kolb, Helene Böhlau, Elsa Bernstein und viele andere seinerzeit bekannte Autorinnen treten bei.[24] Im Mittelpunkt der Satzungen stand die Forderung nach Gleichberechtigung bei der Entlohnung und das Verbot, Arbeiten zu Schleuderpreisen oder umsonst abzugeben.[25]

[20] Verein für Fraueninteressen München e.V. (Hg.): Jahresbericht 1913. München, S. 17, 19; Mitgliederverzeichnis 1912 / 1913.

[21] Vgl. Bäumer, Gertrud: Luise Kiesselbach. In: »Die Frau«, 36. Jg., Heft 6. München 1929, S. 322.

[22] Verein für Fraueninteressen München e. V. (Hg.): Jahresbericht 1913. München, S. 20; Mitgliederverzeichnis 1913.

[23] Vgl. Lütgendorff, Martha: Der Münchner Schriftstellerinnen-Verein. 1913–1933, S. 1–7. Lütgendorff gibt einen Überblick über die Geschichte und die Veranstaltungen des Vereins (Stadtarchiv München / Vereine 264); Satzungen des Münchner Schriftstellerinnen-Vereins (Hg.): Satzung 2 (Stadtarchiv München / Vereine 2168).

[24] Vgl. Der Münchner Schriftstellerinnen-Verein. Mitgliederliste von 1913 (Stadtarchiv München / Vereine 264).

[25] Satzungen des Münchner Schriftstellerinnen-Vereins (Hg.): Satzung 5 (Stadtarchiv München / Vereine 2168).

Kriegsausbruch 1914 in München – Losungswort der Zeit: Das Vaterland – Der »Heimatdienst« und die »Kriegshilfe« der Frauen[26]

Am 31. Juli wurde in München der Kriegszustand verkündet, am 1. August die Mobilmachung. Abends um 19 Uhr 30 verkündete Ludwig III., nach Tagen der Ungewissheit und des Wartens, vor der Feldherrnhalle am Odeonsplatz die Mobilmachung vor einer dicht gedrängten Menschenmenge.[27] Einen Monat später richtete Emma Haushofer-Merk im »Vereinsanzeiger« des Stadtbundes einen Aufruf »An die Frauen Münchens!«.[28] Er zeigt nicht nur, dass der Krieg seitens der Frauen damals als große schicksalsschwere Zeit wahrgenommen wurde, sondern macht auch deutlich, was für eine Stimmung herrschte und in welchen Begriffen man dachte. Angesichts der neuen Ausnahmesituation Krieg verweist Haushofer-Merk auf anstehende große Veränderungen und neue Aufgaben für den Verein.[29] Auf die Kriegsbegeisterung und Opferbereitschaft der Männer blickend, stellt sie fest, dass auch die Frauen bereit seien, dem Vaterland zu dienen: »Der große Gedanke, der ganz Deutschland zu einer starken ehernen Macht zusammenschmiedet, mit dem unsere Männer, unsere Söhne, unsere Brüder begeistert ins Feld ziehen, er glüht auch in allen Frauenherzen und mit der gleichen Opferwilligkeit, mit der die Männer ihren Beruf, ihre Arbeit, ihr Heim im Stiche lassen, haben auch die Frauen sich bereit gezeigt, nach ihrer Art und ihren Kräften dem Vaterland zu dienen«. Haushofer-Merk mahnt, die bedeutende Zeit mitzugestalten, auch zumal die ganze Welt auf das deutsche Volk blicke: »Schicksalsschwer liegen diese Tage auf uns; […]. Aber wir wollen

[26] Renate Lindemann gibt einen Überblick in: Lindemann, Renate: 100 Jahre Verein für Fraueninteressen. In: Verein für Fraueninteressen e.V. (Hg.): 100 Jahre Verein für Fraueninteressen. München 1994, S. 47–50.

[27] Siehe zum Kriegsausbruch in München: Wilhelm, Hermann: München im Ersten Weltkrieg. München 2013, S. 10–15.

[28] Haushofer-Merk, Emma: An die Frauen Münchens. In: Vereins-Anzeiger des Stadtbundes Münchener Frauen-Vereine, 1. Jg., Nr. 8, 1. Oktober 1914, S. 1.

[29] Vgl. Vereins-Anzeiger des Stadtbundes Münchener Frauen-Vereine, 1. Jg., Nr. 8, 1. Oktober 1914, S. 1.

nicht blos zittern und hoffen und bangen und weinen. Wir wollen auch mithelfen, mitdenken, die große Zeit in ihrem ganzen Umfange miterleben! Wir richten an alle unsere Mitschwestern den glühenden Appell: Seid eingedenk, daß die Augen der Welt auf uns gerichtet sind, auf dieses um seine Ehre, um sein Ansehen, um die Freiheit und um das Recht kämpfende deutsche Volk! Seid eingedenk, daß ihr Tage erlebt, die in der Geschichte stehen werden mit Ruhmeslettern, wie es auch kommen mag!« Und so forderte Emma Haushofer-Merk die Frauen auf, analog den Männern ein »geistiges Heer« zu bilden und sich unter das bestimmende Wort der Zeit zu stellen, das »Vaterland«: »Ihr bayrischen Frauen! Ihr lieben Münchnerinnen! Laßt uns fest zusammenstehn! Wenn es heute keinen Parteizwiespalt, keinen Hader der Konfessionen, keinen Unterschied der Stände mehr gibt, wenn alle Männer sich einem Willen unterordnen und sich unter einem Oberbefehl fügen, so wollen auch wir dem großen Kommandowort der Zeit gehorchend, nur e i n Losungswort kennen: Unser Vaterland! [...]. Einen wir Frauen uns zu einem Heerbann, der sich unserer gewaltigen Armee an die Seite stellen kann, in Treue, Liebe, Ausdauer und Begeisterung fürs Volk und bei allem weiblichen Mitleid in Selbstbeherrschung und Geduld.«[30]

Auch aus den Jahresberichten des Vereins über die Kriegsjahre 1914/1915 geht hervor, dass man der Auffassung war, eine schwere und schicksalhafte Zeit zu erleben, die den Frauen große Aufgaben stellte. Hier wird auch von der »Mobilmachung des Frauenheeres« zum »Heimatdienst« berichtet.[31] Die laufende Vereinsarbeit wird unterbrochen und die bestehenden Komissionen aufgelöst. Der Verein, dessen Mitgliederzahlen während des Ersten Weltkriegs sprunghaft stiegen,[32] übernahm jetzt zahlreiche neue Aufgaben, um Kriegshilfe zu leisten. Die Jahresberichte über die Kriegsjahre 1914/1915 nennen z.B. folgende: Herausgabe eines »Merkblattes für Kriegshilfe«, Wer-

[30] Vereins-Anzeiger des Stadtbundes Münchener Frauen-Vereine, 1. Jg., Nr. 8, 1. Oktober 1914, S. 1.

[31] Verein für Fraueninteressen München e.V. (Hg.): 21. und 22. Jahresbericht und Bericht über die Kriegstagung süddeutscher Frauen als Anhang. München 1916, S. 1–73, hier S. 7.

[32] Vgl. Lindemann, Renate: 100 Jahre Verein für Fraueninteressen. In: Verein für Fraueninteressen e.V. (Hg.): 100 Jahre Verein für Fraueninteressen. München 1994, S. 11.

bung und Vermittlung von »Armen- und Waisenpflegerinnen« sowie »Vormünderinnen«, »Abhaltung von Pflegekursen«, »Errichtung einer Obstverwertungsstelle« und einer »Nähstube und Lehrwerkstätte« etc. Die Vereinsmitglieder arbeiteten nun aber auch in Einrichtungen, die öffentlich oder privat für spezielle Aufgaben geschaffen worden waren. Vor allem wirkte der Verein aber in der städtischen Kriegsfürsorge mit. Bei Kriegsausbruch hatte die Stadt München die Frauen aufgerufen, sich an der Durchführung öffentlicher Fürsorgemaßnahmen für die Familien der Kriegsteilnehmer zu beteiligen. Obwohl die Frauenvereine zuerst eine eigene Frauenorganisation für die Kriegshilfe bilden wollten, entschieden sie sich letztlich doch zur Eingliederung in den städtischen Verwaltungsapparat, wie auch Emma Haushofer-Merk in ihrem Aufruf berichtete.[33] Luise Kiesselbach, die erste Vorsitzende des Münchner »Vereins für Fraueninteressen«, war schließlich diejenige, die die vereinigten Münchener Frauenvereine im Vorstand des Hauptwohlfahrtsausschusses vertrat.[34]

Nach über einem Jahr Kriegserfahrung fand dann am 1. und 2. Oktober 1915 im Festsaal des Münchner Künstlerhauses am Lenbachplatz die »Kriegstagung süddeutscher Frauen« statt. Hier trafen sich Vertreterinnen der Frauenverbände aus Baden-Württemberg, Hessen und Bayern zum Erfahrungsaustausch. Durchgeführt wurde die Veranstaltung, die große Beachtung in der Öffentlichkeit fand, vom »Verein für Fraueninteressen«. In den Vorträgen wurden sozialpolitische Probleme erörtert, die durch den Krieg entstanden waren, wie z. B. die Notwendigkeit der Hinterbliebenenfürsorge und einer Berufsberatung für die zunehmende Zahl erwerbstätiger Frauen. Des Weiteren nutzten die Frauen diese Tagung aber auch dazu, die Unentbehrlichkeit ihrer Leistungen zu demonstrieren.[35] Innerhalb der bürgerlichen Frauenbe-

33 Vgl. Vereins-Anzeiger des Stadtbundes Münchener Frauen-Vereine, 1. Jg., Nr. 8, 1. Oktober 1914, S. 1.

34 Vgl. Lindemann, Renate: 100 Jahre Verein für Fraueninteressen. In: Verein für Fraueninteressen e. V. (Hg.): 100 Jahre Verein für Fraueninteressen. München 1994. S. 40; Verein für Fraueninteressen München e. V. (Hg.): 21. und 22. Jahresbericht und Bericht über die Kriegstagung süddeutscher Frauen als Anhang. München 1916, S. 1–73, hier S. 9–18.

35 Vgl. Lindemann, Renate: 100 Jahre Verein für Fraueninteressen. In: Verein für Fraueninteressen e. V. (Hg.): 100 Jahre Verein für Fraueninteressen. München 1994. S. 49f.; Verein für Fraueninteressen München e. V. (Hg.): 21. und 22. Jahresbericht und Bericht über die Kriegstagung süddeutscher Frauen als Anhang. München 1916, S. 1–73. Der Bericht findet sich auf S. 44–54.

wegung gab es aber auch Frauen, die eine völlig andere Haltung zum Krieg einnahmen.[36] So tagte in Den Haag vom 28. April bis zum 1. Mai 1915 der »Internationale Frauenkongress«, an dem über 1100 Delegierte aus zwölf Ländern teilnahmen, auch aus Ländern, die Krieg gegeneinander führten. Aus Deutschland waren Frauen des »radikalen Flügels« der Frauenbewegung vertreten, unter ihnen auch Anita Augspurg, die in München mit Sophia Goudstikker einstmals das berühmte Fotostudio »Elvira« gegründet hatte sowie 1894 den »Verein für Fraueninteressen« in München.[37] Der Kongress protestierte gegen den Krieg als einen »Wahnsinn«, der »nur durch eine ›Massenpsychose‹ möglich gewesen sei«, und forderte die Regierungen zu Friedensverhandlungen auf, stellte Grundsätze für einen dauernden Frieden auf und verlangte nach einer politischen Gleichberechtigung der Frauen.[38]

Der Münchner »Verein für Fraueninteressen«, der Mitglied des Bundes deutscher Frauenvereine war, und auch der Stadtbund haben sich von diesem Kongress allerdings deutlich distanziert. Auf einem Vereinsabend wurde zur Tagung in Den Haag Stellung genommen. Der »Verein für Fraueninteressen« schloss sich der Resolution des Bundes Deutscher Frauenvereine an, in der es hieß, dass man es »als unvereinbar mit unserm nationalen Empfinden erachtet, mit den Frauen unserer Feinde eine Gemeinsamkeit herzustellen, zu einer Zeit, wo die Männer mit Einsatz ihres Lebens um die Existenz des Vaterlandes kämpfen. Die Resolution wurde einstimmig angenommen und in den Tageszeitungen veröffentlicht.«[39] Die nach Kriegsausbruch be-

36 Vgl. Lindemann, Renate: 100 Jahre Verein für Fraueninteressen. In: Verein für Fraueninteressen e. V. (Hg.): 100 Jahre Verein für Fraueninteressen. München 1994, S. 50.

37 Zur Gründergeneration und ihrer Verknüpfung mit den Literaten und Künstlern der Moderne: Elferich, Christa: Aus dem Vereinsarchiv. In: Verein für Fraueninteressen e. V. (Hg.): Jahresbericht 2007. München, S. 21–23.

38 Vgl. den Bericht und die Stellungnahme Gertrud Bäumers in: Vereins-Anzeiger des Stadtbundes Münchener Frauen-Vereine, 2. Jg., Nr. 10, 19. Mai 1915, S. 1f.; Zum Internationalen Frauenkonress 1915 in Den Haag siehe Addams, Jane / Balch, Emily G. / Hamilton, Alice: Women at The Hague: the International Congress of Women and its result. Illinois 2003.

39 Vgl. Lindemann, Renate: 100 Jahre Verein für Fraueninteressen. In: Verein für Fraueninteressen e. V. (Hg.): 100 Jahre Verein für Fraueninteressen. München 1994, S. 50; Verein für Fraueninteressen München e.V. (Hg.): 21. und 22. Jahresbericht und Bericht über die Kriegstagung süddeutscher Frauen als Anhang. München 1916, S. 1–73, hier S. 9f.

fürwortende Haltung der Frauen zum Krieg und ihre Entscheidung, nach »ihrer Art und ihren Kräften dem Vaterland zu dienen«, lässt die schwierige Frage aufkommen, ob der Erste Weltkrieg tatsächlich vier Jahre gedauert hätte, wenn die moderne bürgerliche Frauenbewegung und überhaupt der Großteil der Frauenwelt nicht so massiv und so lange »Heimatdienst«, »Kriegshilfe« und »Kriegsdienst« mit sozialer Arbeit geleistet hätten und dadurch den Krieg mitgetragen und unterstützt haben.[40]

Der Ausbruch des Ersten Weltkriegs war Christa Elferich (Verein für Fraueninteressen München) zufolge sehr einschneidend für die bürgerliche Frauenbewegung. Dadurch, dass auch sie vom Kriegsrausch erfasst und das »Vaterland« als »einziges heiliges Ziel« propagiert wurde, seien die ursprünglichen Ziele und Fraueninteressen zurückgestellt worden. Dies zeige insbesondere auch die Geschichte des Stadtbundes: Der Stadtbund, der im Januar 1914 als ein Organ der Frauenbewegung gegründet wurde, verlor bereits wenige Monate nach dem Ausbruch des Ersten Weltkriegs seinen Charakter. Denn gegen Ende des Kriegs hätten dem Stadtbund nun auch Frauenverbände angehört, die eben nicht in der emanzipatorischen und demokratischen Tradition der Frauenbewegung des 19. Jahrhunderts gestanden hätten, wie: »Frauenortsgruppe München des Vereins für Deutschtum im Auslande«; »Flottenbund Deutscher Frauen«; »Bund deutscher Offiziersfrauen« und »Frauenbund der deutschen Kolonialgesellschaft«. Und obwohl sich der Stadtbund nach Ende des Kriegs wieder den Fraueninteressen zugewandt habe, sei die Bewegung zerrissen geblieben. Die überzeugte Demokratin Luise Kiesselbach habe es sehr viel Mühe gekostet, den Stadtbund und den »Hauptverband Bayerischer Frauenverbände« auf Kurs zu halten.[41]

[40] Den Hinweis auf die gesamte Problematik und damit verbundene Fragestellungen verdanke ich Christa Elferich vom Münchner Verein für Fraueninteressen.

[41] So Christa Elferich, Verein für Fraueninteressen München (März 2014).

Zu Carry Brachvogels Wirken während des Ersten Weltkriegs

Der »Verein für Fraueninteressen« unterstützte den Ersten Weltkrieg also mit derselben Euphorie und dem gleichen Patriotismus, wie es die meisten deutschen Bürger und Bürgerinnen damals taten. Auch Carry Brachvogel. Nachdem sie ab 1913 im Vorstand des Vereins tätig war, arbeitete sie folglich eng mit Emma Haushofer-Merk und Luise Kiesselbach zusammen. Im Mai 1915 übernahm Carry Brachvogel bis nach Kriegsende die Leitung der Nähstube des Vereins, die am 1. Oktober 1914 vom Verein als Lehrwerkstätte eröffnet worden war. Zeitweise waren hier bis zu 150 Arbeiterinnen beschäftigt.[42] Für diesen »Heimatdienst im Weltkrieg« wurde ihr später das Bayerische Ludwigskreuz verliehen.[43] Auch in ihrem literarischen Schaffen und in Vorträgen rückte nun das Verhältnis der Frau zum Krieg in den Vordergrund. Über Carry Brachvogels Einstellung – zumindest zu Beginn des Kriegs – können wir uns ein ziemlich genaues Bild machen. 1914 schrieb sie den Essay »Die Frau und der Krieg«, in dem sie nach dem geschichtlichen Verhältnis von Frau und Krieg fragte:[44] Während es den Männern vergönnt sei, für »ein höchstes Gut streiten und sterben« zu können, bleibe diese »beglückende Hingabe ihrer Persönlichkeit« den Frauen versagt. So sei der Frau im Krieg seit jeher nur eine passive Stellung zugekommen, als Wartende oder als Siegerbeute. Den Mythos von den Amazonen und Penthesilea hält sie für eine Fabel. Selbst wenn es kriegerische Frauen gegeben habe, hätte dieses Verhalten nicht »der besonderen Eigenart« der Frau entsprochen. Der erste Schritt zu einer »weiblichen Beziehung zum Krieg« sei vollzogen worden, als die organisierte Verwundetenpflege männlicher Ordens-

[42] Vgl. Verein für Fraueninteressen München e. V. (Hg.): 21. und 22. Jahresbericht und Bericht über die Kriegstagung süddeutscher Frauen als Anhang. München 1916, S. 1–73, hier S. 16; Verein für Fraueninteressen e. V. (Hg.): Jahresbericht 1916/1917. München, S. 2; Verein für Fraueninteressen e. V. (Hg.): Jahresbericht 1917/1918. München, S. 3.

[43] Vgl. Brief von Heinrich Udo Brachvogel an Wolfgang Breithaupt vom 2. Oktober 1933, Bundesarchiv (ehemaliges BDC), Rkk Brachvogel, Udo.

[44] Vgl. Brachvogel, Carry: Die Frau und der Krieg. In: Aus unserer großen Zeit. Frauenworte. Zum besten vom Roten Kreuz. München 1914, S. 10–13.

gemeinschaften auf die Frauen übertragen wurde und die Krankenschwester zur romantischen Lichtgestalt wurde, während die übrigen Frauen sich mit Handarbeiten beschäftigten: »Scharpie zupfen« [Leinen wird in kleine Fäden gezupft] sei während des 1870er-Kriegs das Symbol für die damalige weiblichen Kriegstätigkeit gewesen.[45]

Demgegenüber findet Carry Brachvogel, dass der aktuelle Krieg mit seinen Anforderungen den Frauen eine weitere Entwicklungsstufe ermögliche. Wie Emma Haushofer-Merk betont auch sie die große Verantwortung, die die Frauen nun tragen, wobei die wichtigste Aufgabe darin bestehe, Arbeit zu schaffen: »Während der Mann im Feld mit uniformierten Feinden streitet, bekämpft sie daheim, bewehrt mit einer großzügigen Organisation, die inneren Feinde, die den äußeren zu Hilfe kommen möchten: Arbeitslosigkeit, Hunger und Not. Gleichviel ob es ihr vergönnt ist, ganz selbstständig oder nur als dienendes Glied in diesem unblutigen und doch so schweren Feldzug mitzustreiten, – überall ist sie am Platze, ist sie sich der großen Verantwortung bewußt, die jetzt auf ihren Schulter liegt. Sie weiß, daß es sich jetzt um ganz andere Werte handelt als um Verbandszeug oder gestrickte Socken, daß sie jetzt mit dazu berufen ist, den gewaltigen Kampf auszufechten, in dem unsere Heere Tag für Tag unter dem Granatfeuer stehen. Arbeit zu schaffen und so die große Not fernzuhalten, die uns zu einem übereilten Frieden zwingen könnte, das ist heute die ehrenvolle Aufgabe, vor der sich die deutsche Frau gestellt ist.« Nie sei ein Frauengeschlecht vor eine größere Aufgabe gestellt worden.[46]

Die Forderung »Arbeit zu schaffen« hat Carry Brachvogel mit der Leitung einer Nähstube des Vereins während des Kriegs selbst umgesetzt.

Überliefert ist des Weiteren, dass Carry Brachvogel im Prinzensaal des Café Luitpold am 29. Januar 1915 einen Vortrag über »Die Frau in Waffen« gehalten hat, den der »Verein für Fraueninteressen« im »Vereins-Anzeiger des Stadtbundes Münchener Frauen-Vereine« ankündigte.[47] Im vorliegenden Roman »Schwertzauber« setzte sie dann 1917 inhaltlich einen ganz anderen Schwerpunkt. Hier führt sie vor, wie der Kriegsausbruch und der Kriegsverlauf die Menschen grundlegend in

[45] Vgl. ebd., S. 10–12.

[46] Vgl. ebd., S. 12f.

[47] Vgl. Vereins-Anzeiger des Stadtbundes Münchener Frauen-Vereine, 2. Jg., Nr. 2, 27. Januar 1915. Leider ist er verschollen.

ihrem Wesen, Verhalten und ihren Wertevorstellungen verändert und wie aus Kriegslust Tod und Verzweiflung erwachsen.[48] 1917 scheidet Carry Brachvogel aus dem Vorstand des »Vereins für Fraueninteressen« aus: Nicht nur die Arbeit als Vorsitzende des Schriftstellerinnen-Vereins nimmt sie stark in Anspruch, sondern auch ihre schriftstellerische Arbeit. Von September 1917 bis Anfang Januar 1918 hält sie sich in Teisendorf auf. Möglicherweise hat sie in dieser Zeit auch »Schwertzauber« fertiggestellt. Ins Chiemgau zog sie sich seit Jahren zur Sommerfrische zurück, verbrachte hier oft mehrere Monate, wenn sie ungestört arbeiten und schreiben musste. Und so erstaunt es nicht, dass der Ort Seeon Teil der Hintergrundkulisse in »Schwertzauber« geworden ist. In Seeon, während eines idyllischen Familientreffens im Sommer 1917, erfahren die Protagonisten des Romans, dass der österreichische Thronfolger in Sarajewo ermordet wurde.

Gegen Ende des Kriegs scheint auch die Autorin den Frieden herbeigesehnt zu haben; in einem Brief vom 4. September 1917 aus Teisendorf, den sie an die Münchner Schriftstellerin und Porträtmalerin Helene Raff schreibt, bezeichnete sie das kommende Jahr hoffnungsvoll als »Friedensjahr«. Doch ihr Patriotismus ist auch noch 1917 ungebremst. Euphorisch äußert sie sich über die Eroberung Rigas: »Eben kommt Feo gesaust u. meldet ›Riga ist genommen‹. Mir ist ganz schwach vor Glück u. ich wünschte sehnlich, Sie wären hier damit wir uns gemeinsam freuen u. Luftschlösser bauen könnten. Riga genommen, – ich kann es noch immer nicht fassen, denn um dieses Ziel haben wir uns doch seit Jahren vergeblich gemüht! Noch vor kurzem hieß es, daß die russische Rigafront so fest stünde u. nun wackelte auch diese Armee. Ich habe die Empfindung, daß Riga durch russischen Verrat genommen wurde; die Russen mögen eben einfach nicht mehr … Nun geht unser Heer wohl weiter nach Petersburg u. dann können sich ja die Russen, wie sie schon früher ankündigten, hinter den Ural zurückziehen, sofern sie nicht vorziehen, doch Frieden zu machen! Riga genommen, – es erinnert wieder an die Herbsttage von 1914, wo eine belgische Festung nach der anderen fiel … Die Straße hier ist gepflastert u. mir tut's leid, daß ich mir

[48] Vgl. Brachvogel, Carry: Schwertzauber. Stuttgart 1917. Während der Kriegszeit schrieb sie noch zwei weitere Romane. Diese beschäftigen sich mit dem problematischen Verhältnis zwischen Deutschland, Italien und Südtirol, u. a. auch während des Kriegs; Brachvogel, Carry: Die große Gauklerin. Berlin 1915; Brachvogel, Carry: Das Herz im Süden. Stuttgart 1916.

nicht in jedes Ohrwaschel ein Fahnerl stecken u. dazu juchzen kann: ›Riga gehört uns! Juhuhuhu‹«.[49] Mit ihrem noch immer vorhandenen Patriotismus stellte Carry Brachvogel in keinster Weise eine Ausnahme dar. Nach Kriegsende veröffentlicht sie weiterhin fast jedes Jahr einen Roman.[50] Ein Brief von 1919 belegt, wie gefragt ihre Bücher sind: Der Verlag Flemming in Berlin beabsichtigt eine Neuauflage ihres Romans »Der Nachfolger« (1902), während ihr Leipziger Verlag gerade ein Buch über »Die Frau in der Politik« bei ihr bestellt hat.[51] »Eva in der Politik« erscheint 1920.[52] Es handelt sich um einen Geschichtsabriss über Frauen, die in der Politik Einfluss und Macht hatten: Herrscherinnen und Mätressen. Carry Brachvogel stellt die Frau hier als aus der Politik »Ausgesperrte« hin. Daran sind nicht nur die Männer schuld, sondern auch die Frauen – vielleicht auch eine Erkenntnis, zu der sie durch den Verlauf des Ersten Weltkriegs gekommen war? Carry Brachvogel forderte Schritte und politisches Engagement von den Frauen selbst.[53]

»Schwertzauber« (1917): Die Romanfiguren – Worum geht es?

Im Mittelpunkt des Romangeschehens stehen eine Großfamilie, zwei Ehepaare und ihre Verwandten: Der Privatgelehrte Rudolf Römer und seine Frau Steffi, eine bekannte Opernsängerin, leben in München, Rudolfs Schwester Klara und ihr Mann Fedor Horsten, kaiserlich russischer Staatsrat, wohnen in Seeon. Hier arbeitet Fedor als Berater für die russischen Herzöge, für das Geschlecht der Leuchtenberger.[54] Weitere Protagonisten sind Fedors Kusine Olga, eine Hei-

[49] Brief von Carry Brachvogel an Helene Raff vom 4. September 1917 (Handschriftenabteilung der MSB Raffiana VI Brachvogel, Carry).

[50] Vgl. Brachvogel, Carry: Herbstspuk. Stuttgart 1918; Brachvogel, Carry: Das Glück der Erde. Stuttgart 1919.

[51] Vgl. Brief vom 4. September 1919 an Helene Raff (Staatsbibliothek München. Handschriftenabteilung, Raffiana VI, Brachvogel); Brachvogel, Carry: Der Nachfolger. Berlin 1919.

[52] Vgl. Brachvogel, Carry: Eva in der Politik. Leipzig 1920.

[53] Vgl. ebd., S. 92.

[54] Zum Geschlecht der »Leuchtenberger«, deren Stammvater Eugen Beauharnais, der Stiefsohn Napoleons war: Katalog zur Ausstellung

mat- und Kriegsfanatikerin, die ihren Cousin Fedor noch immer liebt sowie Irene von Erhart, eine totale Kriegsgegnerin, die in ihrer Wahlheimat Italien in höheren Sphären lebt, auf den Weltfrieden hofft und ihren Sohn Lorenz im Sinne ihrer Kulturideale zu erziehen versucht. Carry Brachvogel zeigt, wer diese Menschen vor dem Ersten Weltkrieg sind und wie sie sich nach dem Kriegsausbruch verändern. Es sind vor allem psychologische Aspekte, die im Fokus von Carry Brachvogels Interesse stehen. Unterschiedliche Sicht- und Verhaltensweisen gegenüber dem Krieg werden vorgeführt. Mit den Romanfiguren und ihren Lebensgeschichten treten außer Deutschland auch Russland, Italien und die Schweiz ins Blickfeld.

Gibt es wirklich Krieg?

Anhand der Figuren der Opernsängerin Steffi und der kulturell höchst gebildeten Irene von Erhart wird veranschaulicht, als wie ungeheuerlich der Kriegsausbruch damals empfunden wurde: »›Sie glauben doch nicht im Ernst, daß es Krieg gibt?!‹ so fragte Steffi in dieser Zeit fast jeden Menschen, den sie traf. Sie fragte ihren Mann, all ihre Verwandten, jeden Bauern, der des Weges schritt, ja jedes Mütterchen, das Gras mähte oder Gemüse aus dem Garten holte. Immer lag heitere Zuversicht in ihrer Frage, so als ob es ganz unmöglich wäre, daß ein Mensch andres antworten könnte, als: ›Aber gar keine Idee! Das sind nur die Angstmeier, die an einen Krieg glauben‹«.[55] Steffi lehnt einen Krieg aus persönlichen Interessen ab, weil er ihre Theatertätigkeit beendet, sie am Arbeiten hindert und die zugesagte Amerikareise zunichte macht. Irene hingegen will ein bestimmtes Kulturideal verwirklichen und Krieg kann und darf es nicht mehr geben: »Auch Irene lehnte jede Möglichkeit des Krieges mit einer königlichen Handbewegung ab, lehnte sie nicht aus persönlichen Interessen, sondern aus ihrer Weltanschauung heraus ab. Auch sie lächelte, wenn sie von Felduniformen und Frauenängsten hörte, und verstand nicht, wie ein Krieg überhaupt von ernsthaften Leuten ernsthaft erwogen wer-

»Leuchtenberg. Zeit des Adels in Seeon und Stein«. 10. Mai – 5. Oktober 2008. Hg. v. Kloster Seeon, Kultur- und Bildungszentrum des Bezirks Oberbayern.

[55] Brachvogel, Carry: Schwertzauber. Stuttgart 1917, S. 44.

den konnte [...]: ›Wer kann heutzutage noch an Krieg denken?! Das ist ein überwundener Standpunkt, ein Überbleibsel aus barbarischer Zeit! Heute schlichtet man alles auf andre Weise! Kulturvölker führen keinen Krieg!‹«.[56]

Nach Ausbruch des Kriegs: lauter neue Menschen

Aus der Perspektive der Protagonistin Steffi wird nach Kriegsausbruch das Verhalten der Männer und Frauen geschildert. Sie hat den Eindruck, mit einem Mal lauter neuen Menschen gegenüberzustehen. Bei den Männern beobachtet sie über alle Altersgruppen hinweg eine unglaubliche Begeisterung dafür, der »großen Sache« dienen zu können: »Weißhaarige Generäle, die schon lange das Zivil getragen hatten, meldeten sich wieder zum Dienst, die Wehrpflichtigen wurden fast ausnahmslos schon in den ersten Kriegstagen einberufen, und knabenhafte Freiwillige, die eben noch die Schulbank gedrückt hatten, verkündeten mit glänzenden Augen, daß sie zum Kriegsdienst angenommen worden seien. [...] Das war nun ein ewiges Abschiednehmen, ein endloses Jubeln der Männer, die fortzogen.« Bei den Frauen hingegen stellt sie große Beherrschung und Selbstzurücknahme fest. Sie begreift nicht »wie sich all die Frauen voll Fassung, ja mit Stolz das Liebste vom Herzen reißen ließen und nicht einmal nach dem Ausmarsch des Mannes oder des Sohnes in haltlosem Jammer zusammenbrachen. Erstaunt, ungläubig [...] sah sie wie all diese Frauen, mochten sie auch gestern noch so lebenslustig, noch so elegant, oder noch so sportlich gewesen sein, sich irgendwie zu einer gemeinnützigen Arbeit zusammenfanden, die ihnen über die Qual der bangenden Tage und Nächte, die vor ihnen lagen, hinweghalf. So einfach geschah das alles, so still übte jede die äußerste Selbstvergessenheit, daß Steffi sich zuweilen erstaunt fragte, ob denn plötzlich lauter neue Menschen zu ihr kamen und sprachen, die mit denen von gestern kaum mehr etwas gemein hatten.«[57]

Doch auch das Theater, das nach einer gewissen Zeit wieder eröffnet, hat sich völlig verändert: Theater wird jetzt nicht um der Kunst willen aufrechterhalten, sondern um nicht Tausende brotlos zu ma-

[56] Brachvogel, Carry: Schwertzauber. Stuttgart 1917, S. 47.
[57] Ebd., S. 57.

chen: »Nicht die Kunst, sondern die soziale Frage spielte hier die Hauptrolle, denn wenn es angegangen wäre, all diese Tenöre, Primadonnen, Helden, Salondamen, und was sie sonst sein mochten, mit einem leidlichen Einkommen in Munitionsfabriken zu überführen, so hätte jeder Indendant freudig Ja und Amen gesagt, und alles, was sonst sang oder von der Bühne herab sprach, hätte vermutlich zurzeit lieber Granaten fabriziert, als daß es Rollen lernte und darstellte, die allen gleichgültig waren.«[58]

Die Männer und der Krieg: Vaterlandsliebe, Dienst an der Gemeinschaft und Heldentod

Alle männlichen Romanfiguren sehen es als ihre »Pflicht« an, dem »Vaterland« zu dienen, und ziehen aus Patriotismus und Vaterlandsliebe ins Feld. Als Rudolf, der unter der Fuchtel seiner Frau Steffi steht und ihr zuliebe seine Karriere als Universitätsgelehrter aufgegeben hat, sich schließlich als Kriegsfreiwilliger meldet, nennt er als Grund: »›Weil es meine Pflicht ist.‹ [...]. ›Hast Du wirklich geglaubt, daß ich in dieser Zeit mich ganz von den Tagesereignissen fernhalten könnte?‹ [...]. ›Ich muss meine Pflicht tun, wie alle anderen, und du mußt es tragen, wie alle andern Frauen es tragen‹.«[59] Aber er hat auch noch einen persönlichen Grund. Er will sich wieder jung fühlen: »Er sagte leise, aber mit tiefer Leidenschaftlichkeit: »›Wie ein junger Bursche! O, du ahnst ja nicht, wie hinreißend schön es ist, jetzt, gerade jetzt noch einmal ganz jung zu sein und mit den Jungen hinausziehen zu dürfen!‹«.[60] Von dem Kriegsdienst erhofft er sich wieder eine Integration und ein nutzvolles Wirken in der Gemeinschaft. Er ist glücklich, »daß er nicht mehr als ein Einsamer nebendraußen stand, sondern umgeben von lauter jungen, oft blutjungen Menschen, daß er, da er, wie der gemeine Mann diente, durch sein Beispiel auf die Jugend wirken konnte, wie er ehedem im Hörsaal durch sein Wort gewirkt hatte«.[61] Der Dienst als Kriegsfreiwilliger erlaubt ihm, sich von der Dominanz seiner Ehefrau zu befreien und wieder eigene Seiten

[58] Brachvogel, Carry: Schwertzauber. Stuttgart 1917, S. 74.
[59] Ebd., S. 77f.
[60] Ebd., S. 77.
[61] Ebd., S. 80.

leben zu können. Doch auch der Russe Fedor zieht aus »Pflicht« in den Krieg: »Er sagt, wenn der Zar ruft, muß er ihm folgen, ohne zu fragen, ohne sich zu besinnen; das sei seine Pflicht«.[62] Angefacht wird dies durch seine »Vaterlandsliebe«, denn »jäh war die Vaterlandsliebe in Fedor Horsten erwacht und sie loderte in mystischen Verzückungen.«[63] Doch auch für die Zukunft will Fedor kämpfen: »Verstehst du denn nicht, daß wir für alle kommenden Generationen den Boden bereiten und ihnen glückliche Lebensbedingungen schaffen wollen?! Bist Du denn keine Mutter, daß du nicht einsiehst, wie unsere Söhne ernten werden, was wir, ihre Väter, heute säen?! Für die Zukunft meiner Söhne ziehe ich ins Feld, für meiner Kinder Land –«.[64] Auch der junge Lorenz träumt bald von nichts anderem mehr als davon, »Vaterlandsverteidiger« zu sein. Das Romangeschehen führt vor, wie in dem von Irene wohlbehüteten Lorenz der Deutsche erwacht, der für sein Vaterland kämpfen und den Heldentod sterben will.

Die Frauen und der Krieg: Ablehnung aus persönlichen Interessen oder aufgrund der Weltanschauung

Außer der Russin Olga ist keine andere Protagonistin des Romans dem Krieg zugetan, keine engagiert sich sozial oder schafft Arbeit, so wie Carry Brachvogel es in ihrem Essay »Die Frau und der Krieg« 1914 gefordert hatte. Brachvogel stellt in »Schwertzauber« stattdessen drei Frauen vor, die dem Krieg zu Romanbeginn mit Ablehnung und Unverständnis gegenüberstehen. Sei es aus persönlichen Interessen, wie bei Steffi, oder auch bei Klara, die von Anfang an zwischen den Stühlen steht und ihrem russischen Mann mit den drei Kindern wohl oder übel nach Russland folgen muss. Oder aufgrund einer bestimmten Weltanschauung wie bei Irene, die den Krieg grundsätzlich ausschließt. Und so verkörpert Irene denn auch damalige Argumente gegen den Krieg. Der Weltfriedenskongress in Rom, an dem Irene teilgenommen hat, hat tatsächlich stattgefunden. Auch in den Jahresberichten des »Vereins für Fraueninteressen München« über die Kriegsjahre 1914 / 1915 ist von ihm die Rede.[65]

[62] Brachvogel, Carry: Schwertzauber. Stuttgart 1917, S. 68.
[63] Ebd., S. 96.
[64] Ebd.
[65] Vgl. Verein für Fraueninteressen München e. V. (Hg.): 21. und 22. Jahresbericht

Der Roman führt aber auch vor, dass letztlich alle drei Frauen nicht umhinkommen, den Krieg schließlich als »Wirklichkeit« zu akzeptieren. Sie müssen sich mit der Gegebenheit des Kriegs auseinandersetzen und sich letztlich den Forderungen des Tages fügen. Alle drei Frauen verändern sich dabei in ihrer Persönlichkeit.

Als Rudolf eingezogen wird und Steffi ihn zum Bahnhof bringt, kann auch sie die Augen nicht mehr verschließen: »Sie starrte nach der Richtung, in der der Zug verschwunden war und wußte erst jetzt, was der Krieg ist.«[66] Als sie in einem Brief erfährt, dass ihr Mann »Offiziersstellvertreter« geworden ist, setzt dann der Wandel ein: »[...] aber an diesem Tag war Steffi ebenso vergnügt und stolz, wie ihr Mann es war [...]. Nie in ihrem Leben hätte sie geglaubt, daß dieses Wort einen solchen Eindruck hervorbringen konnte, aber er war da [...]. Sie fuhr mit den Kindern zum Photographen und ließ ein Bild machen, das sie und die drei Kleinen hell-lachend zeigte. An den Rand des Bildes aber schrieb sie: ›So sieht die Familie eines Offiziersvertreters aus!‹.«[67] Die Lektüre der Tagebücher ihres Mannes führt dazu, dass sie ihren bisherigen Egoismus und ihre Selbstsucht erkennt. Nun akzeptiert sie, dass ihr Mann freiwillig in den Krieg zieht, weil er es als seine Pflicht ansieht, nach seinem Motto: »Du musst es tragen wie andere Frauen auch.«[68] Klara hingegen findet dadurch, dass sie die Grauen des Kriegs in Russland miterleben muss, zu Selbstbewusstsein und einer deutschen Identität: »Wohl waren die Kinder der Geburt nach Russen, mußten wohl auch späterhin ihr Leben nach russischen Gesetzen regeln, weil ihr Vater ein Russe war, aber sie, die Mutter, war eine Deutsche und durfte nicht dulden, daß in den Söhnen zertreten und ausgepeitscht wurde, was deutsch war. Ein schwerer Konflikt, vielleicht sogar dauernde Gegnerschaft innerhalb ihrer Ehe mußte die Folge solchen Entschlusses sein, aber Klara, die einst so zage, nachgiebige, wuchs langsam in die Aufgabe hinein, vor die sie sich gestellt sah, war bereit, ihr Frauenglück zu opfern, um als deutsche Frau in ihren Kindern fortzuleben und zu wirken.«[69]

und Bericht über die Kriegstagung süddeutscher Frauen als Anhang. München 1916, S. 1–73, hier S. 6f.

[66] Brachvogel, Carry: Schwertzauber. Stuttgart 1917, S. 81.

[67] Ebd., S. 86.

[68] Ebd., S. 78 und S. 142.

[69] Ebd., S. 131.

Irene muss bitter erfahren, dass man vor der Gegenwart nicht in Kulturideale flüchten kann. Als das von ihr hochverehrte Italien in den Krieg eintritt und sie als »Deutsche« hinausgejagt wird, und als dann auch noch ihr Sohn »Vaterlandsverteidiger« werden will und deswegen sogar einen Selbstmordversuch unternimmt, bricht für sie eine Welt zusammen. Die Kriegsgeschehnisse verändern auch sie, rückblickend gesteht sie sich ihre Ignoranz ein: »Weil sie an einem Lande hing, das sie belog [...], weil sie an ein bevorstehendes Gottesreich geglaubt hatte, das vielleicht, vielleicht einmal den Geschlechtern einer unabsehbaren, fernen Zeit gehören wird [...], weil sie Eitelkeiten und Tändelwerte entschwundener Epochen für große Kostbarkeiten gehalten hatte [...], darum war sie an den großen Wirklichkeiten, an den großen Forderungen des heutigen Tages vorübergegangen und hatte nicht gesehen, daß sich der Sohn neben ihr verblutete ... –. [...] Das Wolkenkuckucksheim entschwundener Kulturen [...] hatte dir's angetan und über ihm vergaßest Du die eiserne Pracht der Gegenwart, die nicht prahlt, weder große Gebärden noch große Worte findet, sondern nur die Tat.«[70]

Warum hat Carry Brachvogel ihren Roman »Schwertzauber« genannt?

Hoch technisierter Krieg und Schwerter? Interessant ist, dass das Wort »Schwertzauber« so gar nicht zum Ersten Weltkrieg passen will, der doch der erste Krieg der »Materialschlachten« war. Die Verwendung dieses Wortes als Titel für einen Roman über den Ersten Weltkrieg kann natürlich auch ein Indiz für das damalige Auseinandertreten von Realität und Wahrnehmung sein. Recherchiert man heute im Internet, so stellt man fest, dass ein »Schwertzauber« nur im Kontext von Fantasy-Romanen und Fantasy-Computerspielen auftaucht. Was also hat es mit dem Titel »Schwertzauber« auf sich?

Tatsächlich war die Verwendung des Wortes »Schwert« Teil öffentlicher Rhetorik und erschien im Verbund weiterer propagandistisch verwendeter Begriffe wie »Vaterlandsverteidiger«, »Held« und »Heldentod«. Nicht nur die Ideologie der gehobenen und oberen Dienst-

[70] Brachvogel, Carry: Schwertzauber. Stuttgart 1917, S. 136f.

grade war davon geprägt, sondern auch das Gros der Soldaten von Begriffen dieser Art geleitet, zumindest zu Beginn des Ersten Weltkriegs. Ein Paradebeispiel dafür ist der Aufruf Kaiser Wilhelms II. vom 6. August 1914 »An das deutsche Volk«. Hier finden sich folgende Worte: »So muss denn das Schwert entscheiden. Mitten im Frieden überfällt uns der Feind. Darum auf! Zu den Waffen! Jedes Schwanken, jedes Zögern wäre Verrat am Vaterlande. Um Sein oder Nichtsein unseres Reiches handelt es sich, das unsere Väter neu sich gründeten. Um Sein oder Nichtsein deutscher Macht und deutschen Wesens.«[71] Ein Gemälde Friedrich August von Kaulbachs (1850–1920) zum Kriegsausbruch 1914 ist ein Beleg für die Präsenz des Schwertes auch in damaligen Bildzeugnissen. Unter dem Titel »Deutschland August 1914« stellte Kaulbach seine »Germania« hier vor einem nächtlichen feurigen Hintergrund als furchtbare Rächerin mit flammendem, wallendem Haar dar, die dem Betrachter mit einem erzürnten und entschlossenen Blick entgegentritt. Auf ihrem Haupt trägt sie eine der ottonischen Reichskrone nachempfundene Kaiserkrone, an ihrem Körper einen weiblichen Brustharnisch. Bewaffnet ist sie mit einem langen glänzenden Schwert in der Hand und einem wappengeschmückten Schild mit Reichsadler. So dargeboten verkörpert »Germania« Deutschland in seiner Abwehr- und Angriffsbereitschaft zu Beginn des Ersten Weltkriegs. Beeinflusst war Kaulbachs »Germania« u. a. von Friedrich Schillers »Jungfrau von Orleans«, mit der es dem Autor u. a. darum gegangen war, die Idee des Deutschen Nationalstaats zu fördern.[72] Kaulbach ließ sich von Schillers Beschreibung einer nächtlichen Angriffsszene anregen, um bei seiner Darbietung der Germania die Wehrhaftigkeit Deutschlands zu Beginn des Ersten Weltkriegs vor Augen zu führen.[73] Die martialisch-entschlossene Prä-

[71] Dieser Aufruf des Kaisers wurde am 6. April in einer Sonderausgabe des »Reichsanzeigers« mitgeteilt.

[72] Zwar ist auch Johann Schillings (1828–1910) walkürenhafte Vorstellung der Germania als »Wacht am Rhein« in die Figur eingeflossen, Kaulbach geht hier aber über diesen Typus der Germania, wie er bei dem 1883 eingeweihten Niederwalddenkmal bei Rüdesheim des Bildhauers Schilling zutage tritt, hinaus.

[73] Beschreibung der Jungfrau von Orleans bei ihrem nächtlichen Angriff auf das feindliche Lager (2. Aufzug, 4. Auftritt). Schiller ging es mit diesem Drama, das zu Schillers Lebzeiten eines der am meisten gespielten Stücke war, auch darum, die Idee des deutschen Nationalstaats zu fördern. In der »Jungfrau von Orleans« wird das Thema Krieg mehrfach angesprochen und reflektiert.

sentation Germanias entsprach dem patriotisch-fanatischen Rausch der damaligen Kriegsbegeisterung vieler Deutscher.[74]

Was ist der »Schwertzauber«?

»Schwert« war damals also ein durchaus üblicher Begriff für Waffen und stand für Kampf, Krieg und Schlacht. Am Ende des Romangeschehens führen Rudolf und Steffi ein Gespräch über die Veränderungen, die seit Kriegsausbruch mit allen Menschen vor sich gegangen sind. Sie fragen sich, ob nach dem Krieg alles wieder so »alltäglich« sein wird wie vor dem Krieg. Rudolf glaubt, dass viele Veränderungen nur vorübergehende sind: »›Wir begreifen nur im Augenblick nicht mehr, was wir gestern waren, und darum können wir unmöglich wissen, was wir morgen sein werden. Alles um uns her hat sich verändert, aber nur scheinbar, nur vorübergehend sind wir selbst anders geworden –‹. [...]. ›Das Morgen wird sicher dem Gestern mehr gleichen denn dem Heute.–‹ [...]. Alles, was jetzt geschieht, ist ja kaum mehr menschlich, ist übermenschlich oder unmenschlich. Aber die Welt kann nicht immerfort auf der Höhe gesteigerter Empfindung bleiben. Wir müssen wieder herunter zur Nüchternheit, zum Tagewerk!«[75]

Rudolf erklärt die eingetretenen Veränderungen als Folge des »Schwertzaubers«, der aufhören wird, wenn der Krieg vorbei ist: »›Denn im Schwert liegt ein geheimer Zauber verborgen, der aufflammt, wenn es aus der Scheide springt, und alle Stimmen, die in der Menschenbrust liegen, müssen ihm antworten, die alltäglichen wie die nie gehörten. Aber wenn sich das Schwert wieder zur Scheide kehrt, verlischt sein Zauber, und die nie gehörten Stimmen verstummen –‹«.[76] Doch Nachwirkungen des Schwertzaubers werden die

Diskutiert wird sowohl die Rechtfertigung von Krieg überhaupt als auch die Legitimation der verschiedenen Krieg führenden Parteien.

[74] Vgl. und siehe zu den bildlichen Darstellungen der Germania im 19. und 20. Jahrhundert: Brandt, Bettina/Grone, Carolyn/Frevert, Ute: Deutschlands Söhne und Töchter. Geschlecht und Nation im Deutschland des 19. Jahrhunderts. Forschung an der Universität Bielefeld 20/1999, S. 9–15; Brandt, Bettina: Germania und ihre Söhne. Repräsentationen von Nation, Geschlecht und Politik in der Moderne. Göttingen u.a. 2010.

[75] Brachvogel, Carry: Schwertzauber. Stuttgart 1917, S. 143f.

[76] Ebd., S. 144.

Menschen dennoch bis ins hohe Alter begleiten. Rudolfs Argumentation zufolge entwickelt das Schwert, sobald es aus der Scheide gezogen wird [Kriegsausbruch], eine Eigendynamik, die – einem Zauber gleich – dazu führt, dass alle Menschen in einen spezifischen Zustand geraten, dem sich niemand entziehen kann und der dann zu den Veränderungen führt. Bei jeder Schlacht flammt der Zauber erneut auf: »Wenn sie aber hörte, daß im Westen oder Osten eine Schlacht im Gange war, dann stand sie mit tausend und abertausend andern unter dem Schwert.«[77] Das gezogene Schwert entwickelt Rudolfs Theorie zufolge eine so tief greifende Wirkung auf den Menschen, dass alle »Stimmen« in einem Menschen, »alltägliche« wie »niegehörte«, darauf reagieren müssen.

Im Roman wird letztlich vorgeführt, wie in den Protagonisten nach Kriegsausbruch »Ichs« und Identitäten wach werden, die diese selbst zuvor nicht kannten und die zu völligen Veränderungen in Verhalten, Werten und Gewohnheiten führen. Selbst Ehepartner erkennen einander nicht wieder. Der »Schwertzauber« ist letztlich also eine symbolische Erklärung dafür, warum sich die dargestellten Protagonisten mit Kriegsausbruch so sehr verändern.

Wie der »Schwertzauber« erwacht

Wie der Schwertzauber in einem Menschen erwacht und was er bewirkt, wird besonders anschaulich bei Fedor: Der Russe Fedor hat nach einem Krieg gegen Japan Russland ernüchtert den Rücken gekehrt und sich in Deutschland niedergelassen. Nach Kriegsausbruch kann sich der im Chiemgau heimisch gewordene russische Staatsrat zuerst nicht vorstellen, in sein Geburtsland zurückzukehren und nun gegen das Land seiner Kinder und Freunde zu kämpfen. Doch mit einem Mal erwachen in ihm andere Stimmen, »der Schwertzauber« scheint in Aktion zu treten: »›Nein, ein zweites Mal würde er die furchtbaren Enttäuschungen nicht erleben wollen, die ihn damals trafen, als er gemerkt hatte, wie jene Staatsmaschine und jene Heeresverwaltung arbeiteten! Heute würde er einem Krieg um jeden Preis fern bleiben‹. […] Und aus seinem Herzen vernahm er ein leises Klingen und Stöhnen, dem er ver-

[77] Brachvogel, Carry: Schwertzauber. Stuttgart 1917, S. 86.

wundert und bestürzt lauschte, denn es war anzuhören wie die ächzende Stimme eines Totgeglaubten, über den man schwere Felsblöcke als Grabmal gewälzt hat.«[78] Jedes Mal wenn Olga ihn zum Krieg aufhetzt und mahnt, in die russische Heimat zurückzukehren, hört er deutlicher »das Ächzen der scheintoten Stimme in seinem Herzen«.[79] Klara beschreibt Fedors Veränderung folgendermaßen: »Seit der Nacht, da die Menge unter seinen Fenstern gemurrt hatte, war Fedor Horsten ein andrer geworden. Nicht gegen seine Frau, die er als sein unverlierbares Eigentum betrachtete, aber gegen alles, was zu ihrem Blut, zu ihrem Volk gehörte. ›Ihr würdet ihn nicht wiedererkennen. Es ist ein ganz andrer Mensch in diesen Tagen aus ihm herausgekommen! Olga ist ihm ja auch nicht von der Seite gewichen und hat immerfort gehetzt. Und jetzt hat er eben sein russisches Herz wieder entdeckt, an das er all die Jahre nicht mehr geglaubt hatte!‹«[80] Als Klara und Fedor in St. Petersburg ankommen, dass einer »trunkenen Bacchantin« gleicht »aus deren Mund wildes Siegesgeschrei flatterte, während ihr berauschtes Haupt von einem gefährlichen Traum umfangen war«, hat der »Schwertzauber« Fedor nun gänzlich im Griff: »[…] wie alle rundum wurde auch Fedor Horsten mit fortgerissen und angesteckt von der taumelnden Trunkenheit. […] Stolz überkam ihn, daß er mit diesem Heer ziehen und ein neues Rußland aufrichten durfte. Alles, was früher gewesen und was ihn an früher erinnerte, war wie ausgelöscht, nichts lebte mehr in ihm als der Glaube an Rußlands Größe und der Haß gegen Deutschland. Wenn Klara ihn verzweifelt […] beschwor, doch an all die Zeit zu denken, die sie in Deutschland gelebt hatten, an das Glück, das er dort gefunden und wie er dies Land als seine Heimat betrachtet habe, entgegnete er: ›Das war damals! Damals habe ich geschlafen und heute bin ich aufgewacht!‹«.[81] Doch irgendwann endet der »Schwertzauber«. Für Fedor folgen Ernüchterung, Verzweiflung und Tod.[82]

[78] Brachvogel, Carry: Schwertzauber. Stuttgart 1917, S. 49.
[79] Ebd., S. 51.
[80] Ebd., S. 67f.
[81] Ebd., S. 95f.
[82] Vgl. ebd., S. 128.

Schiller und das Schwert

Möglicherweise hat sich Carry Brachvogel bei der Idee, ihren Roman unter den Leitgedanken des »Schwertzaubers« zu stellen, auch von Schiller anregen lassen, von seiner »Jungfrau von Orleans«, so wie sich Kaulbach davon bereits für sein Gemälde zum Kriegsausbruch 1914 inspirieren ließ. Im achten Auftritt findet sich folgender bemerkenswerter Ausspruch der Johanna von Orleans: »Und nimmer irrend in der zitternden Hand regiert das Schwert sich selbst, als wär' es ein lebend'ger Geist.« Auch hier findet sich also schon der Gedanke, dass das gezogene Schwert in der Hand eine Eigendynamik entwickelt, wie ein eigenständiges Wesen wirkt und gleichsam einem Geist agiert. Es ist durchaus vorstellbar, dass Brachvogel mit ihrer Vorstellung eines »Schwertzaubers«, der mit Ausbruch des Kriegs einsetzt, hier auf einen Gedanken Schillers zurückgegriffen und diesen zum Leitmotiv ihres Romans ausgebaut hat. Diese Möglichkeit liegt auch deshalb nahe, weil Carry Brachvogel schon mit elf Jahren für Schiller schwärmte und ihn noch 1924, mit 60 Jahren, als den »größten Reichtum« ihres Lebens bezeichnete.[83] Eine gedankliche Nähe zu dem Diktum von Schilers Drama lässt sich jedenfalls nicht leugnen, wenn es in »Schwertzauber« heißt: »Denn im Schwert liegt ein geheimer Zauber verborgen, der aufflammt, wenn es aus der Scheide springt. [...] Aber wenn sich das Schwert wieder zur Scheide kehrt, verlischt sein Zauber«.

Warum ist Schwertzauber heute noch lesenswert?

Carry Brachvogels Roman »Schwertzauber« beschreibt den Kriegsausbruch in München und in Seeon und ist somit auch kulturhistorisch von Interesse. Er spiegelt damalige Stimmungen und verschiedene Ansichten zum Ersten Weltkrieg. Der Roman führt dem Leser anschaulich die mit dem Ersten Weltkrieg verbundenen Vor-

[83] »Mit elf Jahren schwärmte ich für Schiller (er ist der größte Reichtum meines Lebens geblieben).« Vgl. Brachvogel, Carry: Wie ich zur Literatur kam. In: Münchner Neueste Nachrichten, Nr. 160, Beilage: Frauen-Zeitung 1924, S. 24 (Stadtarchiv München / Vereine 2168).

stellungen vor Augen und hilft, diese von dem damaligen Zeitgeist her zu verstehen. »Schwertzauber« vermittelt einen Eindruck davon, was seinerzeit in den Köpfen vor sich ging, wieso man glaubte, in einer großen bedeutenden Zeit zu leben und von der absoluten Notwendigkeit überzeugt war, das »Vaterland« verteidigen zu müssen.

Doch in »Schwertzauber« wird auch vorgeführt, wie sich mit Kriegsausbruch alle Menschen verwandeln und sich dabei neue Identitäten zu Wort melden. Bei allen Romanfiguren kommen Seiten zu Tage, die sie selbst bis dahin nicht gekannt haben. So ist die Botschaft des Buchs dann auch die, dass letztlich niemand wissen kann, was Ausnahme- und Extremsituationen aus einem Menschen machen können. »Wer bin ich und wenn ja, wie viele« hieß ein Bestseller des Philosophen Richard David Precht, der 2007 erschien. In dem Titel verdichtet sich genau das, um was es in »Schwertzauber« von Carry Brachvogel eigentlich auch geht …

Abbildungsnachweise

S. 129: Brachvogel, Carry: Die Frau und der Krieg. In: Aus unserer großen Zeit. Frauenworte. Zum besten vom Roten Kreuz. München 1914, S. 10–13.
S. 163: Haushofer-Merk, Emma: An die Frauen Münchens. In: Vereins-Anzeiger des Stadtbundes Münchener Frauen-Vereine, 1. Jg., Nr. 8, 1. Oktober 1914, S. 1.
S. 164–165: Bericht und Stellungnahme Gertrud Bäumers zum »Internationalen Frauenkongress« 1915 in Den Haag. In: Vereins-Anzeiger des Stadtbundes Münchener Frauen-Vereine, 2. Jg., Nr. 10, 19. Mai 1915, S. 1f.
S. 166: Originalumschlag der Erstausgabe von »Schwertzauber«, Verlag J. Engelhorns Nachf., Stuttgart 1917.

Editorische Notiz

Carry Brachvogels Roman »Schwertzauber« erschien erstmals 1917 im Verlag von I. Engelhorns Nachf. in Stuttgart. Das vorliegende Buch folgt dieser Ausgabe und korrigiert nur offensichtliche Druckfehler stillschweigend.

Vereins-Anzeiger des Stadtbundes Münchener Frauen-Vereine

Dem „Stadtbund Münchener Frauen-Vereine" sind angeschlossen: Verein für Fraueninteressen mit seinen Abteilungen: Rechtsschutzstelle, Auskunftsstelle für Frauenberufe, Jugendgruppe, Vereinigung akad. gebildeter Frauen · Vereinigung ehemal. Schülerinnen der Riemerschmidschen Handelsschule · Münchener Lehrerinnenverein · Münchener Hausfrauenvereinigung · Münchener Künstlerinnenverein · Verein für Hausbeamtinnen · Münchener Frauenverein gegen den Alkoholismus · Verein der Privatlehrerinnen Bayerns · Vereinigung der Münchener Damenschneiderinnen · Verein der Zeichenlehrerinnen · Verein für neue Frauenkleidung und Frauen-Kultur · Verein der Münchener Schriftstellerinnen · Vereinigung der Pensionsbesitzerinnen · Hebammen-Standesverein · Gemeindebeamtinnenverein · Verein der bayer. Verkehrsbeamtinnen · Verein zur Förderung der öffentlichen Sittlichkeit · Frauengruppe der fortschrittlichen Volkspartei · Handelsgehilfinnenverein München · Münchener Vereinigung für Frauenstimmrecht · Verein studierender Frauen · Jüdischer Frauenbund Ortsgruppe München · Kostümbureau für weibliche Bühnenangehörige

Abonnement pro Quartal 40 Pfennig einschließlich Postbestellgebühr Nr. 1114 a

1. Jahrgang ✦ Nr. 8

Der Vereins-Anzeiger erscheint vom 1. Okt. bis 30. Juni alle 14 Tage Mittwochs.
Briefadresse für Stadtbund- und Vereins-Angelegenheiten: Frau Luise Kiesselbach, Kurfürstenstraße 44 ✦✦✦ Telephon 33773 ✦✦✦ Geschäftsstelle: Briennerstraße 37
Briefadresse für Geschäfts-Anzeigen: Frau Marie Müller, Mittererstraße 4 ✦ Telephon 9053

Inserate: Die 4 gespaltene Nonpareillezeile 25 Pfg. Stellen-Angebote für Mitglieder 10 Pfg. pro Zeile.

✦✦ 1. Oktober 1914 ✦✦

An die Frauen Münchens!

Seit dieses Blatt zum letzten Mal erschien, hat sich die Zeit verwandelt, hält so Großes, so Ernstes, so Schweres uns alle in Atem, daß auch das Vereinsleben, das vor wenigen Monaten noch in ruhigen Geleisen dahinging, eine Umwälzung erfuhr, daß neue Aufgaben erwuchsen, manche Pläne in den Hintergrund treten müssen vor den gewaltigen Anforderungen des Tages, viele Arbeiten ruhen, weil alle Bestrebungen, alle Kräfte nur auf ein einziges heiliges Ziel gerichtet sind.

Der große Gedanke, der ganz Deutschland zu einer starken ehernen Macht zusammenschmiedet, mit dem unsere Männer unsere Söhne, unsere Brüder, begeistert ins Feld ziehen, er glüht auch in allen Frauenherzen und mit der gleichen Opferwilligkeit, mit der die Männer ihren Beruf, ihre Arbeit, ihr Heim im Stiche lassen, haben auch die Frauen sich bereit gezeigt, nach ihrer Art und nach ihren Kräften dem Vaterland zu dienen, haben sie sich in Scharen herangedrängt zu freiwilliger hingebender Hilfeleistung. Auch sie wollen sich anreihen zu einem gewaltigen Ringen, das an die Gesamtheit herantritt, zu dem Ringen mit der Not, dem Elend, der Trauer und dem Jammer der Verlassenen.

Den deutschen Frauen hat es gewiß niemals an Liebe und Treue für das Vaterland und an Entsagungsmut gefehlt, wenn die Zeiten diese forderten. Nur eines ist anders geworden: Die Frauen haben in den Friedensjahren die Arbeit für die Gesamtheit gelernt, sie haben den Ernst gelernt und die Pflichten für den Staat. Dieses letzte halbe Jahrhundert ist für die Frauen eine Periode der Entwicklung, der Erhebung, der Schulung und des Zusammenschlusses gewesen wie nie eine andere zuvor. Die organisierte Frauenbewegung hat Tausende von Helferinnen ausgebildet, die schon lange geschult auf ihrem Posten stehen. Sie hat die Fürsorge im großen Stil, die geregelte zielbewußte Tätigkeit eingerichtet, die nun jetzt nicht in aufgeregter Hast ins Leben gerufen werden muß, die nur erweitert, vergrößert, für die Erfordernisse der Zeit ausgenützt zu werden braucht.

Wenn auch hier in München die Gemeinde den Wohlfahrtsdienst in die Hand genommen hat und die selbstständige Tätigkeit, zu der alle Frauenvereine bereit waren, ihnen so genommen wurde, so haben sie ihre Schulung und ihr Verständnis gezeigt durch ihre Einordnung in diese große allgemeine Organisation, durch ihre ernste gewissenhafte Mitarbeit.

Unzählige sehnen sich darnach, Pflichten zu übernehmen, vor neue Aufgaben gestellt zu werden, harren noch des Rufs, der auch sie zur selbstlosen Tätigkeit heranzieht.

Schicksalsschwer liegen diese Tage auf uns; mit Spannung wartet jeder Einzelne in dem großen Deutschen Reiche auf die Entscheidungen im Westen und im Osten. Aber wir wollen nicht blos zittern und hoffen und bangen und weinen. Wir wollen auch mithelfen, mitdenken, die große Zeit in ihrem ganzen Umfange miterleben! Wir richten an alle unsere Mitschwestern den glühenden Appell: Seid eingedenk, daß die Augen der Welt auf uns gerichtet sind, auf dieses um seine Ehre, um sein Ansehen, um die Freiheit und um das Recht kämpfende deutsche Volk! Seid eingedenk, daß ihr Tage erlebt, die in der Geschichte stehen werden mit Ruhmeslettern, wie es auch kommen mag!

Ihr Frauen habt unsägliche, habt vielleicht die schwersten seelischen Opfer zu bringen, denn schmerzlicher ist es für ein Mutterherz, den geliebten Sohn hinzugeben, dieses junge, so zärtlich umsorgte, so treulich behütete Leben – als für den Mutigen, Hoffnungsfreudigen ins Feld zu ziehen; qualvoller vielleicht, um einen teuren Menschen in den langen Tagen und Nächten zu zittern und zu bangen, als selbst mitten im Kampf zu stehen. Aber es wird euch leichter zu Mute werden, wenn ihr nicht blos an euren eigenen Kummer denkt, wenn ihr fremde Tränen trocknen helft, wenn ihr die Not der andern zu lindern sucht!

Ihr bayrischen Frauen! Ihr lieben Münchnerinnen! Laßt uns fest zusammenstehn! Wenn es heute keinen Parteizwiespalt, keinen Hader der Konfessionen, keinen Unterschied der Stände mehr gibt, wenn alle Männer sich einem Willen unterordnen und sich unter einem Oberbefehl fügen, so wollen auch wir dem großen Kommandowort der Zeit gehorchend, nur e i n Losungswort kennen: Unser Vaterland! Auch im Vereinsleben soll es keine Spaltungen, keine Reibungen, keine Eifersucht mehr geben! Keine Kleinlichen, keine Spielenden, keine Tändelnden, keine Putzsüchtigen und Eitlen, keine Verständnislosen im ganzen Geschlecht! Einen wir Frauen uns zu einem Heerbann, der sich unserer gewaltigen Armee an die Seite stellen kann, in Treue, Liebe, in Ausdauer und Begeisterung für unser Volk und bei allem weiblichen Mitleid in Selbstbeherrschung und Geduld.

Emma Haushofer-Merk.

Vereins-Anzeiger
des Stadtbundes Münchener Frauen-Vereine

Dem „Stadtbund Münchener Frauen-Vereine" sind angeschlossen: Verein für Fraueninteressen mit seinen Abteilungen: Rechtsschutzstelle, Auskunftsstelle für Frauenberufe, Jugendgruppe, Vereinigung akad. gebildete Frauen · Vereinigung ehemal. Schülerinnen der Riemerschmidschen Handelsschule · Münchener Lehrerinnenverein · Münchener Hausfrauenvereinigung · Münchener Künstlerinnenverein · Verein für Hausbeamtinnen · Münchener Frauenverein gegen den Alkoholismus · Verein der Privatlehrerinnen Bayerns · Vereinigung der Münchener Damenschneiderinnen · Verein der Zeichenlehrerinnen · Verein für neue Frauenkleidung und Frauen-Kultur · Verein der Münchener Schriftstellerinnen · Vereinigung der Pensionsbesitzerinnen · Hebammen-Standesverein · Gemeindebeamtinnenverein · Verein der bayer. Verkehrsbeamtinnen · Verein zur Förderung der öffentlichen Sittlichkeit · Frauengruppe der fortschrittlichen Volkspartei · Handelsgehilfinnenverein München · Münchener Vereinigung für Frauenstimmrecht · Verein studierender Frauen · Jüdischer Frauenbund Ortsgruppe München · Kostümbureau für weibliche Bühnenangehörige · Vereinigung wissenschaftlicher Hilfsarbeiterinnen · Frauenklub München E. V.

Abonnement pro Quartal 40 Pfennig einschließlich Postbestellgebühr Nr. 1114 a

Der Vereins-Anzeiger erscheint vom 1. Okt. bis 30. Juni alle 14 Tage Mittwochs.

Briefadresse für Stadtbund- und Vereins-Angelegenheiten: Frau Luise Kiesselbach, Kurfürstenstraße 44 ◆◆◆ Telephon 33773 ◆◆◆ Geschäftsstelle: Griesmeierstraße 37

Briefadresse für Geschäfts-Anzeigen: Frau Marie Müller, Mittererstraße 1 ◆ Telephon 4053

Inserate: Die 4 gespaltene Kompareillzeile 25 Pfg. Stellen-Angebote für Mitglieder 10 Pfg. pro Zeile.

2. Jahrgang ◆ Nr. 10

◆◆◆◆ 19. Mai 1915 ◆◆◆◆

Vortrags- u. Versammlungs-Anzeigen.

Verein für Fraueninteressen München E.V.

Auf mehrfache Anregung hat der Vorstand des Vereins für Fraueninteressen in seiner letzten Sitzung während der Sommermonate ab Mittwoch, den 2. Juni, für jeden Mittwoch abends 8 Uhr eine zwanglose Zusammenkunft im Restaurant „Neue Börse" verabredet, und würde sich außerordentlich freuen, wenn sich auch die Mitglieder möglichst zahlreich dazu einfinden würden.

Von der Festsetzung von Mitglieder- und Vortragsabenden wird vorläufig abgesehen, da, falls die politischen Ereignisse nicht dagegen sprechen, für Monat Juni eine Konferenz süddeutscher Frauenvereine in Aussicht steht, für welche München vorgeschlagen ist. In der Gesamtvorstandssitzung des Bundes Deutscher Frauenvereine wurde der Beschluß gefaßt, auch in diesem Jahr von einer allgemeinen Bundestagung abzusehen, und in verschiedenen Landesteilen kleinere Konferenzen, die die Nachbarstaaten zusammenrufen, zu veranstalten. Die Konferenz soll dem Erfahrungsaustausch in der Kriegshilfe dienen und zugleich für die kommende Arbeit Richtlinien geben. Die Themen für die Konferenz sind überall die gleichen: 1. Hinterbliebenenfürsorge einschl. der Berufsberatung. 2. Hausfrauenorganisation. 3. Reichswochenhilfe. 4. Organisation der Obstverwertung. Die süddeutsche Konferenz wird von Baden, Württemberg, Elsaß-Lothringen und Bayern beschickt werden. Der Verein für Fraueninteressen, in dessen Hände durch den Hauptverband Bayerischer Frauenvereine die Vorarbeiten gelegt sind, veranstaltet demnächst eine Vorbesprechung mit den im Stadtbund und dem Kreisverband Oberbayerischer Frauenvereine zusammengeschlossenen Vereinen, deren Ergebnis wir im nächsten Stadtbundanzeiger bekanntgeben werden. Erfreulicherweise ist bereits die Übernahme eines Hauptvortrags durch die Bundesvorsitzende Frl. Dr. Gertrud **Bäumer** gesichert.

Verein der Privatlehrerinnen Bayerns.

Anstatt der Mitgliederversammlung findet am **Samstag**, den 5. **Juni** 1915, von abends 6 Uhr ab, eine

Gesellige Zusammenkunft

in der **Wirtschaft** des **Zoologischen Gartens** statt. Treffpunkt: An der Brücke vor dem Tiergarten pünktl. um 6 Uhr.

Um zahlreiche Beteiligung ersucht **Die Vorstandschaft.**

Vereinigung wissenschaftl. Hilfsarbeiterinnen in München.

Während des Sommers findet die Monatsversammlung der Mitglieder **jeden ersten Mittwoch des Monats** ab abends 8 Uhr am chinesischen Turm (im englischen Garten) statt. Treffpunkt: bei günstiger Witterung auf der Terasse am Hause, bei schlechtem Wetter im Lokal des Gasthauses.

Nächste Zusammenkunft am Mittwoch, den 2. Juni.

Zum internationalen Frauenkongreß im Haag.

Am 28. April begann der Friedenskongreß, zu dem die holländischen Frauen die Frauen neutraler und kriegführender Länder eingeladen hatten. Die deutsche Frauenbewegung hatte den Besuch des Kongresses durch einstimmigen Beschluß des Gesamtvorstandes des Bundes deutscher Frauenvereine **abgelehnt**. Wenn einzelne deutsche Frauen den Kongreß besuchten, so konnten es nur solche sein, die keinerlei verantwortliche Stellung innerhalb der organisierten deutschen Frauenbewegung inne haben und für die sie deshalb keine Verantwortung trägt.

Diese Ablehnung darf nicht so verstanden werden, als ob die deutschen Frauen die ungeheuren Opfer und Leiden, die dieser Krieg verursacht, nicht ebenso schwer empfänden wie es die Frauen anderer Länder tun, oder als ob sie den guten Absichten, die bei der Veranstaltung dieses Kongresses mitgewirkt haben, ihre Anerkennung versagten. Niemand kann sehnsüchtiger als wir das Ende dieser Opfer und Leiden wünschen. Aber wir wissen uns in dem Bewußtsein von der Schwere dieser Opfer eins mit unserem ganzen Volk und unserer Regierung, wir wissen, daß das Blut derer, die draußen fallen, uns Frauen nicht kostbarer sein kann als den Männern die für Deutschlands Entschlüsse die Verantwortung tragen. Weil wir das wissen, müssen wir es ablehnen, auf einem internationalen Kongreß Sonderwünsche zu vertreten. Wir **haben** keine anderen Wünsche als die unseres ganzen Volkes: ein Friede, der unseres Staates Ehre entspricht und seine Sicherheit in Zukunft verbürgt.

Die Beschlüsse, die dem Frauenkongreß im Haag vorgelegt werden sollen, sind zweierlei Art. Die einen verurteilen den Krieg als solchen und empfehlen die bekannten Mittel friedlicher Schlichtung internationaler Streitigkeiten. Die anderen enthalten Vorschläge für die Beschleunigung des Friedensschlusses.

Was die erste Gruppe von Vorschlägen anlangt, so gibt es in der deutschen Frauenbewegung Frauen, die den Forderungen der Friedensbewegung grundsätzlich nahe stehen. Aber auch sie sind der Überzeugung, daß Verhandlungen über die Mittel, künftige Kriege zu vermeiden und das gegenseitige Mißtrauen der Völker zu besiegen, erst wieder aufgenommen werden können, wenn der Friede geschlossen ist. Aufs schärfste aber müssen wir uns gegen die Zumutung verwahren, einer Resolution zuzustimmen, in der der Krieg als ein „Wahnsinn" erklärt wird, der nur durch eine „Massenpsychose" möglich gewesen sei. Sollen die deutschen Frauen die sittliche Kraft, die ihre Gatten und Söhne in den Tod treibt, die zahllose deutsche Männer unter tausend Gefahren aus dem Ausland zum Kampf für ihr bedrohtes Vaterland heimgeführt hat, verleugnen, indem sie gemeinsam mit den Frauen feindlicher Staaten den nationalen Opfermut unserer Männer für Wahnsinn und Psychose erklären? Sollen wir den Männern, die unsere Sicherheit verteidigen, seelisch in den Rücken fallen, indem wir die inneren Mächte, die sie aufrechterhalten, schmähen und herabsetzen? Wer uns das zumutet, kann nicht erlebt haben, was die Tausende von Gattinnen und Müttern erlebten, die ihre Männer und Söhne hinausziehen sahen.

So wie in diesen grundsätzlichen Fragen die Frauen der kriegführenden Staaten anders empfinden müssen, als die der neutralen, so liegt auch die Frage nach dem Zeitpunkt des Friedensschlusses selbstverständlich für die Frauen der beteiligten Staaten verschieden. Da von dem Zeitpunkt des Friedensschlusses die Aussichten der kriegführenden Staaten abhängen, und damit das künftige Schicksal der durch den Krieg betroffenen Nationen, so kann es auch über diese Frage keine internationale Übereinstimmung der Meinungen geben.

Auch uns deutschen Frauen sind die Beziehungen teuer, die uns mit den Frauen des Auslandes verbinden, und wir haben den aufrichtigen Wunsch, daß sie diese Zeit des Hasses und der Feindschaft überdauern. Aber gerade darum scheinen uns internationale Verhandlungen verhängnisvoll in einer Zeit, in der wir ausschließlich zu unserem Volke gehören und in der dem Wert internationalen Austausches seine engen Grenzen gesetzt sind in der Tatsache, daß wir Bürger unseres Landes sind, dessen nationale Widerstandskraft zu stützen unsere höchste Aufgabe ist.

Gertrud Bäumer,
Vorsitzende des Bundes deutscher Frauenvereine.

Kriegsküche.

Speisezettel für den einfachen Mittagtisch.

1. Tag. Selleriesuppe, Kartoffelstrudel (1).

2. Tag. Hammelfleisch, Weißkraut u. Kartoffeln (Kochkiste).

3. Tag. Gerstensuppe (Kalbsbrühe), Kalbsgekröse mit Kartoffeln.

4. Tag. Einlaufsuppe, Rindfleisch, gelbe Rüben und Kartoffeln.

5. Tag. Gelbe Rübensuppe (Rest), Heringskartoffeln (2) gebacken.

6. Tag. Milzsuppe, Haferflockenschmarren (3) mit Salat.

7. Tag. Fleischknödel mit Soße und Kartoffelbrei. Kompott.

Für den besseren Mittagtisch.

1. Tag. Selleriesuppe, Kartoffelstrudel (1).

2. Tag. Hammelfleisch, Weißkraut und Kartoffeln (Kochkiste), Haferflockenplätzchen.

3. Tag. Tomatensuppe, Kalbsschnitzeln mit Bohnengemüse.

4. Tag. Einlaufsuppe, Ochsenfleisch mit gelben Rübe und Kartoffeln. Kompott.

5. Tag. Gelbe Rübensuppe (Rest), Karpfen blau, Meer rettich mit saurem Rahm und Apfel (4).

6. Tag. Milzsuppe, Haferflockenschmarren mit Sala und Kompott.

7. Tag. Spargelsuppe, gespickte Kalbsnuß (5) mit Kar toffelbrei. Obstkuchen aus Tapiokamehl (6).

1. Kartoffelstrudel. $2^1/_2$ Pfd. gekochte Kartoffeln reiben mit 6 Eßlöffel Mehl und $^1/_2$ Eßlöffel Salz zu einen lockeren Teig verarbeiten, in 2 Teile teilen, halbbleistiftstark auswalken, feingeschnitzelte Äpfel mit Zucker und Weinbeeren darüberstreuen, zusammenrollen und neben einander geleg in einer Bratraine, in welcher 2 Eßlöffel Fett heiß gemach wurden, im Rohr backen, öfters mit dem Fett beträufeln $1-1^1/_4$ Std.

2. Heringskartoffeln. 3 Pfd. gekochte Kartoffeln in Scheiben schneiden, 2 Heringe, die 6 Std. gewässert, ge putzt und entgrätet wurden, in Würfel schneiden. Eine groß Zwiebel in Scheiben schneiden und in 1 Eßlöffel Fett weich nicht braun dünsten. Einen Tiegel mit Fett ausreiben un alles schichtenweise hineintun. 2 Eier werden mit etwas Salz und $^1/_2$ Liter Milch gut verschlagen und über die Speise gegossen, noch einige Fettflocken darauf gestreut und im Rohr schön gelb gebacken.

3. Haferflockenschmarren. $^1/_2$ Pfd. Haferflocken in 1 Liter Flüßigkeit (halb Milch, halb Wasser) über Nacht ein weichen, $^1/_2$ Eßlöffel Salz hinzufügen und in der Pfanne in 3 Eßlöffel heißem Fett backen und nach und nach noch 2 Eßlöffel Fett hinzugeben. In Stücke stechen.

4. Meerrettich mit Apfel und saurem Rahm 1 Stück Meerrettich reiben, ebenso einen großen Apfel und mit 3 Eßlöffel saurem Rahm mischen.

5. Gespickte Kalbsnuß. Eine Kalbsnuß fein spicken salzen, ganz wenig pfeffern und mit Zitronensaft beträufeln in Mehl wenden und mit 3 Eßlöffel heißem Fett anbraten Unter Begießen und späterem Hinzufügen von 3 Eßlöffel saurem Rahm in 1 Std. fertig braten.

6. Obstkuchen mit Tapiokamehl. 200 g Tapiokamehl, 40 g Butter, 35 g Zucker nebst 1 Ei zu einem leichten Teig verarbeiten, auswalken und mit beliebigem Obstbelag backen. Das Tapiokamehl erfordert viel Aufmerksamkeit beim Backen, da es leicht anbrennt und bitter schmeckt.

SCHWERT ZAUBER
VON CARRY BRACHVOGEL
Engelhorns Roman-Bibliothek
33. Jahrgang, Band 15

Carry Brachvogel in der *edition monacensia*

Carry Brachvogel

Im Weiß-Blauen Land. Bayerische Bilder

Text der Erstausgabe von 1923, herausgegeben und mit einem Vor- und Nachwort versehen von Ingvild Richardsen

Carry Brachvogel bereist Bayern, spürt historischen Begebenheiten und Anekdoten nach und beschreibt mit Witz und einer scharfen Beobachtungsgabe Eigenheiten von Städten, Landschaften und Menschen – auf dem Weg nach Altötting oder auf einer Floßfahrt, beim Almtanz oder im Englischen Garten, zu Besuch in Regensburg oder in Münchner Wirtschaften. Ein starkes literarisches Kleinod einer zu Unrecht vergessenen, großen bayerischen Schriftstellerin.

ISBN 978-3-86906-468-0, 152 S., Klappenbroschur, € 12.90

Carry Brachvogel

Alltagsmenschen

Roman. Herausgegeben und mit einem Nachwort versehen von Ingvild Richardsen

Leere und Langeweile prägen das Leben der bürgerlichen Elisabeth nach der Hochzeit mit einem gut situierten Mann. Auch die Geburt ihres Kindes kann ihren Drang nach Aufbruch und Abenteuer nicht schmälern und so stürzt sie sich in eine verhängnisvolle Affäre mit einem Legationsrat.

ISBN 978-3-86906-538-0, 176 S., Klappenbroschur, € 12.90

Dietlind Pedarnig und Edda Zigler (Hg.)

Bayerische Schriftstellerinnen

Ein Lesebuch

Die unbeugsame, geniale Komikerin Liesl Karlstadt, die weitgehend vergessene, ehemals höchst erfolgreiche Carry Brachvogel, Lena Christ, eine der bedeutendsten bayerischen Erzählerinnen, die zeitgenössische Autorin Keto von Waberer oder Emerenz Meier, schriftstellerische Naturgewalt und beeindruckende Volksdichterin – sie alle waren und sind »starke Frauen«, in Bayern geboren und von dieser Kulturlandschaft geprägt. Mit ihren Texten bewegen sie, hinterlassen individuelle Spuren und halten nicht selten der Gesellschaft ihrer Zeit kritisch den Spiegel vor Augen. Die Anthologie würdigt ein Stück bester bayerischer Literatur und ist zugleich eindrücklicher Beleg weiblicher Stärke in all ihren Facetten.

ISBN 978-3-86906-536-6, 236 S., Klappenbroschur, € 16.90

»Starke Frauen« in der edition monacensia

Lena Christ
Mathias Bichler

Roman. Text der Erstausgabe von 1936

In diesem autobiografisch beeinflussten Roman huldigt Lena Christ ihrem geliebten Großvater – bei ihm und seiner Frau verbrachte sie die wohl einzigen glücklichen Jahre ihre Kindheit. Voller Wärme und Mitgefühl schildert sie den elternlosen Mathias, der sich Anfang des 19. Jahrhunderts im Leitzachtal im südlichen Oberbayern durchs Leben schlägt. Er will kein Bauer sein und flieht aus der Enge seines Dorfes, um das Glück zu zwingen. Es wird ein bitterer und lebenslanger Kampf um seine große Liebe Kathrein. Ein bäuerlicher Abenteuerroman und gleichzeitig das kraftvolle Sittenbild einer Epoche und einer Landschaft.

ISBN 978-3-86906-302-7, 220 S., Paperback, € 16.90

Lena Christ
Madam Bäurin

Roman. Text der Erstausgabe von 1936

Ein verpfuschtes Leben kann man es nennen, das Lena Christ geführt hat. Sadistisch misshandelt als Kind und Jugendliche durch die eigene Mutter, immer schwer arbeitend bis zur völligen psychischen und physischen Erschöpfung. Schließlich ein trunksüchtiger Ehemann, der wieder nur Gewalt als Verständigungsmittel kennt. Sechs Kinder in sechs Jahren, zwei davon Totgeburten, ein schweres Lungenleiden und immer Geldnot und Existenzängste. Das Schreiben war für Lena Christ wohl der einzige Ausweg, ihre Biografie überhaupt zu ertragen. Für ihren letzten Roman »Madam Bäuerin« wählt sie ein heiteres Thema: Die Geschichte eines Stadtfräuleins, das aus Liebe zu einem Mann Bäuerin wird, und das »Happy End« entsprachen wohl nicht nur dem Traum ihres Lesepublikums von einem emphatischen Leben, sondern auch ihrem eigenen.

ISBN 978-3-86906-301-0, 124 S., Paperback, € 9.90

Mechtilde Lichnowsky
Der Lauf der Asdur

Roman. Text der Erstausgabe von 1936

Die Unzufriedenheit mit dem eigenen Geschlecht zieht sich motivisch durch das Gesamtwerk von Mechtilde Lichnowsky. In ihrem autobiografischen Roman »Der Lauf der Asdur« versteht sie es darüber hinaus meisterhaft, das Leben in den gehobenen Gesellschaftsschichten zur Zeit der Jahrhundertwende sozialkritisch zu beleuchten. Dass dabei die Stadt Lohental eine Chiffre für München und mit der Asdur die Isar gemeint ist, wird schnell deutlich …

ISBN 978-3-86906-467-3, 208 S., Paperback, € 14.90